教师教育系列教材

U0685765

主　编　肖起清
副主编　刘春景

XUEXIAO JIAOYU
YU GUANLI

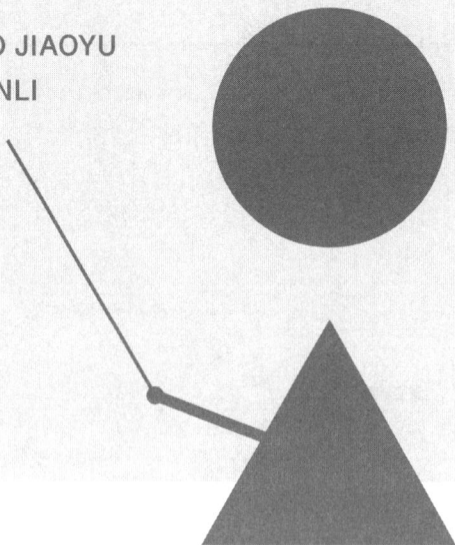

学校教育与管理

中国教育出版传媒集团
高等教育出版社·北京

内容提要

本书是教师教育系列教材之一。

本书主要内容包括:面向未来的学校高质量发展,学校管理与领导力提升,学校教学组织及课程体系建设与管理,学校教师结构及专业化发展路径,学生管理与评价,学校、社区与家庭协同育人等。本书从学校的教育管理实际出发,系统介绍各部分内容,提供经典的案例和可实施方案,是教育教学理论在实践应用中的深度总结。

本书可作为高等师范院校相关课程教材,面向未来将要从事一线教育与管理工作的师范生及新入职的教师,为其从事教育与管理工作奠定坚实的基础。

图书在版编目(CIP)数据

学校教育与管理 / 肖起清主编. —北京:高等教育出版社,2023.1(2023.7 重印)

ISBN 978 - 7 - 04 - 059582 - 6

Ⅰ. ①学… Ⅱ. ①肖… Ⅲ. ①学校教育–高等学校–教材②学校管理–高等学校–教材 Ⅳ. ①G4

中国版本图书馆 CIP 数据核字(2022)第 247575 号

策划编辑 刘自挥	**责任编辑** 宇文晓健	**封面设计** 张文豪	**责任印制** 高忠富

出版发行	高等教育出版社	网 址	http://www.hep.edu.cn
社 址	北京市西城区德外大街 4 号		http://www.hep.com.cn
邮政编码	100120	网上订购	http://www.hepmall.com.cn
印 刷	江苏德埔印务有限公司		http://www.hepmall.com
开 本	787mm×1092mm 1/16		http://www.hepmall.cn
印 张	14		
字 数	275 千字	版 次	2023 年 1 月第 1 版
购书热线	010-58581118	印 次	2023 年 7 月第 2 次印刷
咨询电话	400-810-0598	定 价	32.00 元

总　序

教师教育事关中华民族伟大复兴的中国梦的实现。国家出台了一系列的政策，成为教师教育工作全面改革的重要依据，也成为教师教育工作全面发展的重要保障。

2017 年 1 月，国务院出台《国家教育事业发展"十三五"规划》，明确了教育发展目标；2017 年 10 月，教育部印发《普通高等学校师范类专业认证实施办法（暂行）》，全面推动高等学校师范类专业的建设与发展；2018 年 1 月，中共中央、国务院颁布《关于全面深化新时代教师队伍建设改革的意见》，着眼于五年目标任务，放眼于 2035 年长远发展，就全面加强师德师风建设、不断提升教师专业素质能力、深化教师管理综合改革、不断提高教师地位待遇、切实加强党对教师工作的领导等重要工作做出总体部署。教育部在 2018 年启动"教师教育振兴行动计划"，推动教师教育在历史交汇期实现全面振兴，推进卓越教师培养计划，启动教师教育在线开放课程建设计划，提倡教师磨炼"三字一话"，强化教学基本功训练，示范引领高素质教师培养。国家继续出台若干领域中小学教师校长培训课程指导标准，实施名师名校长领航工程与中小学幼儿园教师校长、职教教师、高校教师国培计划，引领带动各地教师全员培训。2019 年 2 月，中共中央、国务院印发了教育发展中长期规划《中国教育现代化 2035》，提出了注重以德为先、全面发展、面向人人、终身学习、因材施教、知行合一、融合发展、共建共享的教育现代化基本理念，同时提出到 2035 年，总体实现教育现代化，迈入教育强国行列。党的二十大报告指出，加快建设教育强国，办好人民满意的教育。

当前，师范类院校的人才培养遇到了瓶颈，教师教育改革需要有突破性的探索。

师范类院校与非师范类院校在教师教育工作领域基于原有的体制与教师教育的理念，存在许多的人才培养的局限性。一是培养方案较为保守，在人才培养方案中教师教育的权重偏低，存在重学科、轻能力，重专业、轻职业，重教学、轻实践等倾向，教师教育的课程体系、实训体系、实践体系远不能适应现代教育的需要。二是人才培养目标职业性不强，在人才培养定位上对职业导向、职业目标、职业精神、职业素养不够重视，导致培养出来的专业人才很难具备教师的职业素养。三是在人才培养过程中也存在忽略教师职业能力、轻视师德养成、不注重教师职业规范的训练等问题，导致大量的师范生难以适应管理的需要。四是师范类院校存在"关门"办学的问题，主要表现为教师教育的师资队伍、教师教育的课程体系仍然呈现封闭化、学科化的特点，没有与中小学教育实际联系起来。教学过程也呈现封闭化的特点，没有与基础教育融合起来，导致培养的学生不了解基础教育现状，也很难适应基础教育的现实需要。五是教师教育普遍存在职前与职后严重脱节的现象，职前教育与职后教育在教育资源、发展目标、培养内涵上没有统一规划，导致职前培养半成品，职后信息很难反馈到职前教育之中，职前教育的学科优势又很难与职后发展结合起来，导致职后培训效果难以保障。

中小学教育的发展对教师教育工作提出了新的需求。在教育现实中，城乡之间、区域之间、校际之间都出现了教育的不均衡现象，总体上是乡村教师队伍不仅素质薄弱，而且结构性短缺问题突出，教师能力难以适应教育需要，高素质与领军式的人才短缺。广大中小学在发展中都提出了师资发展的新要求：要加强师德教育，要加强对师范生职业态度的引导，要加强职业情感的培养和职业能力的提升，要加强师范生的职业规范与职业意识，要加强新一代教师的职业精神与职业信仰的培养。广大中小学校长及教育行政部门也提出了具体的要求，希望师范类院校能培养高水平、高素质的教师。在中小学教育的发展与改革中，高素质教师缺乏的问题也日益凸显，无论是素质教育的推进，还是新课程的改革，以及教学质量的提升和现代教育技术的融入，都对高素质教师表现出强烈的需求。

在这些政策背景下和教育现实需求中，肇庆学院的教师教育工作做出了积极的探索：形成了"做优师范"的办学理念，创造了比较良好的工作环境，实现了职前职后教育的一体化。肇庆学院教师教育改革取得了丰富的成果和积极的社会影响，广东省"新师范"建设总结大会和全国乡村教师专业发展论坛先后在肇庆学院召开，逐步形成了教育界广泛认可的教师教育"肇庆模式"。

一是肇庆学院在办学理念上全面对接实践的需要，进行了人才培养方案的改革。学校就人才培养方案改革进行了深入的一线调研，收集了大量用人单位和学生的意见，进行了人才培养方案设计，请学科专家与实践专家参与论证，形成了符合新师范建设和卓越教师培养目标的人才培养方案。

二是肇庆学院进行了机制体制的创新。学校在省内率先成立教师教育学院，统筹全校教师教育资源，突出教师教育地位，负责教师职前与职后教育，实现了教师教育一体化，很大程度提升了教师教育职前与职后的系统化、互馈化、互促化和特色化。

三是肇庆学院在省内率先创建了以县为单位的教师教育改革创新试验区。学校为了服务山区教育，为地方输送优秀毕业生，同时为师范生的教育实践打造综合实践平台，先后在怀集、封开、广宁、德庆四县创建了教师教育改革创新试验区。在试验区的建设过程中，县人民政府与肇庆学院签订协议，共建、共管、共享，肇庆学院则在试验区设立若干基地学校、教师专业发展学校、专家工作室，派出优秀教师驻地指导基础教育与中小学的教学、改革，派出优秀师范生到试验区顶岗支教，同时，肇庆学院聘请一批中小学优秀教师作为实践指导教师，对师范生进行业务指导；组织试验区置换出来的教师参与各类培训。试验区工作取得令人瞩目的成就。

四是肇庆学院建设了国内一流的中小学教师发展中心。肇庆学院通过充分论证与调研，在省教育厅的支持下，在省内率先投资 3 000 多万元，建设了一个拥有 36 个功能室且具有先进管理平台与资源平台的中小学教师发展中心。其重点在于全面提升中小学教师的师德水平、基本能力、教学能力、教育能力、创新研究能力、自我发展能力，促进中小学教师职业素养全面发展。中小学教师发展中心建设运行以来，获得了全国各地领导、专家、中小学教师的好评，成为国内有很大影响力的一流中心。

五是肇庆学院创办了品牌化的未来卓越教师砚园班。肇庆学院自 2014 年开始创办第一期未来卓越教师砚园班，通过不断努力与完善，已成为广东省教师教育和新师范建设的一个重要亮点，培养模式具有系统性与超前性，培养目标具有示范性与引领性。

六是肇庆学院对教师教育课程进行全面改革，建立了新课程体系与教学体系。肇庆学院在全面理解国家《教师教育课程标准（试行）》《中小学和幼儿园教师资格考试标准（试行）》《中学教师专业标准（试行）》《小学教师专业标准（试行）》精神的基础上，于 2013 年通过充分论证，建设了"教育基础理论""心理健康与发展""教育职业道德与法规""教育技术与应用""中小学教育与管理""学科教学设计与研究""汉字书写与板书设计""教师口语与普通话"八门课程，形成了独具特色的课程体系；同时通过对课程标准、教学工作规程、师范技能测试标准的建设，学校形成了教师教育的教学体系。

在教学工作中，没有自己的教材体系成为一个突出的问题，导致课程教学目标难以全面实现。为此，我们教学团队非常重视教学过程中问题收集、案例分析、知识体系化、能力目标化、学生需求等教材元素建设，通过每四年一个培养周期的积累，形成了比较成熟的教材建设条件。在教学团队的共同努力下，形成了教材编写纲要和具体行动方案，保证了这套教材编写具有专业性、开放性、针对性、系统性、应用性等几个特点，保证质量与水平。

我们相信，这套教材将有利于教师教育工作的进一步发展；将有利于广大师范生的学习，以及职业能力的形成。我们也相信，这套教材将在更多高校产生深刻的影响，为更多的师范生服务。

肖起清

2022 年 9 月于肇庆学院

前　言

　　对于多数在校师范生和刚入职的青年教师，虽然你们在学校学习了多年，但真要从事教育工作，你们对学校的一切肯定既熟悉又陌生。若要你组织一次班会、少先队活动或学校综合实践活动，你是不是觉得这些任务有挑战性和难度？如何设计方案，如何组织实施，如何达到预期目标……这些问题恐怕都困扰着你。此刻，你翻开的这本书中，就有你想要的答案。正因如此，我们相识在这里，努力成为美好教育共同的探讨者、思考者和实践者。

　　这本书系统地介绍了学校教育与管理的许多问题，将你曾经熟悉的中小学教育场景不断拉近，将未来教育的蓝图徐徐展开，对中小学的运行机制进行分析，将学校教育的真谛一一还原。这本书会帮助你尽快熟悉、理解、适应学校的具体场景，更好地进入角色，更有效地开展教育、教学和管理工作，助力你在职业生涯中向前奔跑。

　　当你对学校的运作产生疑问，谁适合解惑答疑呢？显然，校长可以。这本书的编者都是长期深耕于教育教学一线的广东省"百千万人才培养工程名校长"。他们多数从一线教师做起，是名师、名班主任，担任过学校部门负责人，熟悉各方面具体工作；又长期负责教育管理，在宏观和微观上，对一所学校教学活动有着通透的认识和深刻的理解。

　　因此，你可以把这本书当成专业教材，从头到尾地进行系统性学习，获取对学校教育与管理的全面认识；你也可以把这本书当成"十万个为什么"，事先思考自己困惑的问题，去书中寻求答案。这本书既是你初涉教育领域的"入门指南"，也是指导你未来教育教学实践的"工作伴侣"。如今，你以学习的心态第一次翻开这本书，等你走上工作岗位，我们希望你会带着批判的眼光重读这本书，甚至以发展的态度改进这本书。

　　主编肖起清教授是肇庆学院副校长，这本教材所以能付梓成书，主要靠他的专业引领和大力推动。

　　第一章的编者是刘春景校长。在这一章中，你会了解教育现代化与学校高质量发展的关系，学校管理如何促进教育高质量发展，面向未来的学校变革情况。

第二章的编者是温逸洪校长。在这一章中，你会全面理解学校管理的基本要素，了解学校的制度建设、文化建设、组织管理、质量管理，并了解校长所需的各项领导力。

第三章的编者是曾宇宁校长。在这一章中，你会对学校教学组织的目标、内容、组织形式与过程、教育评价等要素有深刻理解，并掌握课程体系建设与管理的基本知识。

第四章的编者是黎新风校长。在这一章中，你会理解教师队伍的配置和建设，对教师的专业化发展、人力资源管理有所了解，并熟悉学校的教研体系。

第五章的编者是冯永校长。在这一章中，你要站在教师角度认识学生管理、班主任工作和学生评价，从而具备班级管理与建设的基本能力。

第六章的编者是王树宏校长。在这一章中，你将了解学校与社区、家庭如何协同开展教育，其活动规则、建构与实施的内容等。

在编写的过程中，我们减少了过于晦涩的理论，尽量真实地呈现教师都会面对的现实工作。不妨把我们当作有了一些经验和教训的大师兄、大师姐。书里的这些内容，有的曾为我们带来过鲜花和掌声，而更多的则是我们在日复一日的琐碎工作中得来的理解和感悟。当然，受个人视野和学术水平所限，书中难免有见识浅短之处，也恳请各位同仁批评指正。

最后，面对朝气蓬勃的青年学子，面对中国教育未来的中坚力量，我将以陆游的《冬夜读书示子聿》与诸君共勉："古人学问无遗力，少壮工夫老始成。纸上得来终觉浅，绝知此事要躬行。"

刘春景
2022 年 9 月于深圳宝安

目　录

第一章　面向未来的学校高质量发展

第一节　教育现代化与学校高质量发展

教育现代化水平的提升，可有效推动学校高质量发展。新一轮科技革命与产业变革，势必对教育发展产生重大影响。

一、教育现代化助力基础教育高质量发展

（一）基础教育高质量发展的现状

随着中国经济发展水平的稳步提升，中国的基础教育发展规模也不断壮大。教育部发布的 2021 年教育事业统计数据结果显示，全国共有各级各类学校 52.93 万所，在校生 2.91 亿人，专任教师 1 844.37 万人，劳动年龄人口平均受教育年限 10.9 年。

据统计，截至 2021 年底，全国学前教育共有 29.48 万所幼儿园，在园幼儿 4 805.21 万人，共有学前教育专任教师 319.10 万人，学前教育毛入学率 88.1%；义务教育，全国共有义务教育阶段学校 20.72 万所，在校生 1.58 亿人，专任教师 1 057.19 万人，九年义务教育巩固率 95.4%；高中阶段教育，全国共有普通高中 1.46 万所，在校生 2 605.03 万人，共有普通高中专任教师 202.83 万人，高中阶段毛入学率 91.4%。

从当前教育事业统计数据来看，我国各级各类教育水平显著提高，基础教育发展规模已经达到历史高位。随着社会发展，人民对中国基础教育发展的诉求由过去的"有没有和够不够"开始转向"好不好和优不优"[1]。在教育发展规模已经能够满足绝大多数家庭对教育的需求后，人们开始关注教育发展的均衡性和优质性，这为我国基础教育的发展和改革提供了明确的方向，也就是实现基础教育的高质量发展。

新中国成立以来，我国基础教育在发展规模方面取得巨大进步的同时，在发展质量方面也取得了相应的成就。基础教育发展经历"改造与探索期""停滞与

---

[1]　柳海民，邹红军. 高质量：中国基础教育发展路向的时代转换［J］. 教育研究，2021（4）.

恢复期""改革与深化期"三个时期①,办学体制从工具性认同转向价值性认同,管理体制从计划管理转向系统管理,各地区办学经费逐年增加且差距逐步改善,学校建设根据地区经济发展和人口规模科学有序开展,中小学教师队伍不断壮大,教师国培计划扎实推进,教师待遇不断提升。我国基础教育的发展质量,既要顺应社会发展水平,又要注重解决一些关键性问题,避免其制约基础教育发展,推动基础教育实现高质量发展。经过多年的发展,我国基础教育已经形成了中国特色的教育发展模式。

(二)基础教育高质量发展面临的挑战

虽然我国基础教育发展规模和发展质量已经取得了巨大的成就,但问题依然是显著的。农村幼儿园设置和管理问题,城市义务教育学位拥挤问题,贫困地区小规模办学学校的师资问题,公办和民办学校之间教育资源差距问题,中小学生学业压力问题,等等,这些问题都是实现基础教育高质量发展所面临的挑战。针对这些挑战,国家出台了一系列的政策,并采取了相应的措施,但在具体的实施成效方面,依然存在问题。

1."五育"培养体系有待深入探索

习近平总书记在全国教育大会(2018)上指出:"要努力构建德智体美劳全面培养的教育体系,形成更高水平的人才培养体系。""五育"基于立德树人的背景,是学校教育体系建构的重要依据,国家教育和行政部门制定了相应的文件,学校开始制定并实施本校的"五育"培养体系,设计并开发课程资源,探索一系列"五育"课程实施模式,尤其加强了学生体育、美育及劳动教育的建设,学生体育运动时间加长,运动方式丰富,美育教育形式多样,劳动教育立足生活实践。随着"五育"教育实践的开展,其实践相关的问题也逐渐凸显:学校相关课程体系建设不完善,课程设计缺乏针对性,课程资源的开发能力不足,课程实施效果无法保证,师资力量不足且缺乏专业性,课时安排遭受考试性学科挤压,评价方式模糊,等等。"五育"这一提法已经不再陌生,但距离真正实现"五育"培养体系还有待深入探索。

2."五唯"教育观念有待进一步扭转

"唯分数、唯升学、唯文凭、唯论文、唯帽子",所谓"五唯",教育界苦之久矣。因此,习近平总书记也在全国教育大会上指出,教育评价问题需要根本性的改革。破"五唯"问题在学校、教师、学生、家长和社会的呼声中逐步落实,中共中央、国务院发布了《深化新时代教育评价改革总体方案》,多元化评价、

---

① 张辉蓉,李东香,赵云娜. 新中国基础教育办学体制发展 70 年回眸与展望〔J〕. 中国教育科学(中英文),2019(6).

个性化评价等评价方式开始在教育评价中有所体现。截至 2021 年，高考综合性改革的省份已经达到 14 个，中考改革也随之在各省试行，走班选课、综合素质评价等针对中高考改革的教育教学方式和评价方式开始出现，破"五唯"的氛围逐渐形成并扩大。但在具体实施环节，"五唯"教育观念依然根深蒂固，所谓的教育评价改革探索的方式，在遇到"五唯"时依然表现出了让步，在评价权重中出现偏差，"五唯"教育观念依然没有扭转。

3. 信息技术促进教育变革有待充分发挥作用

信息技术的发展促进了我国基础教育的变革，使我国基础教育信息化建设取得了辉煌成就。数字校园、智慧校园的建设实现了校园环境建设的变革，智能教学和学习系统实现了教与学的变革，大数据、云计算、人工智能等信息技术为教育教学提供了更加便捷和精准的服务。信息技术为教育变革带来便利的同时，也随之带来了一些需要深入研究的问题。例如，在线教学：如何选用教学和学习设备？教师如何使用这些设备开展教学？学生在线学习效果差的原因有哪些？有哪些可以提升学生在线学习效果的方式？只有深入研究了这些问题，才能使教师更好地开展教学，进而提高学生在线学习效果。信息技术在教育中的应用应该是有温度的，要整合教育教学规律，考虑信息技术使用的环境和对象，总结信息技术使用的策略，形成系统化的技术应用方案。在具体教育教学实践中，教师的信息技术应用意识、能力和经验参差不齐，导致信息技术在教育教学中没有充分发挥作用，这是我国基础教育变革中面临的迫切挑战。

4. 基础教育学校办学活力有待大力激发

《国家中长期教育改革和发展规划纲要（2010—2020 年）》提出推进政校分开、管办分离、建设现代学校制度的任务。十八届三中全会上，又一次提出"深入推进管办评分离，扩大省级政府教育统筹权和学校办学自主权"。以上反映了，当前政府与学校之间的权力与责任不明确、学校管理和社会参与范围有限、学校办学自主性和积极性不足等问题[①]，这些问题制约了基础教育学校的办学活力，教育行政部门管得过多过细，导致学校办学过程中没办法根据实际情况对教育教学环节进行个性化、有针对性地指导。高质量办学、特色化发展需要增强学校自主管理能力，因此基础教育学校办学活力仍有待大力激发。

（三）教育现代化的着力点与基础教育高质量发展

高质量发展是新时代社会主义事业发展的重要阶段特点和发展目标。我国基础教育需要在基本实现教育现代化的基础上，从教育的高速发展转向高质量发展，实现基础教育的"再出发"。教育现代化是进一步助力基础教育高质量发展，

---

① 王烽. 高质量发展：基础教育的挑战与应对 [J]. 人民教育，2021（1）.

以及破解基础教育高质量发展难题的有效途径。

2019 年，中共中央、国务院印发《中国教育现代化 2035》纲领性文件。这是我国为加快推进教育现代化、建设教育强国而实施的战略举措，也为推进基础教育高质量发展指明了方向。推进教育现代化的总体目标是：到 2020 年，全面实现"十三五"发展目标，教育总体实力和国际影响力显著增强，劳动年龄人口平均受教育年限明显增加，教育现代化取得重要进展，为全面建成小康社会作出重要贡献。在此基础上，再经过 15 年努力，到 2035 年，总体实现教育现代化，迈入教育强国行列，推动我国成为学习大国、人力资源强国和人才强国，为到本世纪中叶建成富强民主文明和谐美丽的社会主义现代化强国奠定坚实基础。

《中国教育现代化 2035》聚焦教育发展的突出问题和薄弱环节，立足当前，着眼长远，重点部署了面向教育现代化的十大战略任务：学习习近平新时代中国特色社会主义思想，发展中国特色世界先进水平的优质教育，推动各级教育高水平高质量普及，实现基本公共教育服务均等化，构建服务全民的终身学习体系，提升一流人才培养与创新能力，建设高素质专业化创新型教师队伍，加快信息化时代教育变革，开创教育对外开放新格局，推进教育治理体系和治理能力现代化。这十大战略任务既体现了当前教育发展的核心问题，也为教育改革的实施提供了有效途径。

总体来说，实现教育现代化的发展目标、完成战略任务，需要大力推进教育理念、体系、制度、内容、技术、管理现代化，这也是进一步实现基础教育高质量发展的重要着力点。

1. 教育理念现代化

教育现代化首先是教育理念的现代化，教育理念或观念的现代化是教育现代化的灵魂，教育理念现代化对于教育体系、制度、内容、方法和治理的现代化发挥引领和导向的作用。《中国教育现代化 2035》提出了八大理念：更加注重以德为先，更加注重全面发展，更加注重面向人人，更加注重终身学习，更加注重因材施教，更加注重知行合一，更加注重融合发展，更加注重共建共享①。

2. 教育体系现代化

教育体系现代化是我国实现教育现代化的基础保障，现代教育体系以终身教育理念为宗旨，更加注重全民的终身发展和自身的全面发展，因此，必须更加公平公正地保障所有公民的受教育权。针对我国当前教育体系现状，在学前教育阶段，我们要提高教育教学质量，普及有质量的学前教育，构建科学合理的学前教育体系，关注儿童身心健康发展，注重学校、家庭和社会的参与，合理配置教育

---

① 张旺. 教育现代化：理念、体系、制度、内容、方法和治理：基于《中国教育现代化 2035》的目标任务〔J〕. 吉林师范大学学报（人文社会科学版），2022（1）.

资源，优化师资结构，推动学前教育均衡高质量发展。在基础教育阶段，我们应顺应社会经济发展形势和民众需求，加强顶层设计，加大教育经费投入，建立健全相关保障机制，贯彻新发展理念，全面推进教育教学改革，优化和拓展教育资源，配齐配强教师力量，加强教育管理，优化教学方式，建立绩效考评激励机制，注重学生心理健康发展，切实提高教育教学质量和水平，全力推动义务教育健康稳定协调发展。在高中教育阶段，我们要把普及高中教育作为编制实施教育"十四五"规划的重要内容，全面推进高考综合性改革，注重学生综合素质评价，加强办学条件建设，优化资源配置，提高保障能力，坚决抵制和整治校外培训行为，坚持科学、依法治教，努力提高高中教育普及水平。

3. 教育制度现代化

教育制度是国家各种教育结构及其相应方针政策的总称，教育制度的现代化是教育组织机构和相应方针政策的现代化。教育制度现代化是教育现代化的基本内容和重要保障。发展公平而有质量的教育是教育制度现代化的发展目标。党的二十大明确提出："我们要坚持教育优先发展……加快建设教育强国……办好人民满意的教育。"这为新时期中国教育的发展指明了方向。当前，我国教育发展面临的矛盾，仍然是人民对教育更加公平、优质、特色的日趋增长的需求与不同地区教育的发展不平衡、不充分的矛盾。针对当前教育发展面临的矛盾，一方面继续探索素质教育的发展模式，加强顶层设计和系统研究，构建更加科学合理的教育体系；另一方面，立足教育发展和变革中的关键性问题，开拓思维，创新教育理念，用发展新眼光看待问题，基于教育实践分析和解决问题。

4. 教育内容现代化

教育内容现代化：首先，是思想道德教育内容的现代化，要适应时代发展背景，立足人民群众关切的思想问题；其次，是文化教育内容的现代化，文化知识教育内容要协调培养兼具人文精神与科技素质的人才，要培养符合时代需要、符合人的本质发展需要的人才；最后，教育内容现代化的基石和保障则是社会实践教育内容的现代化，教育要引导学生积极参与社会实践，将自身所学理论与实践结合，提升学生社会责任感，培养学生的综合素质。

5. 教育技术现代化

教育技术现代化是指在教育教学过程中应用各种现代化信息技术促进教与学的变革。在我国基础教育发展中，教育技术的应用不断深入，并随着信息技术的更新不断迭代。智慧校园建设，实现了校园教育资源的智能化收集、分析及应用；智能教学系统实现了师生的精准教学和学习；虚拟现实和增强现实技术突破了空间的限制，给学生带来沉浸式教学体验；大数据、云计算及人工智能技术，为教育教学管理提供了便利。随着新一代信息科技革命的发展，教育技术的应用也要随之不断迭代升级，为教育的发展和变革不断注入动力。

6. 教育管理现代化

教育管理现代化需要政府、学校和社会共同参与，这是实现教育现代化的重要保障。首先，政府部门制定相关法律法规，完善相关法律体系，这是最基础的保障；同时，教育行政部门要提升自身管理与服务水平，最终实现教育管理体系和管理能力的现代化。其次，学校要提升自身的管理和服务水平，强调管理的科学性、专业性、公平性、人人参与性，建立规范的管理规章制度和体系。最后，要引导社会积极参与教育管理的相关环节，发挥社会参与管理的优势，与政府、学校管理相互联动，提升教育管理的质量和效率。

二、教育现代化背景下推进学校高质量发展的对策

（一）教研体系建设

教研是我国基础教育发展和变革的重要组成部分，是保障课程教学改革、提高教育教学质量和促进教师专业发展的重要支撑[1]。教育现代化背景下，推进学校高质量发展，更需要加强教研工作的开展，重视教研体系的建设。全国各地方教育部门均制定了系统的教研方案，本书以广东省为例，向大家介绍广东省教研体系的建设方案。

为贯彻落实中共中央、国务院和广东省委、省政府关于全面深化新时代教师队伍建设改革和推进基础教育高质量发展的有关部署要求，充分发挥教研工作对保障基础教育质量的重要支撑作用，广东省教育厅、省财政厅决定在全省建设一批示范性基础教育教研基地项目；通过加强教研基地项目建设，推进广东省教研体系建设，为基础教育高质量发展提供有力支撑。本教研项目的实施，主要在以下三个方面：

1. 学科教研体系建设

学科是为培养人才而设立的教与学的科目，是课程体系中的基本单位。学科课程教学承载着育人的重要使命，在基础教育教学改革中居重要地位。学科教研有助于破解学科教育教学中的实践问题，提升学科教育教学质量。

学科教研体系建设分学科、学段建设，其主要职能是开展学科教育教学研究，深化学科课程教材教学与评价研究，促进学科教研队伍和教师队伍建设，全面提高学生的学科核心素养。学科教研体系建设主要任务包括：学科育人研究与实践，课程教材教学研究与实践，学科教学规范研究与实践，基于学科核心素养

---

① 傅湘龙. 加强教研基地项目建设 支撑基础教育高质量发展［J］. 课程教学研究，2021（5）.

的课堂教学评价与学业质量评价研究，优化作业设计的研究与实践，信息技术与学科教学深度融合研究与实践，学科教师成长规律与培养路径研究与实践，优质教研资源开发与应用。

学科教研体系建设强调深化学科课程教学改革，发挥学科育人功能，着力对困扰学科教育教学的普遍问题开展研究；通过学科基地项目建设，建立和完善学科教学规范，探索出提升学科教育教学质量的有效路径，创新学科教研队伍和教师队伍建设模式，形成丰富多样的高质量学科教研成果，提升基地学校学科教育教学质量。

2. 校本教研体系建设

校本教研是基于学校、为了学校、在学校中的研究，它的核心要素是自我反思、同伴互助和专业引领。校本教研的选题来自学校教育教学中的真实问题，对改进学校教育教学实践、创新育人方式、提升教育教学质量具有重要作用。

校本教研体系建设，其主要是构建中小学协同教研机制，创新校本教研制度，构建五育并举的校本育人体系，深化课程教学与评价改革研究，加强家校教育协同研究，促进学校教育教学质量整体提升。校本教研体系建设主要包括：学校教研机制建设与创新，学校教研组建设与研究，教师专业发展研究与实践，"五育并举"育人体系构建的研究，校内外、跨学段协同育人研究，提高课堂教学质量的研究，校本课程开发与实施的研究，跨学科的综合学习，综合教研的研究与实践。

校本教研体系建设强调深化教研组建设，建立健全协同教研机制，着力对困扰学校教育教学的关键问题开展研究；通过校本教研体系建设，健全学校教研组，使教研组回归其应有的专业性，创新校本教研模式，形成各学科（领域）协同教研、学校与家庭协同教研的机制，取得高质量校本教研成果，推进学校育人方式变革，提升学校（幼儿园）教育教学质量，促进合作学校教育教学质量提升。

3. 区域教研体系建设

区域是推进义务教育高质量均衡发展的责任主体，区域教研工作是保障义务教育高质量均衡发展的重要支撑。

区域教研体系建设，其主要是跨学校、跨学科、跨学段统筹推进区域教研制度和机制建设，深化课程教学与评价改革研究，开展育人方式创新研究，强化教研队伍和教师队伍专业化发展研究，缩小城乡间、学校间教育教学差距，整体推进区域教育教学质量提升。

区域教研体系建设主要包括：区域教研工作机制和方式创新研究与实践，教研员专业发展的制度与机制研究，课程教学改革实验研究，命题考试与质量监测结果应用研究，学校育人方式改革与创新研究，区域内教师专业发展机制与培养方式研究，薄弱学校教育教学质量提升研究。

（二）教师队伍建设

1. 建设高素质、专业化、创新型教师队伍

教师队伍发展是学校建设的核心。教师既是文化知识的传播者，也是学生心智发展的引导者，同时也是学校教育教学理念的执行者。教师队伍的建设质量关乎学校发展的质量。从"培养合格教师""严格教师资质""提升教师素质""大力提高教师专业化水平"到明确提出"建设高素质、专业化、创新型教师队伍"，我国教师队伍建设的国家政策话语经历了从合格胜任型教师取向阶段（1985—1998 年）、素质型教师取向阶段（1999—2009 年）、专业型教师取向阶段（2010—2017 年）到高素质专业化创新型教师取向阶段（2018 年至今）的演变①，"建设高素质专业化创新型教师队伍"成为我国教师队伍建设的主流话语体系。

2019 年，中共中央、国务院印发《中国教育现代化 2035》，从战略与全局的高度提出了新时代面向教育现代化、建设教育强国的重大部署，明确将"建设高素质专业化创新型教师队伍"作为推进教育现代化的十大战略任务之一，成为推进学校高质量发展的重要对策。

2. 高素质、专业化、创新型教师队伍建设面临的现实挑战

《中国教育现代化 2035》描绘了我国教师队伍建设的重要蓝图，在内容上着力于教师队伍建设的应然性、规范性和举措性，但也从侧面反映了我国教师队伍建设所面临的突出问题与薄弱环节，到 2035 年，教师综合素质、专业化水平和创新能力大幅提升的政策目标仍然面临着现实挑战。以"师德师风"为第一评价标准的教师专业素质体系建设有待提升，教师职前培养和职后发展的专业化、一体化程度有待加强，教师资格准入制度和教师职称评审制度有待健全，教师待遇保障、政治地位、社会地位与专业地位有待提高，教师资源的结构性、阶段性、区域性配置有待优化②。

3. 高素质、专业化、创新型教师队伍建设的改革路径

教师队伍建设要围绕教师立德树人的根本任务，聚焦师德师风建设，全面提升教师专业素养和创新能力，解决好教师队伍建设的目标问题。第一，加强师范生的师德养成教育和职业信念教育，提升职后教师师德培训的专业化水平。第二，建设常态、长效的师德建设制度，营造多元立体的师德建设社会支持体系。

---

① 李宜江. 改革开放以来我国中小学教师队伍建设的政策取向分析［J］. 教师发展研究，2018（3）.

② 李琼，裴丽. 建设高素质专业化创新型教师队伍：基于《中国教育现代化 2035》的政策解读［J］. 中国电化教育，2020（1）.

第三，完善师范生生源质量制度，全面提升教师队伍的整体学历层次。第四，深化"反思—实践"取向的教师专业学习，促进教师在专业情境中基于实践智慧进行理论创新。

强化职前教师培养和职后教师发展的有机衔接，健全开放、协同、联动的中国特色教师教育体系。第一，统筹教师教育职前与职后有机衔接的体制机制建设，构建"大学—政府—区域教研机构—学校"四位一体的发展共同体。第二，遵循教师专业成长规律，在教师专业发展目标体系的基础上统筹教师教育职前与职后有机衔接的课程体系和教学体系。第三，探索分层统整的教师教育队伍建设体制机制，建设"大学—政府—区域教研机构—中小学幼儿园"职前与职后有机衔接的教师教育者专业发展平台。第四，建立健全师范院校建设标准和师范类专业认证标准，建立起基于标准的开放型办学资格准入体系，提升教师教育机构的办学水平。

健全以中小学教师工资长效联动机制为核心的教师待遇和福利制度，加大教师表彰力度，解决好教师队伍建设的保障问题。第一，提升教师工资水平，改善教师工资结构，建立健全教师工资增长机制。第二，建立健全教师经费保障机制，落实教师福利待遇。第三，营造尊师重教的社会氛围，重振教师职业的师道尊严。第四，加大教师表彰力度，建设国家教师荣誉制度。

推动教师供给侧改革，加大教职工统筹配置和跨区域调整力度，解决好教师队伍建设的统筹问题。第一，建立教师需求监控与预测制度，通过科学的数据评估来预测各级各类教师队伍需求总量。第二，学前教育和特殊教育教师培养的短板急需补齐，逐步缩小专科和中等教育层次师范生培养规模，引导有条件的院校开设本科层次和研究生层次的学前教育专业和特殊教育专业。第三，对农村、偏远地区、民族地区的学校而言，实行定岗招聘制度和短期轮岗交流制度。第四，建立教师编制动态调配机制，规范人事代理制度和教师聘任制度，并出台相关政策保障公立学校通过合同制聘用的教师工资、福利与保险待遇不低于编制内教师。第五，优先扶持中西部院校的教师教育师资队伍建设，提高教师教育办学层次。

延伸阅读 ▬▬▬▬▬▬▬▬▬▬▬▬▬▬▬▬▬▬▬▬▬▬▬▬▬▬▬▬▬▬▬▬▬▬▬▬

教育现代化背景下学校高质量发展的实践探索

1. 省级层面：广东省基于教研体系支撑基础教育高质量发展

在教育现代化发展背景下，各省、市、学校开展了促进基础教育学校高质量发展的实践探索，实践成果丰硕。

为了进一步促进基础教育变革，提升基础教育教研水平，教育部颁发了《教育部关于加强和改进新时代基础教育教研工作的意见》，为基础教育高质量发展提供了强有力的支撑，在该意见的指导下，广东省紧接着印发了《广东省教育厅关于建立健全新时代基础教育教研体系的实施意见》（以下简称《实施意见》）。《实施意见》以促进基础教育高质量发展为核心目标，以基础教育教研体系建设为强有力抓手，通过以下三点措施，支撑广东省基础教育高质量发展。

（1）转变观念，强化引领。

基础教育教研在基础教育发展和变革中占据着重要的地位，各级教研部门要积极转变教研观念，在教研工作中紧跟国家教育发展变革趋势，以立德树人作为教研工作的根本任务，从单一关注教师和学生，转变到系统整合学校、教师、学生、社会、家庭等多个教育视角，构建新型教研体系，促进基础教育学校高质量发展。

（2）明确重点，倾力打造。

《实施意见》中明确了教研体系建设的六个重点，分别是健全教研机构及其职能职责、加强教研队伍建设、落实教研主要任务、创新教研工作机制、创新教研实践样态、构建教研开放合作格局①。这六个建设重点，为教研工作的开展指明了具体方向，既包括传统教研体系的改革方向，又包括教研机构的职能、教研任务、工作规范及方式等。

（3）强化保障，促进变革。

基础教育发展中的任何变革，必然是复杂且充满挑战的，对于教研体系的建设来说也是如此，教育行政部门要强化组织保障，统一思想，细化并落实相关部门的主体责任，同时在教研体系建设上提供充足的经费，并开展相关考核评价，保证教研体系建设工作的有序开展，最终目的是促进教研体系建设的进一步变革。

2. 市级层面：粤港澳大湾区背景下肇庆市基础教育高质量发展的对策

肇庆市地处粤港澳大湾区建设圈中，但经济发展水平远远落后于粤港澳大湾区其他城市，经济的落后影响教育的发展，面对经济和教育发展不平衡的问题，国家出台了《粤港澳大湾区发展规划纲要》，提出"支持珠三角九市发挥各自优势，与港澳共建各类合作园区，拓展经济合作空间，实现互利共赢"。国家出台的粤港澳大湾区政策中切实提到要提高基础教育的质量，办优质的基础教育。肇庆市作为粤港澳大湾区发展计划中的城市之一，粤港澳大湾区的建设给肇庆市带

① 曾令鹏，钟守权，梁惠燕. 用教研新体系强力支撑广东基础教育高质量发展［J］. 广东教育（综合版），2020（8）.

来教育辐射和带动帮扶作用，给肇庆市基础教育发展带来了机遇[1]。

区域的发展带动教育的发展，在粤港澳大湾区背景下，多元文化交流对教育发展而言既是机遇，又是挑战，肇庆市提升基础教育质量应采取合适的对策。

（1）以经济发展带动基础教育高质量发展。

肇庆市应该抓住粤港澳大湾区发展经济的机会，吸引外地务工人员返乡工作，使其可留在孩子身边，这有利于弥补大批留守儿童家庭教育缺失的问题，有助于当地教育教学工作的开展，经济发展有助于加大对基础教育的投资，为实现当地基础教育高质量发展提供现实的可能性。

（2）合理配置资源，促进基础教育高质量发展。

教育资源的投入在不断增长，如何合理配置这些资源，发挥资源最大的利用效益，是当地教育行政部门应当考虑的事情，应该有详细的调研和教育资源配置方案。

（3）加强交流与合作，提升教师队伍水平。

教育发展需要提升教师队伍专业化水平，加强同不同地区学校教师的交流与合作，形成教师发展共同体，建立当地教师专业发展推进的相关制度，为教师的专业化发展和交流创造平台，致力于提升肇庆市教师的专业化水平，建设一支高素质的教师队伍，提高肇庆市基础教育发展的质量。

3. 区域层面：东莞市松山湖园区推进基础教育高质量发展的区域探索

在省、市级探索基础教育高质量发展的背景下，区域层面的相关实践更加具体，对一线教育发展和变革更具启发性。

松山湖园区秉持"办一流的教育，助推一流园区的发展"理念，构建了教育优先发展、学生适性发展、教师专业发展、社会协同发展的"松湖教育"模式。"松湖教育"品牌效应凸显，社会公众对"松湖教育"的认可度与满意度提高，松山湖园区为全市基础教育高质量发展提供了范式[2]。

（1）树立教育优先发展定位。

首先，整个园区的教育投入增加，各级学校的办学经费充足，致力于打造科技、教育发展的高地。其次，园区的基础设施建设进程加快，学校建设更加现代化和人性化，满足了人民群众对优质教育条件的需求。

（2）坚持人才引进和培养。

教师是基础教育高质量发展的关键，为了加快建设优质的教师队伍，松山湖园区坚持人才引进和人才培养两手抓。首先，园区教育部门根据学校的办学理念及课

---

[1]　冯敏怡，陈星晓，王心如，等. 粤港澳大湾区背景下肇庆市山区基础教育高质量发展对策研究[J]. 现代中小学教育，2021（5）.

[2]　杜绍锋. 推进基础教育高质量发展的区域探索：以广东省东莞市松山湖园区为例［J］. 基础教育参考，2021（9）.

程特色，面向社会及高校公开招聘了大量年轻化、高学历、高素质的教师。其次，为了给这些优秀教师创造更好的发展环境，园区发布了相关职称评定和工资管理办法，为教师提供工作用房，等等。这些措施强有力地提升了教师社会地位，解决了其工作和生活的后顾之忧。最后，为了促进教师队伍的专业性发展，园区开展全员教师培训制度，根据教师职业发展的不同阶段，有针对性开展相关专题培训。

（3）激发学校办学活力。

学校办学活力的激发，能够有效调动学校教育资源为学校高质量发展服务。松山湖园区突出理念先行、自主放权和多元发展的管理思路，推动园区学校实现优质发展。园区把学校管理的自主权尽可能下放到学校，确保学校办学理念能够有效实施，同时强调学校办学的特色化和多元化，尊重教育教学规律，促进学生全面发展。整个园区的学校办学活力得到有效激活。

（4）构建家校社联动氛围。

基础教育的高质量发展不仅仅是学校独自的发展，需要学校、家庭和社会联动发展，形成有效的合力。松山湖园区坚持落实立德树人根本任务，建立完善家庭、学校、社会三位一体的融合育人机制，发挥家庭、学校、社会三方合力，提升教育发展质量。

第二节　学校管理促进教育高质量发展

学校提升管理效能，可有效促进教育高质量发展。加强学校管理是每个教育工作者的重要职责。

一、学校管理的根本目的：立德树人

教育的目的不只是提升学生的知识储备和实践技能，更需要促进学生道德上的发展。学校将立德树人的理念融入学校管理变得尤为必要，这也是学校管理的根本目的。

（一）转变观念，创设立德树人管理环境，注重教师德行考察

学校教育教学管理包含丰富内容，德育渗透是核心内容，立德树人教育理念落实成为学校管理的重要追求。教师要将立德树人教育思想放在重要位置，通过不断思考、整合，形成自觉的教育教学行动①。

----

① 赵斐. 基于立德树人的学校管理策略研究［J］. 中小学校长，2019（8）.

每所学校都有自己的办学理念，作为学校办学基础的教育管理理论体系，我们需要用发展的眼光来看待。在具体操作中，需要从如下几方面展开创新实践：第一，学校领导要统一思想，展开多种形式的理论学习，特别是利用多种信息途径，接触更多前沿的教育管理信息；第二，教师是学校教育的执行主体，培养教师良好思想品质，无疑能有效提升学校管理品质；第三，向所有学生传递立德树人学习理念，学生学习不能只追求成绩，唯有先成人才能后成才，追求德智体美劳全面发展，自觉落实教育方针，这是学校管理的追求。学校要从不同方面展开思想教育，对立德树人教育理念进行全面渗透，从而为学校教育管理奠定坚实思想基础。

（二）规范制度，优化立德树人管理程序，注重学生品德培养

学校管理离不开制度建设，这也是立德树人教育管理措施的基础。作为一所学校，其涉及学科众多，学生构成也较复杂，若没有完善的管理制度，难以确保教学管理顺利展开。在立德树人大背景下，在制定制度时，学校需要充分考虑教师、学生、家长等诸多方面的实际诉求，要体现以生为本的思想，渗透立德树人理念，还要从教育教学现实出发，利用严格的制度管理，为学生学习生活创造良好环境，培养学生良好品德素养。学校管理制度众多，教学常规管理制度、教师管理制度、学生管理制度、安全管理制度、德育管理制度等，都关涉立德树人教育理念的落实。

学校管理制度制定和执行时，需要充分考虑本校的教育管理现实，展开针对性调研，不断完善优化管理制度体系，促进学生思想的成长，这是立德树人教育的重要目标追求。学校管理制度建设是一项系统性工程，需要全体教师和学生的共同参与和维护，才能确保管理制度的顺利落实。学校领导干部要以身作则，为广大师生做出表率。教师是学校教育教学管理的具体执行者，学校对教师的管理要体现人性化，同时要严格执行制度。在学生管理方面，学校各种规章制度要完备，对学生管理时要体现系统性、连贯性。班主任要跟进管理，定期进行家访活动，建立学生成长档案，建立家校联络机制，实现家校联动，从而确保学生学习思想管理逐步落实。

（三）文化建设，建立立德树人管理机制，注重校园德育浸润

校园文化建设属于立德树人教育管理的重要内容，这对全面提升学生文化素养具有很大帮助，也为学校立德树人教育教学管理创造良好条件。

学校文化建设包括众多内容，各职能部门要协助校长办公室、德育处和团委开展工作，对各项文化建设活动给予更多助力与支持。学校要利用多种文化宣传活动，创造更丰富的学校教育环境，让学生在具体实践中实现思想洗礼。学校要针对校园环境特点，为学生提供丰富的文化娱乐活动，给学生带来丰富文化大餐。

案例 1-1

方圆文化——××学校园文化建设

1. 校风：方圆有致，德才兼备

校风作为构成教育环境的独特的因素，在体现学校的精神风貌上起关键性作用。好的校风具有深刻感染力，该校提出的"方圆有致"表现在三个方面：

一是"方圆有致"的校园文化建设。校园活动内容为方，活动形式是圆，完善学生人格为方，实现学生自主和谐是圆。

二是"方圆有致"的班队文化建设。遵循"儿童立场""生活视野""故事表达"原则，问需于童，问计于童，开展适应学生多维化的、童趣化的班队特色活动，形成"一班一品""一队一品"的特色教育态势。

三是"方圆有致"的足球文化建设。足球为圆，球场为方；足球规则为方，足球精神为圆。普及足球知识，训练足球技能。足球队梯队建设"方圆有致"，足球特色班级建设"方圆有致"，足球文化建设"方圆有致"。

"德才兼备"即品学兼优，要求全校师生员工既要品行端正，为人正直，具有较高的道德水准；又要有丰富的文化知识、良好的综合素质和较强的工作能力，善于发现问题、分析问题、解决问题，堂堂正正做人，认认真真做事，踏踏实实做学问，努力成为讲道德、守法纪、有文化、能创新的高素质人才。

2. 校训：出彩起于足下

出彩，指表现精彩，完美地展示自己的长处。只有自觉把握教育规律、顺应趋势，把应该做的事情做早、做实、做优，才是真正的出彩。出彩就是拥有远大目标，体现更高的标准和追求，需要更大的担当和作为；出彩，也要彰显自身特色。

"足下"源于"千里之行，始于足下"这句话。比喻事情的成功都是由小到大逐渐积累的。"足下"在这里也喻指××学校的办学特色——"校园足球"。学生的发展，从踢好足球开始，从锻炼好身体开始，"以球育德，以球促智，以球健体，以球修美，以球益教"为内涵的校园足球文化特色，让每一位孩子在各种趣味和竞技活动中体验快乐、快乐成长。

3. 教风：方圆有道，教学相长

学校注重教师成长，注意教师层次化，追求方圆有序，让教师真切地感受到教育教学的幸福与快乐。教师品德是方，教学智慧是圆；学科素养是方，学科知识是圆。教师发展是方，教学方式是圆；教育理念是方，教育策略是圆。只有把方与圆的智慧结合起来，运圆以守方，持方以融圆，做到该方就方、该圆就圆，方直立身、圆融做人，实践"方圆有序"，追寻"方圆有道"。行走在教育的路上，落实常规德育，优化心理教育，教师用"爱"将智慧融入教学生活（圆）、用"责"将规范落在教育实处（方），用"心"将幸福充满教育人生。

4. 学风：方圆有法，秀外慧中

学而至善，行而有方，方圆有道。"方"就是学校荣誉墙上的一座座奖杯、班级墙上一张张的荣誉奖状，"圆"就是孩子们灿烂的笑脸。学生管理要"方中有细、圆中见爱"，方圆有法，奏响爱的交响乐。智圆行方，让每一个孩子快乐成长，让每一个生命绽放异彩。

方圆教育整合优质教学资源，探索教育均衡发展佳径，创设温馨和谐的人际氛围，多元文化兼容，方圆相融并蓄，知识转化为智慧，文化积淀成人格。"方"是原则，是目标，"圆"是手段。学校在注重学生自主发展和情感体验的同时，遵循方圆之道，顺势而为，因材施教，给学生提供鲜明的导向和正确的价值指向，使其有方圆有道的多彩人生。

"秀外慧中"是一个汉语成语，学生要做到内心丰盈、内外兼修，做最满意的自己，做最好的自己，成长为"慧于中、诚于内、秀于外"的优秀学子。

思考：学校文化建设的意义是什么？

（四）教研实践，升级立德树人管理体系，注重学校品牌创造

学校的教研工作要扎实、有效。学校德育课程设计完备，教师专业学习不断，教育教学环境不断提升，能确保学校立德树人教育机制的顺利推进。

在课题研究方面，学校应给予教师更多支持，专门设立奖励制度，对教师课题研究进行表彰、奖励，鼓励更多教师能够深入教学探究，探索教育教学规律，并在具体实践中提升专业素养，从而全面提升学生思想品质。立德树人不仅是一种教育观念，更是一种管理策略，围绕立德树人展开教育教学设计和行动，其实践价值更值得期待。

二、学校管理的价值指向：核心素养

核心素养不仅是新时期教育的重要理念，更是"立德树人"根本教育任务的要求与体现，是教育方针具体化、目标化的一类形式。核心素养的培养与落地，需要学校各个层面的有效配合协调，才能真正有效有序达成；但部分学校重视程度不够，甚至有的学校还没有核心素养的概念，还不明确核心素养培养的重要意义。因此，在核心素养视野下，学校要依据实际，转变工作思路与管理模式，切实把学校变成"立德树人"的阵地，贯彻教育方针的阵地，实现教育高质量发展的阵地。这就需要学校不断研究与创新学校管理新方法、新举措、新模式，从而

提升管理水平与能力，实现教育的高质量发展[①]。

（一）学校管理的再认识

管理是学校重中之重的工作，其本质上是一种培育人的活动。培养什么样人、怎样培养人是教育的首要问题，也是每一位教育工作者所思考的问题。因此，在实际管理工作过程中，再小规模的学校也需要围绕"立德树人"理念的要求，设定相应的管理目标，并通过采用各种教育手段，统筹运用各种教育要素来实现这一目标。没有目标的教育是盲目的教育。学校目标的确立要符合学校实际，具有科学性、可行性、合理性、创新性，具有自己的特色与品牌。学校管理的核心是校长，主人是教师，因此，管理工作要遵循"以人为本"的原则，体现人性化，注重人文性。在实际开展学校管理工作中，很多管理者缺乏创新意识，往往只注重约束性管理，而忽视管理的有效性。随着新时期教育高质量的发展，约束性管理已经不适合当前的学校管理工作，已落后于时代发展的要求。在学校管理过程中，应根据实际情况，选择相应的管理模式。如果学校整体难以适应相关工作，应着重发挥校长的领导作用，如果处于正常的工作状态中，应该加强人员管理，积极鼓励学校相关人员加入学校管理工作当中。但不管使用哪种管理模式，管理者都要在建立规则制度的基础上，合理融入人文精神，这样才能达到事半功倍的管理效果。

（二）核心素养指向下的学校管理策略

1. 明确核心素养的重要性

学校对核心素养的培养要高度重视，明确其对学生发展的重要性，对教育方针落实的重要性，对教育高质量发展的重要性。与此同时，基于核心素养下学校的管理模式重构，更应当做到与时俱进，体现新时代教育高质量发展的要求。只有尊重学生的个性发展，才能厘清管理工作思路，进而创新管理模式，促进学生综合素养的培养与发展。这种模式的重构，要突出学生的全面发展，要体现教育方针的要求，培养德才兼备的创新型人才。同时，学校要立足实际，因地制宜，突出学校特点，体现自己的特色，使学生在培养中成长，在成长中发展。因此，学校只有整体重视核心素养的培养，并将其积极贯彻落实到管理实践工作当中，才能达到教育高质量发展的要求，达到培养全面发展的人才的目标。

2. 树立全局管理意识，强化学校整体性管理

在核心素养理念下，学校管理者要遵循"以学生发展为本"的理念，牢固树立服务意识、全局意识、整体意识。例如，针对九年一贯制的学校而言，中小学不是简单组合在一起，而是一个统一的有机整体。

---

① 凌思福. 核心素养视野下村级学校管理策略探析［J］. 延边教育学院学报，2021（6）.

因此，九年一贯制学校要想真正实现办学目标，落实"立德树人"的根本教育任务，促进义务教育的均衡发展，必须树立全局管理意识，强化整体性管理建设，注重过程性管理，不可忽视小学管理，重视中学管理，或反之。学校要从整个办学理念和教育目标等各个方面，形成一个完整的一体化管理系统，以保证管理的接续性；要想实现全局性、统一性管理，首先应建立全体行政的思想，特别是对管理者而言，更要树立全局意识，以自身作为联结点，做好中小学的衔接，促进中小学教师的沟通与交流，以保证中小学教学整体性推进。当然学校在管理中，根据需要，有时分层管理，有时有所侧重，有所倾斜；但就常规管理来讲，从管理的重视程度而言，二者必须统筹兼顾，不可偏废。因为在核心素养理念下，教育所强调的不仅是对学科知识的学习，更重要的是培养全面发展的人。这样才能实现教育的真谛，才能促进学校的长足发展。

3. 增强校长的领导力

要实现学校的长足发展，有效实施核心素养的培养就离不开领导。在核心素养背景下，校长更要发挥领导力量，聚精会神谋策略，一心一意促发展。教育家陶行知先生说："一所学校的发展和有序运行直接取决于校长，校长是一个学校的灵魂，有什么样的校长，就有什么样的学校。"此言不虚，校长自身领导力的不断提升，是促进教师专业能力和教育教学质量提升的关键。因此，校长要科学谋划、制定办学理念与发展目标。对于学校来说，提升教学质量是关键，培养学生的良好道德品质是首要目标。因此校长要基于实际情况，科学制定工作计划，明确学校管理工作存在的问题，及时进行整改。校长作为教师的领导者，其自身的发展情况直接影响着教师，言谈举止都会对教师产生不同的反响。因此，校长在日常管理工作中，应充分发挥自身的示范作用，以引领和促进教师的专业化发展。另外，校长应深入教学一线，感受教学的魅力，并经常听课，对教师的教学活动做出相应的评价，从而提升教育教学水平。

4. 用制度强化管理

全面实施核心素养培养，应建立科学的管理制度，用制度做保证是积极落实核心素养培养的前提条件，因此学校的管理工作应加强制度建设。制度就是人人必须遵守的规矩，没有规矩，不成方圆，这是硬道理。学校要实现标准化管理，注重管理质量的提升，注重管理效益的提升，促进学校的长足发展，必须制定相应的各种制度。因此，学校要依据实际并结合自身的优势，合理建立管理制度。制度的建设还需要借鉴其他学校的成功经验，适时反思自我，以弥补自身在管理方面存在的不足。制度的建立要综合考量教师和学生的需求；同时要遵循公正、公平的原则，以奖励性制度为主，给予师生相应的鼓励，调动管理者的积极性，确保学校整体管理质量的提升。

5. 拓宽培训渠道，提升教师的综合素质

教师是实施核心素养教育、培养学生核心素养的主体，更是学校管理的主人。教师素质的高低决定着教育教学质量的高低。因此，学校要想达到理想的管理效果，教育教学水平的整体提升，有效实现核心素养的培养目标，就必须提升教师的整体素质。学校应适时拓宽提升教师素质的渠道，加强对教师的培训工作。一方面学校应组织相应的培训，或邀请培训院校的专家进校门，为教师进行实地培训提供良好的平台；另一方面要鼓励教师利用各种不同的渠道进行学习，或参与网络培训，或自主研修，或参加联片教研活动，或参与国培、省培，这些渠道都可以有效提升教师自身的教育教学水平，进而提升教育教学管理能力。

6. 加强校园文化建设，促进核心素养教育的生成、落地

校园文化对于有效实施核心素养教育，对于师生积极情操的陶冶，形成积极向上的良好氛围，树立正确的世界观、人生观、价值观有着不可替代的作用。一所学校在先进文化的引领下，会催人奋进，使人坚强不息；会使学生对人世间充满爱，对生活充满希望与激情，从而形成健全的人格与良好的道德品质。因此，学校要对本校的文化建设予以高度重视，正确考量与评估校园环境，充分利用阅览室、教室、走廊，以及综合实践活动室等场所，科学设计文化内容，让学生从中体会源远流长、博大精深的中国文化，从而培养学生的文化自信，使其自觉成为祖国先进文化的接续者、传承者、弘扬者。虽然课堂教学是实施核心素养教育的主渠道，但不是唯一的渠道，我们要充分利用校园文化效应，适时开发与利用教育资源，以促进核心素养教育的生成、落地，达到教书育人的目的。

三、教育现代化背景下的学校管理

随着我国社会生产力和科技水平的不断发展，社会经济发展结构不断转型升级，国家在各个领域都在不断进行提质增效。教育现代化则是教育的提质增效，是国家未来发展的大势所在，更是国家教育领域综合改革的方向和要求。促进教育现代化是所有学校面临的重大课题。为有效应对学校管理中存在的较为突出的新问题，促进学校的科学管理与发展，必须在学校管理层面进行深入探索①。

（一）教育现代化进程中学校管理存在的新问题与挑战

教育现代化是一个综合性的开放概念，其内涵较为丰富，目前的学者们已经从多个不同的角度对"教育现代化"进行了不同的界定。教育现代化就是通过对国家教育发展前景进行系统化、科学化分析，充分融汇运用现代先进教育思想，

---

① 沈胜林. 教育现代化进程中推进学校治理能力现代化的思考 [J]. 教育理论与实践，2020（25）.

灵活运用现代教育信息化技术等科学技术手段，不断改进更新落后的教育方法和教育内容，提升教育管理效能和水平，促进各级各类学校培养能够参与国际竞争的新型劳动者和高素质人才的过程。本书认为，所谓教育现代化，其实质与核心就是人的现代化，就是通过学校教学队伍的现代化，学校管理队伍的现代化，最后让所教的学生实现现代化的过程。究其根本目标，就是要培养能适应当代和未来社会和国家需要的、能为社会主义建设服务的人。

随着时代的不断更迭与社会矛盾的不断变化，党和国家对国家的教育发展提出了新的要求，在众多新要求之中，党和国家对教育现代化进程中的三个问题——学校教育质量问题、教育公平问题与教育效益问题，表现得尤为重视，而这三个问题的解决离不开学校管理现代化的实现。但学校管理是一个较为复杂的问题，因为学校管理并不是简单的、孤立的问题，学校管理常常受到学校内部诸多因素的相互制约与影响，往往是牵一发而动全身；其本身的发动运作并非直线执行，而是涉及诸多环节的重组与优化。

可以说，学校管理能力现代化建设是学校发展中必须经历克服的道路，而在这一道路上，其新的问题与挑战则主要表现在以下五个方面。

1. 教育的新目标与新任务

国家结合社会经济的新发展和教育现代化发展的实际，对新时代教育发展提出了新目标与新任务。从具体的目标与任务来看，新进之处表现在：立德树人的教育根本任务要更严格审慎地落实，教育公平要采取更公开透明的管理措施推进和保障，教育质量要不断提高底蕴和内涵，务必办好令人民群众满意的教育。新的目标与任务在给学校管理提出了更高要求的同时，在客观上，也不可避免地给学校管理带来了新挑战。而学校在管理过程中，是否能落实好这些新目标与新任务，能否切实落实立德树人的教育根本任务，推进教育公平，提升教育质量，除此之外又能否在理论和实践两个层面上对教育的目标和任务实现更进一步的创造性突破，这些都是学校管理在教育现代化道路上中需要回答的根本性问题。

2. 多元主体参与并凝聚共识

学校管理的主体是错综复杂且多元的，常见的主体包括政府、学校领导、教师、学生、家长等，除此之外，社区、社会机构等社会主体对学校管理也有着不小的影响。所谓"独木不成林"，学校管理就是由多个主体负责、构成的，而各个主体之间又相互联系、制约。学校的有序管理需要这些多元主体的参与，只有各方主体同心齐向才能实现良好的学校管理。然而多元主体却也是相对独立的，不同的主体难免会有各自的利益诉求，在不少情况下未必能在学校管理层面达成共识，各主体或有自身利益的考虑，或受制于自身认识和生活环境条件的局限。

3. 多元主体管理能力提升

正如前面所说，学校管理涉及多元主体，因此有效提升学校管理者、教师、学生、家长、社区、社会机构等管理主体能力，提高各管理主体的管理素质，是学校管理面临的重要问题。

当前，一些学校管理者的治校能力不高，治校思维落后，严重影响了学校管理的现代化进程。因此，需要进一步提升其管理能力，更新其管理观念。对于教师来说，除了要落实好教书育人的工作，学校教学管理也应该是工作重点之一，相关能力也需要不断提升。教师在开展教育教学活动、治学与治校方面具有更为直接的一线经验，只有提升其参与学校管理的基本能力，才能促进其有效参与管理，并提升参与效率。学生参与治校的途径偏少，但是学生在一定程度上清楚学校管理的得失优劣，学校应当多为学生创造参与学校管理的机会，并进行一定的教育指导。至于另一主体——家长，往往由于缺乏经验或自身知识能力有限，其参与管理的思想意识与能力还处于相对较低的水平。对此，我们亟须激发家长参与学校管理的积极性，创造家校合作管理的渠道，并切实提升双方合作管理能力。此外，社会机构管理问题迫切需要改进，其管理能力也需要进一步提升。

4. 信息技术发展带来的管理方式多样化

随着科技发展日新月异，信息技术的发展速度在飞速提升，教育管理也势必要借着信息技术的东风来实现改进革新，通过数据化与网络化进程不断加快教育管理的现代化。在这一趋势下，学校管理所采用的方式和手段也呈现出多元化。教育管理方式多样，既有政策调节方式，又有宏观控制模式，还有经费杠杆模式，等等。学校管理必须充分考虑和把握学校教育与社会协调发展的基本规律，而这中间信息量浩瀚宏深，因此以信息技术促进管理方式的革新，是提升学校管理的科学性和有效性的必备宝器。

5. 人民群众多样化与高质量的教育需求

改革开放以来，我国教育事业取得长足发展，教育现代化的步伐进一步加快，人民群众日益关心的入学问题已基本得到解决，人民群众对教育的需求也转化为人民群众的多样化与高质量教育需求。而当前的教育改革和学校发展还不能完全满足人民群众对学校教育质量提出的更高要求。满足人民群众从"有学可上"转变到"择好学而上"的迫切需求，这也是当前学校管理过程中面临的重要问题。要解决这些问题，我们必须加强学校管理体系建设，提升学校管理效能，切实提高学校的办学水平与教育质量，从而满足人民群众接受更高层次和更高质量的优质教育需求。同时，基础的教育保障工作也不能荒废，对于求学有困难的学生与家庭，学校要完善教育资助体系，简化资助程序，更好地满足贫困家庭学生求学需要，纾解其求学中的物质性困难。另外，我们还要有序构建终身教育体系，办好在职教育和继续教育，积极推进学习型社会的创建，切实提高广大人民群众的素质。

（二）教育现代化背景下推进学校管理能力现代化的策略

教育现代化背景下，推进学校管理能力现代化要注重把握方向、厘清思路，找准方位，抓好以下几个关键点。

1. 坚持和加强党对学校教育事业的全面领导

坚持和加强党对学校教育事业的全面领导是我国教育事业保持正确发展方向的根本性保证。党的全面领导，决定着学校发展的整体方向，发挥着不可或缺的作用。

在党的全面统筹下，必须强化制度建设和推进依法治校的程序。第一，在制度层面，国家应引导学校保持管理结构的完善性，从而保障学校管理的科学性，为学校的有效管理提供保障。与此同时，有利于形成多元管理主体的学校内部管理格局，促进学校科学管理的落实。第二，在法律层面，国家应有力推进依法治校，以法治手段来保障学校管理的公平性。首先，学校必须遵循《中华人民共和国宪法》《中华人民共和国教育法》，以及其他相关的教育法律法规来制定学校管理章程，保障学校管理有法可依。其次，在法治的引导下，学校应不断完善管理制度，根据实际情况不断改善方案，同时也应注重管理过程中的合理化和透明化，达成有效监督。最后，学校在管理过程中，要加大宣传力度，提升全校师生在学校管理中的法律法规与制度意识，以进一步推进依法治校工作规划和科学管理目标的实现[1]。第三，在方向层面，必须规范学校管理，在管理过程中，贯彻"立德树人"的教育根本任务。

2. 政府、学校、家长和社会机构等多元主体的管理参与

学校管理水平的提高，并非仅仅靠学校本身改革就能实现的。学校管理需要社会多方主体的参与。因此，动员社会多元主体的管理参与，是提升学校管理水平和能力的有效途径。首先，从政府角度而言，应当转变观念与思维，适当放权的同时加以跟进监督。其次，作为学校，更应加强管理成员的参与水平，对教育发展进行统筹规划，提升问题解决能力。再次，家长同样在学校管理中起到重要作用，例如为发展建议、招生宣传等方面提供有益的支援。因此，学校应当激发家长的管理意愿，发挥家长的管理能力。最后，社会机构等多元主体有着丰富的管理经验，让他们参与其中，可以让学校管理的规范性和科学性得到有效提升。

---

[1]　沈胜林. 新时代推进学校教育公平的治理策略 [J]. 教育科学论坛, 2019 (29).

3. 重视教育差异化，促进学校教育的协调发展

在教育现代化背景下，"教育公平"仍难以保障。城乡教育观念差距、教育资源失衡、学校管理措施失态等问题仍需解决。为促进学校教育的协调发展，首先，必须重视教育的差异性。政府拨款是学校资金的来源，政府部门应给予弱势学校一定的"倾斜"和扶持；在学校建设、教师资源等方面，提供足够的支持并跟进其实施。其次，学校内部也应当提升运用教育资源的能力。积极响应管理优化的号召，挖掘自身的办学特色，吸引更多的优质资源，提质增效。另外，也应当更新当地家长和学生的教育观念，宣传因材施教等科学的教育理念，从而推进教育管理的有序展开。在上述基础上，学校间的差异才能逐步缩小，为教育公平和社会的协调发展起到重要的作用。

4. 优化内部管理方式，提高管理能力

优化内部管理方式，提高管理能力，找到最贴合学校的管理方式，是促进学校不断发展的动力。首先，良好的管理环境和管理氛围，直接影响着管理的效果。其次，加强民主化实施，是学校管理的长远之道。民主管理，极富持续性发展和不断优化的可能性。最后，学校须突出"以人为本"的理念，一心一意为学生、为老师谋发展，从社会多方面汲取管理的营养，提升学生的学习能力，促进教师在教学和学术上的自主性，进而促进学校管理的科学发展，为学校创造更多可能。

第三节　面向未来的学校变革

一、面向未来的学校变革概述

2021年是中国实施基础教育课程改革以来的第20个年头。在基础教育课改中，我国基础教育的教育理念、教育教学方式、学习方式、教育管理制度等方面发生了巨变，这些变化和更新也将以更强的力量引领未来学校的变革。回望过去，随着新课程背景下我国基础教育改革的不断推进，教育学界不断在教育思想和理念方面进行创新与突破，许多学校改革者通过各种各样的方式进行教育创新。然而，许多学校在自主变革的实践中存在变革前瞻性不够、变革持续性不强等问题，有些改革者"为改革而改革"，盲目追求教学方式和学习模式的变革表象，往往远离教育的根本价值追求，有时偏离了正确的学校改革价值取向，甚至与学校和学生的发展需求相悖。在新课程改革的未来，学校教育应该如何变革，才能不断修正问题，培养真正面向未来的人才？这是当前教育研究及实践者应该

考虑的核心问题①。

（一）学校变革的时代背景

1. 新时期教育背景下贯彻国家有关精神的客观要求

党的二十大报告中提出要加快建设教育强国，办好人民满意的教育。习近平总书记在 2018 年全国教育大会上提出，要深化办学体制和教育管理改革，充分激发教育事业发展生机活力。2014 年，教育部颁布《关于全面深化课程改革　落实立德树人根本任务的意见》，指出应当"坚持重点突破，聚焦课程改革的关键领域和主要环节，针对制约课程改革的体制机制障碍，集中攻关，重点推进"，"适应新时期教育发展的新要求，积极开拓，大胆试验"。因此，基础教育改革应当以学生的发展为核心价值取向，培养以"社会责任感、创新精神和实践能力"为核心素养的人才，改变学校育人过程中的各种机制，创建有利于学生发展的教育环境，落实立德树人根本任务，回应时代和社会的要求。

2. 新课程改革背景下基础教育学校变革的价值困境

反思我国当前的教育环境，这一体系往往过分强调教育的社会性价值，忽略了教育的个人性价值。将追求学校改进的表层效果作为最终目的，背离了对学校及教育的价值理解。新课程背景下的基础教育出现诸多以急功近利的、短期的、片面的学校教育价值取向为主导的学校变革，严重制约了学校、教师和学生的发展。

3. 素质化教育背景下培养学校创新型人才的有效途径

21 世纪是创新教育大展宏图的世纪，也是知识创新凝聚力量的年代。在素质化教育背景下，深化现代学校基础教育改革，创新人才培养模式，提高人才培养质量，已经成为 21 世纪现代学校基础教育发展的主流。开展基于立德树人价值取向的学校改革方案研究，正是在宏观教育改革背景下，以学校自身发展需求为基础，提高教育质量、促进学校发展，以争取更大的发展空间和更多的资源，推进学校教育创新的过程；是深化推进素质教育、培养学校创新人才的有效途径。

（二）学校变革的原则

一个学校的全面发展，往往涵盖学校的管理模式、学校制度、课程体系、教师评价和育人路径等几方面，因此，一个学校的系统变革，往往可拆解成体制机制、制度建设、课程建设、教学方式、学习方式和评价机制等方面的变革。不管是局部的变革，还是深度的变革，都应遵循以下几个原则。

----

① 黄楚玲. 关于当代基础教育学校变革的几点思考［J］. 广东教育（综合版），2021（4）.

1. 时代性

学校变革应立足于当前教育改革的宏观背景，顺应基础教育改革和发展的潮流。只有顺应时代潮流的学校变革，才能富有生机与活力，具备可持续发展的动力。

2. 实践性

学校变革重点在于为了适应社会环境的变化而对学校相关要素的改造，要"对症下药"，具有针对性、操作性、实践性。

3. 系统性

学校变革涵盖推动学校发展的各大要素，是一个"牵一发而动全身"的系统工程，由顶层设计的宏观战略，到局部变革的战略落地，组合形成全面、系统的学校教育变革体系。

4. 人本性

学校变革最终指向培养面向未来、心智健全的创新人才，学校变革应当回归到以育人为本的主体功能上。

（三）学校变革的路程

1. 学校变革应适应当前基础教育发展总趋势

教育是面向未来的事业，而培养未来人才的关键在于做好当下教育。因此，学校的一切变革，都要立足当下，面向未来：在体制机制创新上，可通过教育集团化办学改革等方式，满足教育均衡发展的需求；在技术手段上，可充分利用现代信息技术，推动人工智能、互联网等信息技术在教育领域的应用；在课程建设上，应注重能力培养，积极开发立德树人导向的课程，如开发劳动教育课程、美育课程、综合实践活动课程；在教学方式和评价上，更多地以学生为中心；等等。

2. 学校变革应在动态调整中不断修正和完善

学校变革是一个持续的、需要不断完善的整体系统工程。因此，在实施改革的过程中，改革主体应该从整体出发、动态落实，梳理分析学校变革的内在规律和外在支持。在学校变革中，改革主体通过厘清基础教育学校变革机制系统的构成要素，可以更加深刻地理解不同要素之间的相互作用关系，也可以从整体上更具系统性地把握学校变革的运行规律。

3. 学校变革的价值旨归应是为未来培养人才

社会的未来发展趋势及其对人的素质需求，是学校教育改革的根本价值导向。因此，学校变革者在推动学校改进过程中应当准确把握、积极顺应未来社会的发展趋势及其对人的素质要求。当前，在基础教育学校变革中，我们应当更新人才培养理念，创新人才培养模式，让学生能够适应未来社会的发展，更能够在社会建设的过程中起到积极的作用。综上所述，学校变革的价值取向应当以为未来社会培养人才为第一取向。

总之，学校变革的实质是在打破旧的平衡状态的同时，又要建立一种新的平衡状态。学校变革的总体目标，是立足于当代基础教育宏观教育改革背景，着眼于当代基础教育价值需求，通过学校系统、全面的教育教学变革，形成能够适应不断变化的社会环境的机制，消除基础教育学校与社会发展之间，以及基础教育学校内部的发展不平衡，给学校创造一个更为有序、民主、开放的内部环境，让学校变革回归到育人为本的主体功能上，促进学校的可持续发展，培养面向未来、心智健全的创新人才。

二、面向未来的学校课程与教学变革

课程是现代教育的核心载体。世纪之交，全世界范围内的基础教育课程改革都进入了一个空前的变革热潮期。中国基础教育在这次世界变革浪潮中把握住了契机，不断推进课程与教学的理论研究和实践创新，逐步形成了富有中国特色的基础教育课程改革理论体系和创新方案[①]。

第一，构建了以学科核心素养发展为基础的课程目标体系。2018年，教育部发布《普通高中课程方案和语文等学科课程标准》，提出基于学科核心素养的课程方案和课程标准，旨在解决当前课程教学模式与未来课程以人为本、素养发展模式的矛盾，实现以学科育人、以课程育人的目标。2020年，教育部对相关标准进行了修订。

第二，建立了面向未来的课程设置方案。2014年，教育部出台《关于全面深化课程改革 落实立德树人根本任务的意见》。新课标倡导课程之间的整合，加强学科教学与专业学科之间联系，构建开放的教学模式，让学生能够灵活运用知识。同时，课程设计要求运用多样化的教学方法丰富课堂内容，为学生提供多种多样的学习活动。力求超越学校的围墙，超越学科的边界，超越教材的局限，建立起开放性课程实践体系。

第三，随着课程和教育向未来发展，课程的文化育人功能将更加突出。在传统狭隘德育体系和教育体系分立的体系中，学校更注重课程体系的建设和课程文化的整体作用。学校课程文化建设超越了现代教育狭隘的课程理念的束缚，学校管理者和教师开始关注学生生活的全过程育人、全方位育人和全员育人，很多学校开始全面构建全面育人的学校课程文化体系。

---

① 杨志成. 面向未来的课程与教学变革［J］. 中小学教材教学，2021（1）.

第四，创新了面向未来的课堂教学方法。在信息技术的支持下，"翻转课堂""项目式学习"，以及"慕课""微课"等新的教学方式正在逐步推广。这些探索表明我国基础教育课程和教学正在迈向未来、迈向现代化的方向上不断发展。

第五，推进面向未来的课程评价体系。对未来课程和学习评价的改变，首先应该改变以往过于注重学习结果的评价，加强对学生学习过程和发展主体素养的评价。2018 年颁布的《普通高中课程方案和语文等学科课程标准》就充分体现了课程目标和未来课程与学习的评价体系。

在全球基础教育领域变革的背景下，基础教育课程与教学改革是各国之间教育竞赛的重要领域。中国特色课程与教育改革的成功，不仅要依靠教育理论研究者不断推进相关理论研究，更要依靠教师结合教育实施的过程发展理念和实践。因此，教师应该以面向未来的课程和教学实践，迎接未来教育的挑战。

三、面向未来的学校学习方式变革

近年来，教育理论界和实践界都在不断思考和探索学习方式改革这一课题，取得了许多宝贵的成果和经验。展望未来，推进学习方式改革，我们需要从"为何变""怎么变"和"变什么"三个方面进行思考，以免偏离变革的初衷。①

（一）为何变：把握影响学习方式变革的现实因素

学习方式的变革，源于实践过程中基础教育学校改革时困难的产生、要求的提高和社会环境的变化。

1. 中小学生课业负担不科学呼唤学习方式变革

我国中小学生课业负担过重问题由来已久，即便是 2021 年《关于进一步减轻义务教育阶段学生作业负担和校外培训负担的意见》的发布也不能完全改善这一问题。这一现象的成因很复杂，但被动、单一、机械的学习方法导致的效率低下是重要因素。每个学生都有自己的学习方式和心态，如果不考虑这些差异，则无法让学生运用自己适合的方式学习，那么其效果自然不尽如人意。

2. 社会发展和教育改革对教育教学提出了新要求

从"双基"（基础知识、基本技能）到"四基"（在"双基"基础上增加了基本思想、基本活动经验），再到学生核心素养能力培养，社会对于学生的素养要求不断变化，因此学生的学习方法也势必随之变化。在中华民族伟大复兴的宏大愿景下，教育应当鼓舞学生成为有抱负的人，能够担当起中国发展与进步的时代任务。对此，教师和学校应该通过何种方式促进学生"爱国情怀、社会责任感、

---

① 夏青峰. 自主·实践·育人：面向未来的学习方式变革［J］. 中小学管理，2021（1）.

创新精神和实践能力"的提升？当前的学习方式正在激发还是阻碍学生的创造力？面对社会与教育发展的新需求，我们迫切需要对现有的学习方式进行反思和改革。

3. 信息化发展为学习方式变革提供了重要支撑

信息化是当今社会的基本特征之一。一方面，信息技术消除了时间和空间的限制，强化人与人之间的联系，为师生提供实时的、超越空间的交流场所，让始终在场的学习成为可能；另一方面，信息化使得各种线上学习社区的涌现成为可能，服务了学生的个性化学习需求，校内外学习的边界日益模糊。学习环境不断发生变化，学习方式也必然要随之改变。

（二）怎么变：达成学习方式变革的基本共识

面向未来变革学习方式，需要我们站在育人方式变革的高度，运用整体思维和平衡智慧有序地推进。

1. 站在育人高度看待学习方式变革

学习方式改革离不开育人的核心目标。其实施必须出于育人的高度，发挥出其内在的、独特的教育价值。首先，我们应当树立正确的学生观和学习观，否则容易造成只讲形式的变革举措，反而对学生的培养与发展产生危害。其次，我们应当明确，学生学习方式变革的最终目的是育人，其最终目标是让学生成长为全面发展的人，成长为有抱负和有责任感的公民。

2. 运用整体思维有序推进学习方式变革

推动学生学习方式变革，要从整体、系统入手，注重变革的协调性和可持续性。首先，我们要坚持问题导向与目标导向相统一，要解决当前的教育与学习问题，就必须推进学习方式的改革，培养适应和引领未来社会发展的人才。其次，在"抓"与"放"之间找到平衡点，做好"放管服"的协调与平衡；明确学生的权利与义务，界定教师实施管理的内涵与外延，整体考虑，协同发展。

（三）变什么：探索优化混合式学习和社会化学习

学习方式改革应当结合新时期中国的政策需要和未来社会发展趋势，在保持稳定的前提下，循序渐进，着力探索和优化以下两类学习方式。

1. 突出自主的混合式学习

充分利用大数据、人工智能等最新信息技术支持学生学习，是基础教育学习方式转变的重要组成部分。

使用信息技术的本质是为学生的学习服务，而非让学生的学习为信息技术所控制。因此，我们在探索与实施的过程中应当同时发挥在线学习和课堂学习的优势，充分思考和探索，利用线上和线下的互补优势，不能"一刀切"；应当以线下为主，逐步增加线上学习内容，实现线上与线下的有机融合，提高学生在学习过程中的自主性、个性化。在这个过程中，我们要注意以下几点：保持共建、共治、共享的心态和作风，创新举措，加强对学生在线学习的管理，探索线上线下混合式学习机制。

2. 突出实践的社会化学习

信息技术的发展促进了虚拟世界的丰富。在发挥其优势的同时，我们的教育教学应更加重视现实世界对学生发展的深刻影响。"虚拟"越多，越要加强"现实"。这就要求我们加强社会学习，突出实践，使学生的学习与社会生活紧密相连，使他们学会解决现实生活中的问题，真正实现实践教育。

（1）正确对待学生学习过程中知识输入与输出的关系。学生学习理论知识是为了运用它们解决生活中实际发生的问题，在让知识输入学生的大脑时，就要想到如何通过不断优化教学方式让知识将来更好地输出。因此，一方面，我们要促进"教中学""做中学"和"教学融合"，应该坚持让学生进行有创造性的学习，解决对于传统教学方法的继承的问题；另一方面，也在继承中推陈出新，完成信息化教学新方法的创造，在传承中创造，在创新中传承。

（2）正确对待不同平台、学科知识之间的独立性与贯通性。在推进学习方式变革过程中，我们还要把握好知识"分"与"合"的关系。如果不能首先学好、学扎实分科的、独立的知识，那么贯通、联系不同知识，形成整体的知识与学习能力便是无稽之谈。因此，在学生的学习方式变革过程中，我们应当坚持以学科知识体系为本，在保证分科知识扎实学习的基础上，发挥学科知识的育人价值，培养学生超越学科知识的思维能力，提升学生综合解决问题的能力。

💡 思考题

1. 教育现代化背景下，如何推进学校高质量发展？
2. 推进学校管理能力现代化，要抓好哪些关键点？
3. 面向未来，如何变革学习方式？

💡 主要参考文献

[1] 柳海民，邹红军. 高质量：中国基础教育发展路向的时代转换 [J]. 教育研究，2021（4）.

[2] 王烽. 高质量发展：基础教育的挑战与应对 [J]. 人民教育，2021（1）.

［3］张旺. 教育现代化：理念、体系、制度、内容、方法和治理：基于《中国教育现代化 2035》的目标任务［J］. 吉林师范大学学报（人文社会科学版），2022（1）.

［4］傅湘龙. 加强教研基地项目建设　支撑基础教育高质量发展［J］. 课程教学研究，2021（5）.

［5］李宜江. 改革开放以来我国中小学教师队伍建设的政策取向分析［J］. 教师发展研究，2018（3）.

［6］曾令鹏，钟守权，梁惠燕. 用教研新体系强力支撑广东基础教育高质量发展［J］. 广东教育（综合版），2020（8）.

［7］杜绍锋. 推进基础教育高质量发展的区域探索：以广东省东莞市松山湖园区为例［J］. 基础教育参考，2021（9）.

［8］赵斐. 基于立德树人的学校管理策略研究［J］. 中小学校长，2019（8）.

［9］李政涛. "五育融合"推动基础教育高质量发展［J］. 人民教育，2020（20）.

［10］夏青峰. 自主·实践·育人：面向未来的学习方式变革［J］. 中小学管理，2021（1）.

第二章　学校管理与领导力提升

第一节　学校制度建设

制度建设是学校管理的基础。完善学校制度建设，能有效加强学校管理，提升学校治理能力。

一、学校章程

学校章程是指为保证学校依法治校和自主管理，根据《中华人民共和国教育法》等法律法规的规定，按照一定的程序，以文本形式对学校重大的、基本的事项做出全面规定所形成的规范性文件，其本质是对学校内部，以及与学校有关的教育利益的调整和分配。① 对于学校而言，章程既是学校建设的重要依据，同时也是学校建设的手段和工具，是学校建设的行为准则。

（一）学校章程的主要内容

章程作为一种制度设计，既是现代学校制度建立的基本要求，又是实现利益相关者学校治理的外在体现。其中，中小学章程的主要内容可分为七部分②：

一是学校的基本信息，包括学校的名称、简称、英文译名等，学校的法定住所地和办学地点，学校的机构性质和隶属关系，学校的招生对象、办学层次与规模，学校的办学宗旨、发展目标、办学特色等，以及学校校歌、校训、校徽、校旗、纪念日等学校标识。

二是学校的治理结构，包括学校的组织机构和管理体制、民主参与和决策机制。章程应当明确学校的领导体制，校长权限和责任，校务会议的工作机制，基层党组织的政治核心作用，校务委员会的性质和职能、学校领导干部的产生与任命机制，教职工代表大会（教职工大会）的职责和工作程序，内设机构的组成、职责、管理体制，教育教学管理体制，等等。

三是学生权利义务与管理评价机制，包括学生的范围和界定，学生的权利与

---

① 米俊魁. 关于学校章程内涵、价值与制定的探讨［J］. 内蒙古师范大学学报（教育科学版），2007（11）.

② 汪莉. 依法治校视域下中小学章程建设的核心问题探析［J］. 教育科学论坛，2016（14）.

义务，学生权利救济机制，学校对学生实施的学籍管理，学生评价体系，学生资助，等等。

四是教师的权利与义务，以及聘任考核机制，包括教师的范围和界定，教师的权利和义务，教师权利救济机制，教师聘任制度和考核机制，教职工福利待遇，等等。

五是学校资产与经费管理，包括学校的经费来源和财产属性，经费使用原则，财务管理制度，接受捐赠的规则与办法，等等。

六是学校与家庭、社会关系。中小学可结合办学实际，在章程中明确社区参与办学、对外交流合作的方法，以及学生会、校友会等各类组织机构的地位、宗旨、基本的组织和议事规则。

七是章程的实施要求和监督机制、修订程序、解释权归属和实施日期等内容。

由此可知，学校章程建设的过程既是学习、理解、内化相关法律、法规的过程，也是对学校现有各项制度的反思、提炼、重构过程，更是对学校重大办学和管理问题的顶层设计与思考过程。中小学应当根据教育法律法规的规定，结合学校教育教学实际，在学校章程中明确规定学校办学理念和宗旨、权力划分和决策机制、组织机构和管理体制、经费使用和资产管理、人事制度、师生权利义务及其保障措施、纠纷解决机制等学校重大问题。

对于学校尤其是校长而言，须重视章程的宣传和校内监督体系的完善。一方面将章程的内容细化为便于落实和操作的具体规章制度，明确学校成员职责和义务，以及没有履行职责应承担的后果，使每一位成员感受到有章可依、有章必依，认识到学校章程的制定与实施过程就是"责任到人"的细化过程，进而每个成员自我约束、自我监督；另一方面对于学校层面的重大问题，诸如办学愿景、课程教学改革、教师专业发展、人事安排、校产管理、评优晋级等必须有一个完整的监督程序，完整的监督程序的形成更离不开相关制度体系的建设。①

二、学校规章制度

一个学校除了最基本、最重要的规章制度——学校章程，还应该制定一系列具体的规章制度，即学校其他规章制度，二者共同构成一个学校的规章制度体系。② 换句话说，学校规章制度是由学校章程和学校其他规章制度（具体规章制度）两部分共同组成的。

学校章程与规章制度的关系类似宪法与一般法律的关系，二者既有联系又有区别，相互依存。其中，学校章程的规定内容具有全局性、宏观性、整体性、指

---

① 骆增翼. 基于学校发展的中小学章程建设研究［J］. 当代教育科学，2016（15）.
② 沈益. 中小学校章程建设研究［D］. 上海：上海师范大学，2007.

导性、纲领性特点，是学校其他规章制度的总纲和基础；而学校其他规章制度则是学校章程的具体化和补充，本质上是学校章程的延续和具体化。

规章制度是衡量学校全部管理水平的重要标志。现代中小学制度建设的根本价值，就在于最大限度地满足现代学校发展的制度需求，主要包括促进教育公平、提高管理效能、引入竞争机制、整合教育资源、降低办学成本五个方面的价值。①

在学校管理中，规章制度的建设是一项主要内容。有效的规章制度对于正确调整人与人，人与学校，学校内部各部门之间的关系，稳定学校秩序，激发师生学习、工作的积极性、创造性，以及实现学校整体和谐发展起到关键性作用。因此，学校应当建立完善的符合法律规定、体现自身特色的学校章程和制度，依法办学，从严治校，认真履行教育教学和管理职责，并根据各种教育教学活动需要，实现人、财、物、时空、信息等管理因素的最优组合，形成科学运行机制，发挥整体效益。

三、学校发展规划

学校发展规划是学校为自身发展而制定的包括指导思想、战略目标、战略重点、步骤方法在内的系统方案，其典型特征是战略性，即从战略高度规划未来。这就要求学校全体教职工特别是校长要站得更高，看得更远，真正立足长远谋划学校发展。②

学校发展规划是一种目标导引的领导方法，是一种全员参与的管理方式，更是持续推进学校改进的行动过程。从行为过程的整体构架上来看，可以将规划分为 DPDE 四个环节（图 2-1）：D（diagnose，诊断）、P（plan，设计）、D（do，执行）、E（estimate，评估）。③

学校发展规划既是一种学校管理方式的更新，又是通过学校共同体成员来制定和实施学校发展综合性方案的过程；是为学校发展提供支持能力，并不断探索学校发展策略，持续改进教育教学质量而进行的管理行动。④

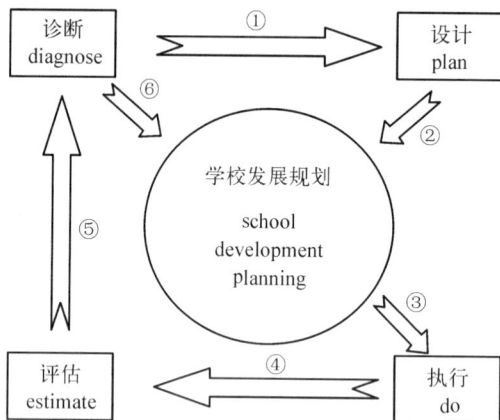

图 2-1 学校发展规划的理论框架

① 邹吉忠. 自由与秩序：制度价值研究［M］. 北京：北京师范大学出版社，2003.
② 褚宏启. 规划未来：学校发展规划的制定［J］. 中小学管理，2021（3）.
③ 孙军，程晋宽. 学校发展规划的理论构架分析［J］. 现代教育管理，2012（11）.
④ 楚江亭. 学校发展规划：内涵、特征及模式转变［J］. 教育研究，2008（2）.

作为学校未来发展的蓝图，学校发展规划的制定过程应当体现学校管理者对学校未来发展的新思考与新探索，具有科学性、全局性与前瞻性等特点。对此，学校管理者应当通过系统地分析学校发展的历史传统和当前办学条件，并根据社会需要和本校的实际情况，确立学校的办学方向和发展目标，探索学校有效发展的道路，以促进学校长期、稳定和持续发展。[①]

一般来说，学校发展规划包括"三个部分、四个方面"的内容。[②]"三个部分"是指学校总体发展规划、课程和教师队伍建设规划，以及校园发展规划；"四个方面"则包括学校现状分析、发展目标展望、发展要素确定和设置保障系统。其中，总体发展规划决定着课程和教师队伍建设规划、校园发展规划。课程和教师队伍建设规划反过来，既服从于总体发展规划，同时又影响着总体发展规划。校园发展规划一般要围绕和配合总体发展规划、课程和教师队伍建设规划去进行。学校现状分析方面，则是学校对自身所具有的基础、问题等进行全方位的梳理，明确自己在同一地区、同类学校中所处的位置，以及重要的特色是什么；发展目标展望是陈述学校在某一时段的发展方向和程度，也就是要办成什么性质、什么类型、什么水平的学校；发展要素确定是规划的主体部分，即学校要选择重点发展的若干项目或领域；设置保障系统是指为服务于发展目标和发展要素需要而进行的人、财、物等必要资源及其相关的学校管理制度的设置。

案例 2 - 1

学校发展规划之发展目标

某学校五年发展规划（2018—2023 年）分段目标如表 2 - 1 所示。

表 2 - 1　学校发展规划分段目标

学　年	2018.9—2019.8	2019.9—2020.8	2020.9—2021.8	2021.9—2022.8	2022.9—2023.8
发展主题	和谐××校	精品××校	人文××校	效率××校	特色××校
发展阶段	提升学校品质 （基础性发展）		提升学校品格 （内涵性发展）		提升学校品位 （特色发展）
发展目标	学校管理精细 校园环境精致 教学设施精良 课程开发精心		校园文化优雅 教育质量优异 师资队伍优质 育人绩效优秀		课改实践深入 学校管理高效 办学特色鲜明 师生和谐发展

---

① 谢利民. 学校发展规划的制定、实施与评价 [J]. 教育研究，2008（2）.
② 楚江亭. 学校发展规划：内涵、特征及模式转变 [J]. 教育研究，2008（2）.

学校发展分项目标：

1. 学校管理：精细化

精细化管理在教育中是"用心工作，爱心育人，真心服务"的教育思想在管理中的具体体现：落实管理责任，将管理责任具体化、明确化，每位教职工在每一个岗位上都要尽心尽职，把每一项具体的工作都用心做好，在"细"字上做文章，在"实"字上下功夫，做到"人人有事做，事事有人做""抓住不落实的人，落实不落实的事"。

2. 师资建设：高素质，专业化

立足于新时代的历史起点，教师要爱国守法、爱岗敬业、关爱学生、教书育人、为人师表、终身学习，尤其要以德立身、以德立学、以德施教、以德育德，坚持教书与育人相统一，言传与身教相统一，潜心问道与关注社会相统一，学术自由与学术规范相统一，争做有理想信念、有道德情操、有扎实学识、有仁爱之心的"四有"好教师。

3. 德育工作：立德树人，规矩方圆

全面贯彻党的教育方针，落实立德树人的根本任务，以培育践行社会主义核心价值观，增强学生社会责任感、创新精神、实践能力为目标，积极开展丰富多彩的少先队活动，抓好德育队伍、德育课程建设，抓好校园足球文化建设，优化心理教育，培养德智体美劳全面发展的社会主义建设者和接班人。

4. 教学工作：方圆有道，教学相长

突出"以人为本"，实施"方圆教育"，整合优质教学资源，着力提高教育教学质量。

5. 科研工作：课题研究常态化

树立"问题即课题"的意识，以促进广大教师研究真问题，真心研究问题，以成果真实、有用为宗旨，以课题研究为载体全面推进高效课堂的开展。着重培养年轻教师，让科研骨干教师充分发挥示范带头作用，调动全校教师积极参与教育教学研究，使学校力争走上一条有特色、有实效的教研之路，促进教育的持续、均衡发展，形成以"德育为首，教学为中心，教科研为先导"的科研教研一体化格局。

6. 课程建设：方圆并取

该校开发校本特色课程，突出地方性和特色性，立足校情，在充分调查分析的基础上坚持整体规划、充分调研，分步实施、有序推进，对课程目标、结构、内容、实施方式等进行顶层设计。

7. 校园文化：方圆有致

该校致力于开展"方圆有致"的校园文化建设，完善物质文化，培育不同层次、不同风格、不同类型的校园文化，在空间上包括，运动场的足球文化、一楼养心（静心）文化、二楼阅读文化、三楼艺术文化、四楼社团文化、五楼的科技创新文化等，尤其要打造"校园足球、科技教育"主题文化，以高品位的校园环境熏陶人；营造师生间、生生间和谐融洽、生气勃勃、奋发向上的氛围，形成"方圆有致，德才兼备"的优良校风，"方圆有道，教学相长"的良好教风和"方圆有法，秀外慧中"的良好学风。

8. 设备设施：现代化

执行《××市义务教育学校设备设施配置标准》，在现有设备设施基础上，加强教学设备高标准配备，扩大学生活动场地，利用好功能室，提高场室、设备的使用率。绿化美化净化校园，构建校园和谐美。

9. 办学特色：本真实在

积极开发特色项目，追求本真和实在，探索校本教科研，推动学校特色发展的有效途径并总结出成功的办学经验。立足学校实情，以让学生感知足球文化为基点，着力开发校本课程，提升"快乐足球"活动的文化内涵，发挥足球运动在学生中的独特魅力和综合教育功能，打造"以球育德、以球促智、以球健体、以球修美、以球益教"为内涵的校园足球文化特色，"一球促诸育"，以校园足球活动为平台推动足球文化在学生情感、态度、价值方面的教育作用，培养学生顽强的意志品质、团队合作意识等，形成了足球文化与育人的契合点。

思考：设置学校发展规划时应注意什么？

第二节　学校文化建设

学校文化建设是学校管理的重要组成部分，渗透于学校的教学、科研、管理、生活等方方面面。

一、学校文化的内涵

学校文化是学校在改革和发展的过程中，为优化育人环境，全面实施素质教育，促进学生健康发展而建设的校园环境、制定的规章制度和实施的教育活动的总和，包括精神文化和制度文化。学校精神文化作为学校文化建设的核心，体现着学校文化的方向和本质。①

学校文化对社会文化的发展具有基础性和先导性作用。它通过规范、暗示、熏陶、启迪和管理等形式直接或间接地影响学生的思想观念、道德品质、心理人格、行为习惯等方面，从而促进学生素质的全面提高。

良好的学校文化对整合育人资源、拓宽育人渠道、强化育人效果，提升学校品位具有重要作用。学校文化建设渗透于学校的教学、科研、管理、生活及各种校园活动等方面，是学校实施素质教育和精神文明建设的重要组成部分，也是青年学生成长成才的内在需求，更是推进学校和谐发展的重要载体。

二、精神文化

精神文化是学校文化中最高层次的内容。它是一种心理观念形态，是整个校园文化的核心和灵魂，包括教育思想、办学方向、办学目标、办学理念、办学策略等内容，并具体体现在教风、学风、班风和学校人际关系上。②

值得注意的是，学校的精神文化不是自发生成的，而需要有意识、有目的地提炼、聚合和引领。校长的重要使命是引领全体师生员工（校园人）在教育教学实践中形成基本相同的职业意识，逐步聚合为校园人共同追求的价值取向，最终形成相对稳定的价值观体系。这一过程直接考量历任校长的教育信念、教育理想和领导能力。③

案例 2-2
××学校校长的四条办学信念

××学校校长于 1988 年起从事教育工作，先后在××小学、××中心小学等学校任教。在近 20 年的校长任职和办学实践中，该校长始终恪守四条信念，实现办学思想：

一是真诚。真诚地对待每一项工作，真诚地对待每一位教师，真诚地对待每一名学生。

二是正直。坦坦荡荡地面对各种问题，客观地分析问题、判断问题，公正地处理和解决问题。

三是务实。扎扎实实地深入教职工的教学与生活，实实在在地做一些工作，真真切切地干出一点成绩。让校园处处洋溢着团结、奋进的气氛。在办学实践中，以改革为动力，紧抓创新活力，各项工作抓得紧，落得实，有

① 翁和弟. 学校精神文化建设刍议 [J]. 江苏教育，2003 (17).
② 高玉诺. 学校精神文化建设途径探索 [J]. 教学与管理，2010 (28).
③ 曲丽敏. 学校精神文化建设是现代教育管理的灵魂 [J]. 天津教育，2008 (8).

成效。

四是以身作则。为自己确定的生活工作目标是"四多四少",即"多干实事,少说空话,多琢磨事,少琢磨人,多抢挑重担,少推卸责任,多想到别人,少想到自己"。对学校事务做到"四勤",即眼勤、手勤、脑勤、腿勤。脑子中时刻装着教育,装着学校,装着教师,装着学生。

学校教育理念、校训、校歌等都是维系学校团体的精神力量。在长期的办学实际中,该校校长已孕育形成了自身的某种精神追求,以校风、教风和学风建设建设为抓手,集中精力做好常规管理。

思考:学校校长的办学信念如何影响学校文化建设?

三、制度文化

学校是一种制度性存在,制度化是学校的基本属性。学校的一切活动是在各种制度引领和规范下的有序活动。

作为学校文化具体化的规则系统,学校制度文化是指学校师生员工认可并信守的价值观念、态度倾向、文化传统、道德标准、生活守则和行为规范的有机统一体,凝结与折射着学校自身的人文特色与文化品位,表现着学校文化建设的发展水平与完善程度。[①]

学校制度文化的育人价值,集中体现在为学校道德教育提供明确、稳定的价值指南,推进道德的实现,促进制度规约与道德认同的良性循环,与时俱进地推进育人工作的创新与实践等方面。"没有规矩,不成方圆",只有建立起完整的规章制度,规范了师生的行为,才能保证校园各方面工作和活动的开展与落实。

学校制度文化包括制度建设、组织机构建设和队伍建设三个方面。组织机构建设和队伍建设是确保制度建设落到实处,并使其真正起到规范校园人言行作用的关键环节,可以通过对党和政府的有关方针、政策、法律、法规的执行反映出来,或通过制定和实施学校的规章制度反映出来。[②] 建设学校制度文化,需要将秩序与自由统一起来,在发展学校制度文化秩序的同时,注重学校制度文化的自由价值。

---

① 冯永刚. 学校制度文化育人的价值意蕴及其实现 [J]. 教育科学研究,2018 (5).
② 史春媛. 学校制度文化的解读与创建 [D]. 长春:东北师范大学,2005.

第三节　学校组织管理

学校组织管理既包括学校组织文化建设，也包括学校组织结构建设、组织变革等。

一、组织文化

学校组织文化是学校在长期的教育实践及与各种环境要素的互动过程中创造和积淀下来并为其成员认同和共同遵循的信念、价值、假设、态度、期望等价值观念体系和制度、程序、仪式、准则、纪律、气氛、教与学的行为方式等行为规范体系；以及学校布置、校舍建筑、设施设备、符号、标志物等物质风貌体系；是一所学校区别于其他学校的重要特征（图2-2）。[①]

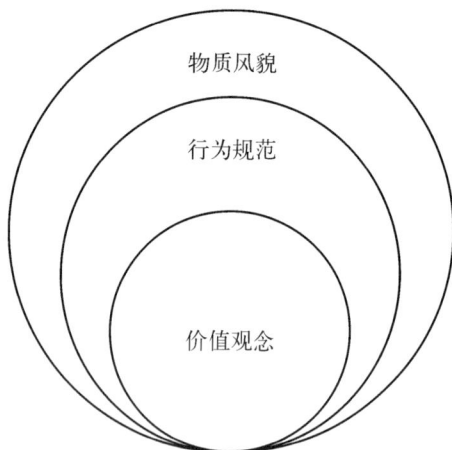

图2-2　学校组织文化各构成要素之关系图

学校组织文化反映的是学校整体的共同追求、共同价值观和共同利益。它以文化的形式，渗透成员的心理，凝聚成员的观念，取得群体的认同，使个人目标与学校目标有机结合，引导组织成员去实现组织目标。

学校组织文化的功能可以分为两个方面：一方面是在学校内部，促进全体教职员工和学生的发展的功能，如导向功能、规范功能、激励功能、凝聚功能等。这些功能在培养和教育学校中的全体员工和学生的过程中得以实现。另一方面是在学校外部，通过学校组织文化使社会、家长等学校的相关利益方更好地了解学校，以便获得更多的资源，带动学校良性发展。

值得注意的是，学校组织文化不仅是学校内部产生的一种文化现象，更是一种新的管理理念和管理思想，具有强烈的管理功能，需要学校领导积极创造和认真培育。换句话说，学校组织文化不是自发形成的，而是由学校领导有意识培育

[①]　范国睿. 学校管理的理论与实务［M］. 上海：华东师范大学出版社，2003.

和创造的、全体教职员工共同认可的。其次，学校组织文化的形成具有自觉性、长期性和连贯一致性，是学校长期不断努力的结果。此外，学校组织文化是整合的、是模式化的存在。不同学校的人群拥有不同的文化模式。最后，学校组织文化是动态的，既表现为某些文化模式的不断丰富，也表现为某些文化模式的不断枯萎。[①]

学校组织文化强调管理中的民主，要求在教育管理活动中，坚持"以人为本"，做到尊重人、理解人、关心人、信任人，重视对人的激励、培训、考核、任用和晋升，开发人的精神素质，使人得到全面发展。[②] 这种"以人为本"的组织文化管理，主张从师生和员工的心理和行为特点出发，培养学校的共同价值观，形成他们的共同情感，培育有自己学校特色的组织文化，并使这种文化成为激发学生全体成员内在自觉性和积极性的有力手段，最终达到学校发展的目标。[③]

案例 2 - 3

××学校校长管理模式的"四个坚持"

××学校校长在二十多年的校长任职和办学实践中，坚持关注每个孩子的成长，关注每位教师的专业发展，探索出一条"四个坚持"的办学理念和思路，即坚持以德立校、文化润校、科研兴校、特色强校。

1. 坚持以德立校，不忘初心奉献芳华

立德树人、培根铸魂是校长应该担负的责任，是校长的教育使命。该校从学生实际出发，努力探索学校德育工作的有效模式和途径，构建有效实施学校德育工作的模式，促进学校德育工作的深入有效开展。××学校校长，任职期间带领团队首创"星级少年"德育评价模式。"星级少年"评价活动分年级、有层次、有梯度地引导学生拾级成长，养成良好的行为习惯，赢得了老师、学生和家长，以及社会各界的广泛赞誉。广东省人民政府教育督导专家认为，"星级少年"评价探索，具有校本性、人本性、社会性，符合学生身心发展的规律，真正落实了"以学生发展为本"的教育理念。

2. 坚持文化润校，构建师生精神家园

校长特别关注学校的文化建设，并坚持文化润校，以学校文化引领学校发展。

××学校校长从地域文化、人文环境、教育发展历程、学校教育特色等多方面入手，整合现有的资源，在"中国新样态学校联盟"专家团队的指导下，提炼

---

① 李芹. 学校组织文化内涵、结构与功能探讨 [J]. 广东工业大学学报（社会科学版），2008 (2).
② 陈文海. 学校组织文化的探索与实践 [D]. 武汉：华中师范大学，2008.
③ 张英姿. 学校组织文化初探 [D]. 北京：首都师范大学，2007.

并构建了"鲲鹏"课程体系：一是对课程进行整合与实施，课程包含基础课程、拓展课程、综合课程；二是对国家课程和地方课程进行再加工、再创造，使之更符合学生、学校的特点和需要，为学生成长提供丰富的学习经历，让学生感受教育的幸福，感受生活的快乐，感受生命的意义，让每一名学生成为"有爱心、有志向、有创意、能飞翔"的魅力学生，实现由"鲲"到"鹏"的完美蜕变，满足不同学生的个性化需求。

3. 坚持科研兴校，促进学校持续发展

教育改革是一种行动，这一行动离不开教师的行动。该校校长积极倡导并参与教育教学的改革。带领教师坚持"质量立校、科研兴校"的办学策略，秉持"问题校本化、方法科学化、成果高效化"的科研理念，开展"学习—实践—反思—研究"的教研方式，形成了"自我反思、同伴互助、专家引领、学校激励"的良好氛围。着重进行了如何在条件相对落后的学校开展分层次教学的实际探索，大幅度提高了教学质量。

4. 坚持特色强校，提高学校办学品位

随着时代的发展，科学的进步，社会对教育的要求也越来越高。新时代校长不能墨守成规，故步自封，要大胆开拓创新。只有勇于改革，大胆创新，才能不断攀登新的高峰。

该校校长带领团队大力发展学校特色，逐步在创客教育、体育、科技教育方面形成了特色。特色强校，让该校成为××新区的××市教育科研基地校、××市智慧校园示范校，并且成功获评××市足球特色学校。继 2011 年××学校创建为广东省体育特色学校后，2012 年，德育、科技两个项目同时获得××市中小学素质教育特色学校创建资格。"趣味科技""快乐足球""电池环保"三门校本课程成为××市中小学"好课程"。此后，××小学又创建成全国青少年校园篮球体育传统特色学校、广东省科幻画创作基地学校、广东省书香校园、广东省诗歌教育示范校、××市第一批中小学"智慧校园"示范校等。

思考：如何进行学校组织文化建设？

二、组织结构

学校是一种组织性存在，是在一定的教育管理体制下，为了实现特定的目标而形成的机制、结构等。[①] 组织结构是学校为了有效实现战略目标，以不同的任

---

① 沈亚芳. 学校组织变革及其路径选择的新制度经济学解释［J］. 教育发展研究，2013（24）.

务和利益为依据，把人力、物力等按一定的形式有序、有效地组合起来开展活动的模式。因此，建立一套设置合理、运转灵活、执行高效的组织结构，是保证学校任务有效完成的最基本的前提条件，只有设计好学校的组织结构，理顺上下级之间、各部门之间、各部门内部的关系，确定权责，才能为学校发展打下坚实基础。

就整个教育系统而言，各个学校分别是以一个完整组织的形式出现，各种不同类型的学校和行政管理机构共同构成教育组织体系。深入学校内部，学校又由众多不同层级的子组织构成，如有行政性组织和非行政性组织之分。前者指直接受学校领导层领导的各处室部门，包括教务处、政教处和总务处等维系学校运营的机构，下辖年级组、教研组等；后者指教师因为工作需要而自发组成的某种业余组织，如自发组建的某个课题组。[①]

从管理思想家亨利·明茨伯格的理论出发，结合中小学校实际，根据不同功能，学校组织结构可以拆分为五个部分，即战略高层、中层管理者、教育教学一线、支持人员和研发平台（图 2-3）。[②]

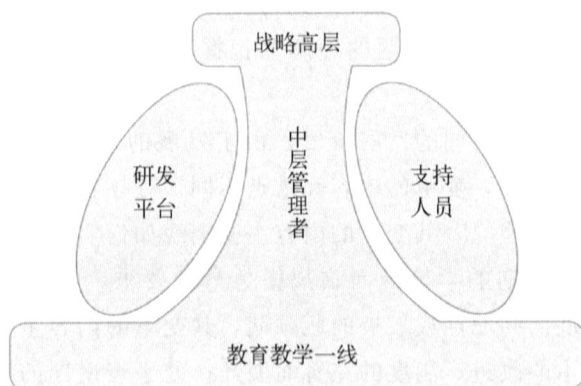

图 2-3　学校组织结构示意图

具体来说，"战略高层"是指以校长为代表的最高决策层；"教育教学一线"的主体人员是直接从事教育教学工作的教师。处在组织结构图右侧的"支持人员"，指的是学校里普遍设立的教务处、总务处、办公室等部门里的人员；结构图左侧的"研发平台"，则是目前学校普遍缺失的部分，研发平台相当于组织的参谋部、智囊团，帮助组织的大脑——战略高层思考，也为组织其他部分的人员提供建议，有时，也会根据研发工作的需要，邀请组织以外的相关人员参与。

除"中层管理者"，其余的管理者大都可以划归组织结构的其他部分，如教

---

① 张立新. 组织变革：重建学校管理"新关系"[M]. 南京：江苏教育出版社，2011.
② 李希贵. 学校如何运转 [M]. 北京：教育科学出版社，2019.

务主任、总务主任、办公室主任，以及分管他们的副校级领导，应该划归支持人员；课程中心主任、教师专业发展中心主任、科研室主任等类似负责组织研发工作的管理者，则应该划归研发平台。这两类管理者对教育教学一线不再拥有指挥权，属于职能管理者，通过为一线提供相应的支持与服务而发挥作用。

学校组织是一个开放的系统。为了生存、发展，组织既要对外部环境做出积极回应，又要满足内部系统的运行需要，在不断选择和适应中做出改变。换句话说，学校组织需要不断地进行变革，从而更好地适应内外环境的变化，以度过危机，形成新的、更具有竞争优势的组织能力。①

正因为学校组织是一个复杂的系统，这就需要管理者同时兼顾系统内各主体的需求和外部环境的需求，并通过优化和整合资源推动组织的发展和进步。

三、组织变革

学校进行组织变革的用意就是从根本上改善本校的教学品质。从管理哲学上看，为何变革、变革什么、谁来变革、如何变革、变革效果如何是学校组织变革的基本问题，对这几个基本问题的理解和把握，是组织变革得以顺利开展的条件。

值得注意的是，在不同的发展阶段，由于发展的基础和现实条件的差异，面临的问题和任务有别，变革的内容和重点不同。处于初创期的学校，注重组织结构、规章制度的建立，其变革的内容主要围绕如何实现学校正常运转而展开；处于成长、成熟期的学校既面临规模数量的要求，又面临内涵质量的要求，可能处于发展的高原期或发展的瓶颈期，其变革的内容主要围绕人员技能的提升、教学技术的改进、制度的完善而展开；处于衰退期的学校组织则缺乏创新和活力，面临文化危机，变革的内容侧重于人员变革、结构变革、增加新技术实现组织文化的重建。由此可知，不同阶段之间变革的内容有联系、有延续、有交叉，变革领导者在开展学校组织变革时，只有既关注学校组织生命周期的整体性，又关注学校组织生命周期的阶段性，才能实现变革内容顶层设计，重点突破，整体推进。②

精细化管理模式讲效率，注重精细管理，如何完善这一模式呢？

（1）建立现代学校制度。完善学校管理体系，将制度内化为教职工的自觉行动，以提高管理的效率。紧紧抓住管理效率这个核心，细化责任目标，增强责任

① 储小平，盛琼芳. 组织变革、心理所有权与员工主动离职研究：兼论 Lee 和 Mitchell 的员工离职展开模型 [J]. 中山大学学报（社会科学版），2010（3）.
② 骆增翼. 基础教育学校组织变革的几个基本问题 [J]. 基础教育，2016（3）.

意识，规范管理，做到"人人有事做，事事有人做""抓住不落实的人，落实不落实的事"。

（2）加强领导班子建设。努力学习现代教育管理理论，统一思想，职责明确，协同合作，重视教改和科研，善于发现和解决问题，并创造性地开展工作。以"四互"管理模式为依托（图2-4），把领导班子建设成为团结协作、勤勉务实、思想超前、廉洁民主、结构优化、管理高效的领导集体。

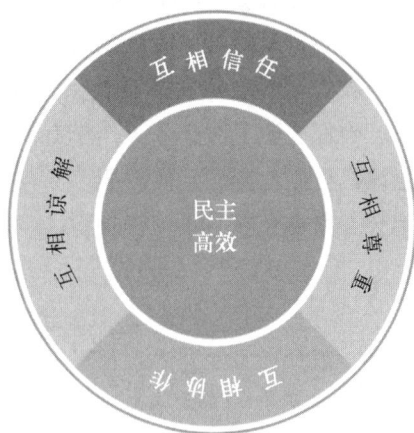

图2-4 领导班子"四互"管理模式

（图中文字：互相信任 互相尊重 互相协作 互相谅解 民主高效）

（3）加强对薄弱领域的管理，防止管理出现真空，做到依法管理、依章管理。各职能部门要忠实执行学校计划与决议，做到工作主动、意识超前，适时提出建设性建议，主动并有创新地工作。

工作主动是为了提高教育教学质量，领导要主动服务，主动为教师、学生服务，为教职工办好事、解难事，参与决策，主动作为；而教职工要主动工作，提高自己的工作积极性、创造性，主动配合学校抓好教育教学管理，主动为学生、家长服务，主动做好本分工作，服从安排，服从工作分工，服从学校安排，兢兢业业、勤勤恳恳、认真踏实地做好自己的本职工作。

意识超前，即要超前思考，认清教育发展形势和学校发展现实，体现的是一种工作的主动性，就是要求每项工作都超前一点点，领先一点点，以效率换效益，使各项工作有条不紊，忙而不乱，优质高效；各部门工作要勇于创新超越，有超前思维，谋划长远，提高工作前瞻性和预见性，优化学校管理，提高办学效能，提升学校品位。

（4）改革内部机制，激活创造潜力。学校要对现有制度进行全面梳理，积极稳妥推进学校人事制度改革，形成"职、责、权、利"相统一的并能有效调动教师工作积极性的内部管理长效机制。在实施中完善绩效工资、评优、评聘等制度，激励教师工作的主动性、积极性、创造性，克服评价的随意性和片断性。

（5）学校管理支点前移。学校要建立年级组管理与德育、教学、科研、后勤、工会相结合的管理机制，形成分线与分块相结合的管理模式，改变学校年级组设置流于形式的局面，以便充分发挥年级组的管理作用，提高学校的管理效能。

（6）实行"问责制"。对于未能履行职责工作，或不作为、对重大事情不呈报，或工作出现重大失误，造成不良影响的各层级的管理人员要追究责任，写出责任说明。

（7）实施民主管理、民主监督。学校要让教师、学生成为学校的主人；加强学校领导班子的党风廉政建设，完善内部监督制约机制，密切干群关系。进一步完善教代会制度，发挥教代会民主管理、民主监督的主渠道作用；做到校务公开，确保教职工对校务工作享有知情权、参与权和监督权，增强教职工的主人翁意识，更好地调动全体教职工参与支持学校工作的积极性和主动性；充分利用学生会、家委会参与学校管理。

第四节　校长领导力提升

校长领导力包括文化领导力、课程领导力、道德领导力、信息化领导力等。校长领导力提升对学校管理具有重大意义，能提高学校的管理水平，促进学校的发展。

一、文化领导力

中小学校长文化领导力，是指中小学校长的文化站位、文化视野、文化品格、文化价值及其文化影响力在职责履行过程中的集中体现。其具有两方面内涵：一方面是指校长领导力的文化因素，即校长的文化视野、文化内涵和文化影响力所构成的一种领导文化；另一方面是指校长对于学校文化建设的领导能力和水平，即基于校长的认知水平，整合提炼学校的文化基因，带领全校师生构建具有学校特色的文化体系，在学校文化力的彰显中体现自己的领导力。[①]

换句话说，校长文化领导力是校长对于学校文化建设所具有的价值引领和实践指导的综合能力。从字面上看，一是"领"，即价值引领，强调的是校长在价值观层面对全体师生的道德追求、人格发展、精神发育、人生理想的方向引领作用；二是"导"，即实践指导，强调的是校长在方法操作层面对全体师生的学习、生活、交往，以及对物质文化、制度文化等方面的具体指导能力。[②]

二、课程领导力

课程领导力就是以校长为核心的学校团队在课程的开发、规划、实施、管理和评价过程中实施领导行为的能力。其中，"领"代表方向，"导"代表方法，

[①] 陈晓辉. 中小学校长文化领导力的建构与提升 [J]. 辽宁教育，2019（24）.
[②] 丁文平. 学校文化的流行与缺失：兼谈中小学校长的文化领导力 [J]. 当代教育论坛，2014（1）.

"力"指相互影响。课程领导力本质上是一种专业影响力，它包括课程思想力、课程设计力、课程执行力和课程评价力，是校长的核心领导力，是校长专业发展的根本任务，也是教育改革赋予校长的新目标、新使命和新任务。

校长课程领导力是推进学校课程改革的关键。校长的课程领导力，具体体现在"课程价值领导力"和"课程教学领导力"两个方面。其中，课程价值领导力包括课程价值的引领能力、课程价值的整合能力和课程价值的实践能力；课程教学领导力则指向课程的编制开发能力、课堂教学的组织开展能力和课程实施的评价监督能力。①

三、道德领导力

领导学研究表明，管理者产生的影响力一般由权力影响力与非权力影响力组成。前者强调行政权力、身份地位、规章制度，是一种刚性领导范式；后者强调道德权威、专业素养、人文关怀，是一种柔性领导范式。②

以德治校是一种内涵式发展的价值理念，主张将学校治理的整体思路转向人、转向对人的内在涵养的依赖与形塑，立足于对人的尊严的尊重与保护，对人的情感的理解与眷顾，对人的潜能的开掘与引领。以德治校的内涵式学校治理，其重要的载体与实施途径在于凝聚学校发展的共识。在依法治校、制度治校的学校治理模式中，中小学校长基于"以德治校"理念的道德领导力，应当成为最基本的治理范式。

因此，学校的领导者必须关注领导力中的道德维度，强调从约束性管理转向激励性治理，从服从性导向转向认同性导向，从刚性范式转向刚柔并济范式：在自身道德修为上，提升道德修养，成为学习型领导者；在学校道德领导方面，营造校园道德氛围，举办道德弘扬活动，培养道德领导共同体；在社区道德领导方面，引导社区良好的道德风尚、家长道德教育；在政策支持上，要求校长参与师德培训，提升道德领导水平，构建道德领导评价体系，促进道德领导专业化。③

在价值维度上，校长要具有明确的价值取向、鲜明的办学目标和办学宗旨、充分的人文关怀，要充分认识到教育使命、办学理念和学校发展愿景的重要作用，并不断培育学校的共同价值观念。校长要从立德树人的教育使命出发，通过与师生之间的协商沟通与交流，对师生的价值观、教育观、从业观、个人发展愿景等施加影响，从而达成共识，激活师生内在愿望，提升教育效果，进而激活教

---

① 李永培. 校长课程领导力与学校发展［J］. 中小学管理，2011（2）.
② 崔振成. 道德领导力：中小学校长学校治理卓越化的原初动力［J］. 教育科学研究，2014（12）.
③ 童宏保，黄凌逸. 中小学校长道德领导力提升策略研究［J］. 中小学德育，2018（1）.

育内在的潜能，实现教育变革的价值引领范式。[①]

只有道德型领导，才能为卓越型学校的建设提供动机与方法支持。道德领导的伦理维度要求校长从关怀的角度出发，不仅要尊重人，按照人的成长和发展规律开展教育活动，而且要为人的发展创设各种有利条件，寻求最近发展区，激活发展潜能。

四、信息化领导力

信息技术的兴起与发展为校长的领导实践带来诸多机遇与挑战，如何在教育信息化背景下将技术能力与领导能力融合，不断生成新的信息化领导力，俨然成为中小学校长工作绩效提升的现实需求，以及引领学校信息化创新发展的关键因素。[②]

从本质上来说，校长的信息化领导力是校长根据具体的领导情境，在综合考虑技术方式与领导实践的基础上，在规划设计、组织实施、评价推动等领导过程中所形成的复合型领导能力。[③] 基于校长信息化领导力的缘起与生成，校长信息化领导力的结构成分可划分为信息技术能力、信息化规划能力、信息化管理能力与信息化评估能力四个方面。其中，信息技术能力属于技术理解、操作、反思等方面的能力，信息化规划能力、信息化管理能力、信息化评估能力分别属于规划设计、组织实施、评价推动三个方面的能力（图 2-5）。

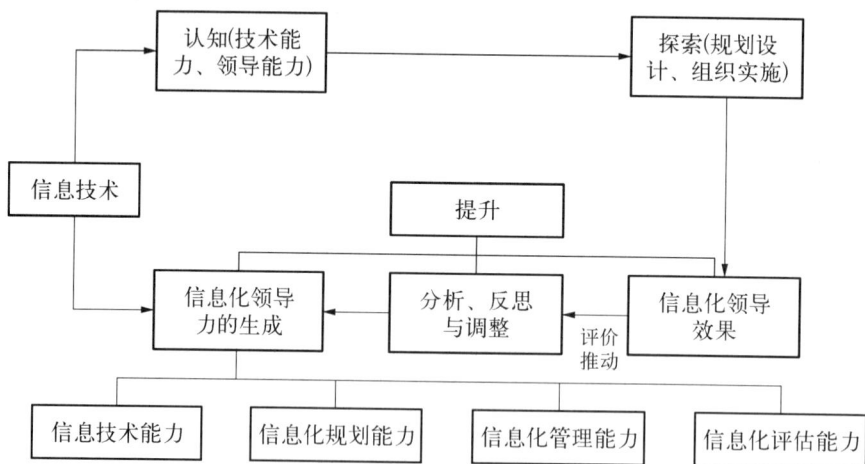

图 2-5　校长信息化领导力的生成模型

①　满建宇，王正英. 道德领导力：新时代校长的核心领导力［J］. 中国教育学刊，2020（12）.
②　赵磊磊. 校长信息化领导力：概念、生成及培养［J］. 现代远距离教育，2017（3）.
③　赵磊磊. 校长信息化领导力建设：提升校长工作绩效的路径选择［J］. 现代教育管理，2018（4）.

校长还应以学校实际需求为导向促进应用，加强学生信息素养培育、促进教师信息化专业发展，进而提升自身信息化领导力。

思考题

1. 学校文化建设应注意哪些方面？
2. 在组织变革中如何进行精细化管理？
3. 校长领导力包括哪些方面？

主要参考文献

[1] 李希贵. 学校如何运转 [M]. 北京：教育科学出版社，2019.

[2] 范国睿. 学校管理的理论与实务 [M]. 上海：华东师范大学出版社，2003.

[3] 滕纯，赵学漱. 教育机会均等和提高教育质量 [M]. 广州：广东教育出版社，1995.

[4] 邹吉忠. 自由与秩序：制度价值研究 [M]. 北京：北京师范大学出版社，2003.

[5] 张立新. 组织变革：重建学校管理"新关系"[M]. 南京：江苏教育出版社，2011.

[6] 郑燕祥. 教育范式转变：效能保证 [M]. 上海：上海教育出版社，2006.

[7] 楚江亭. 学校发展规划：内涵、特征及模式转变 [J]. 教育研究，2008（2）.

[8] 崔振成. 道德领导力：中小学校长学校治理卓越化的原初动力 [J]. 教育科学研究，2014（12）.

[9] 丁文平. 学校文化的流行与缺失：兼谈中小学校长的文化领导力 [J]. 当代教育论坛，2014（1）.

[10] 冯永刚. 学校制度文化育人的价值意蕴及其实现 [J]. 教育科学研究，2018（5）.

[11] 高玉诺. 学校精神文化建设途径探索 [J]. 教学与管理，2010（28）.

[12] 李永培. 校长课程领导力与学校发展 [J]. 中小学管理，2011（2）.

第三章　学校教学组织及课程体系建设与管理

第一节　学校教学组织

学校教学组织就是关于教学活动怎样组织、怎样有效地加以控制和利用的问题。

一、教学目标

（一）教学目标的含义

《教育大辞典》中给出了教学目标的定义："教学中师生预期达到的学习结果和标准。"谈教学目标，必然要关注学习起点，指向"学习开始时不会做的事"和"学习后能够做的事"。教学目标不仅为教学过程的实施指示方向，还对教学的方法起约束作用，决定着教学的效果和价值，在整个教学活动中占据非常重要的地位。

教学目标不同于培养目标和课程目标，三者虽紧密联系，使用的场域却各不相同。首先，作为宏观的培养目标——培养怎样的人，要通过完成课程目标和教学目标才能得以实现。其次，课程目标——特定阶段的学校课程所要达到的预期结果，可以看作培养目标和教学目标之间沟通的桥梁；相对于教学目标，课程目标处于较为抽象的层次，指导整个课程的编制过程，决定课程改革的方向，表现出较强的概括性；相对于培养目标，课程目标是各个学校培养目标在课程实施中的具体化，而教学目标又是课程目标在教学过程中的进一步具体化，具有很强的实践性。教学目标的完成是实现课程目标的主要途径，是整个教育目标系统的最终输出。

教师是教学目标的设计师，也是运用教学目标的工程师。教学目标必须对具体的教学活动、教学行为起指导作用，必须清晰可操作，不可过于笼统抽象。教学目标是每一位教师教学智慧的凝结和教学价值观的体现，在教学目标的指引下，学生的学更具有目的性，教师的教更具有针对性，可确保教学过程有效。

（二）教学目标的分类

关于教学目标分类的理论与实践研究众多，最著名的是布卢姆提出的认知领域目标分类理论，也就是"布卢姆的教育目标分类学"。

布卢姆于 1956 年出版了《教育目标分类学：第一分册　认知领域》，标志着对教学目标的分类研究拉开帷幕。随后的 10 多年时间里，"第二分册：情感领域"和"第三分册：动作技能领域"相继出版，标志着在认知、情感和动作技能领域初步完成教学目标的分类。布卢姆的教育目标分类学影响巨大，成为指导世界各国教育工作者编写教学目标、设计教学活动的依据。

几十年来，多个学术团队致力于对布卢姆教育目标分类的修订工作，最正规的修订工作由当代著名课程理论与教育研究专家安德森和布卢姆曾经的搭档克拉斯沃尔领衔，该研究团队于 2001 年出版《学习、教学和评估的分类学——布卢姆教育目标分类学修订版》。修订将布卢姆原来单维度的分类（知识、领会、应用、分析、综合、评价）更改为"知识"与"认知过程"二维框架。其中，知识包含从具体到抽象的四个类别：事实、概念、程序、元认知。依据认知复杂程度由低到高，认知过程被划分为六个类别：记忆、理解、应用、分析、评价、创造。

事实性知识是指学习某一学科或者解决某一问题时必须掌握的基本要素，包括术语和具体细节两类。术语不仅包含专业词汇，也包含数字、符号等，具体细节则指事件、地点、人物、日期等。

概念性知识是指某一学科中基本要素之间的组织关系，具体包括类别与分类、原理与概括、理论、模式与结构。类别与分类构成原理与概括，以及理论、模式和结构的基础。原理与概括的知识是对类别与分类的内在过程与关系做出的说明，是对现象的抽象和总结。理论、模式与结构的知识是对原理与概括的整合，具有最为抽象的形态。例如，相关的数学原理组织形成一系列数学理论。

程序性知识是关于"怎样做事的知识"，通常呈现出有序的步骤。技能、算法，技巧和方法的知识，以及确定何时何地运用何种程序，这些知识统称为"程序"。程序性知识通常与具体的学科挂钩，反映该学科的思维方式。例如，发表自己对某个历史事件的看法应该选择议论文体裁，而阐述某个应用软件的用途和用法应该选择说明文体裁，这种根据一定准则确定采用哪种写作方式的过程就是程序性知识的运用。

元认知知识是关于一般的认知知识和自我认知的知识，具体包括策略知识、关于认知任务的知识、自我知识。策略不仅包含有关一般学习、思考和问题解决中的策略，还包括在计划、监控和调节等认知活动中有用的各种元认知策略，如

认知过程
- 记忆：识别、回忆
- 理解：解释、举例、分类、总结、推断、比较、说明
- 应用：执行、实施
- 分析：区分、组织、归属
- 评价：核查、评判
- 创造：生成、计划、贯彻

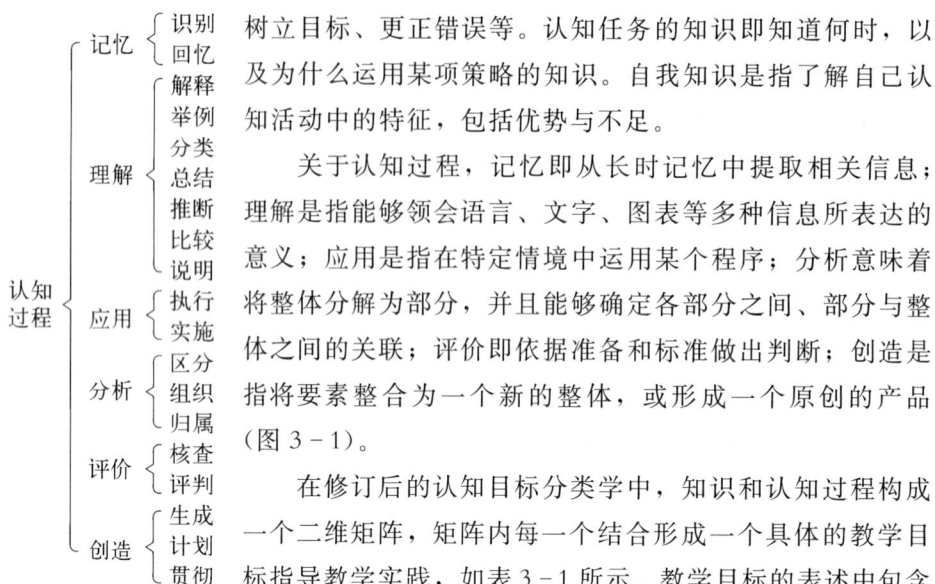

图 3-1 "认知过程"维度分类

树立目标、更正错误等。认知任务的知识即知道何时，以及为什么运用某项策略的知识。自我知识是指了解自己认知活动中的特征，包括优势与不足。

关于认知过程，记忆即从长时记忆中提取相关信息；理解是指能够领会语言、文字、图表等多种信息所表达的意义；应用是指在特定情境中运用某个程序；分析意味着将整体分解为部分，并且能够确定各部分之间、部分与整体之间的关联；评价即依据准备和标准做出判断；创造是指将要素整合为一个新的整体，或形成一个原创的产品（图 3-1）。

在修订后的认知目标分类学中，知识和认知过程构成一个二维矩阵，矩阵内每一个结合形成一个具体的教学目标指导教学实践，如表 3-1 所示。教学目标的表述中包含名词和动词，名词一般对应知识维，动词一般说明认知过程。例如，教学目标表述为"能够区分形状补间和动画补间"，"区分"是属于认知过程维度中"分析"的一个具体类别；"形状补间"和"动画补间"是概念性知识。因此，在二维矩阵中，这一教学目标就落在"分析"和"概念性知识"的相交处。

表 3-1 布卢姆认知目标修订二维分类表

知识	认知过程					
	记忆	理解	应用	分析	评价	创造
事实性知识						
概念性知识						
程序性知识						
元认知知识						

（三）教学目标的设计

既然知识维和认知过程维构成了一个二维矩阵，矩阵内每一个具体结合就是教育目标指导教学实践的用武之地。用最简明的话来说，布卢姆认知目标修订的框架旨在帮助教师教学、学习者学习和评价者评价。假设有一个很笼统的教育目标或课程标准要求——"掌握欧姆定律"，我们怎么用修订的认知目标分类学来

加以细化呢？

首先要考虑到这一学习任务所包括的知识类型：① 事实性知识，如知道测量电流需要用到电压、电流和电阻等知识；② 概念性知识，如"电路图"；③ 程序性知识，如会用欧姆定律的公式；④ 元认知知识，如要确定采用什么样的记忆方式和理解方式。

如果教学目标仅仅是为了"保持"，那么可以检查"识别"或"回忆"四种类型知识的程度。例如：分别用哪三个字母来代表欧姆定律中的三个变量，回忆欧姆定律公式，等等。

如果教学目标旨在促进"迁移"，那么具体分类就可以是：① 解释事实性知识，学习者能用自己的话来界定关键术语（如"电阻"）；② 说明概念性知识，学习者能解释当采用串联或并联方式时，电路图中的电流量会发生什么变化；③ 执行程序性知识，已知电流和电阻，学习者能运用欧姆定律来计算电压；④ 区分概念性知识，学习者能确定在运用欧姆定律的应用题中哪一个信息对决定电阻是必不可少的（电灯功率大小、电线的粗细还是电池的电压）；⑤ 核查程序性知识，学习者能确定在解决欧姆定律的相关问题时哪一种解决办法是最佳的；⑥ 评判元认知知识，选择一个解决欧姆定律的相关问题的计划，判断其是否与现有的理解水平最吻合；⑦ 生成概念性知识，如果一个电路图中的电池容量大小不变，学习者能生成几种增加电灯亮度的方式。

随着认知心理学的不断发展，人们表述目标的方式有了变化，渐渐地从低层次的具体任务转向更加复杂的综合性学习结果，大家逐渐认识到，只要学生能依据自身经验积极地参与到建构性学习中，无论其处于怎样的学习水平，思维运用、推理和问题解决都会自然而然地发生。这样的学习打破了原先定要遵循的从简单到复杂的按部就班的顺序，在此基础上，我们可以期待学生表现出包含问题解决、推理、思维技能，以及其他复杂能力的综合性学习结果。同时，这也意味着学习任务会更多地依赖真实世界的情境（如，怎样减少水资源的污染）。显然，如果我们期待学生获得这样的学习结果，那么在组织教学和评估时，就不可以单纯地把教学目标简化为一张学习任务列表。相反，我们对学习目标的陈述应该更加聚焦于综合性学习结果（如，使用数学概念来描述一个问题）。同理，我们对关于具体教学任务的教学与测验的注意力也应该转移到对整体学习过程和综合性学习结果的评估上去。换句话说，只要我们能给予学生合适的教学，那么无论学生原本处于哪一个年级或原有基础如何，几乎所有的学生都能获得较高水平的学习结果。

针对综合性学习结果所设计的教学目标相较于训练水平的目标而言更加具有

一般性。在陈述学习任务时，并非要将其表述为具体任务，而是每一个目标都应呈现一个阶段的学习结果（如，理解概念）。教师还要在实践中将目标进一步分解细化为学生的学业表现。比如，理解概念可分解为让学生用自己的话解释概念，给出例子，以及描述这一概念与其他概念的异同。

目标越复杂，越关键，越困难，就越有必要将其告诉学生。假如学生对目标一无所知，那么他们几乎没有成功达到目标的可能。因此，教师需要将目标告诉学生，帮助他们将目标与自己的学习表现进行对比，找出自己需要努力的地方。当然，在这个过程中，教师也需要提供帮助学生改进的建议。

二、教学内容

（一）教学内容的含义

传统的观念中，教学内容是指学与教相互作用过程中有意传递的主要信息，一般包括课程标准、教材和课程等。随着新课程改革的日益深入，基于生成性教学思维理念的影响，人们对于教学内容有了新的、深入的认识。教学内容逐渐演变为教学过程中同师生发生交互作用、服务于教学目的达成的动态生成的素材及信息。

教学内容来自师生对课程内容、教材内容与教学实际的综合加工。教师一方面合理地利用教材教学，对教材内容进行选择、取舍、加工；另一方面，教师可以科学地加工教材，合理地组织教学过程。它不仅包括教材内容，还包括了引导作用、动机作用、方法论指示、价值判断、规范概念等，包括师生在教学过程中的实际活动的全部。

如此看来，教学内容不仅是开放的，还是动态的。教学过程本身就是教师、学生、教材、环境诸因素交互作用的动态的过程，是一个相互作用相互影响的"生态系统"。新教学改革不断提醒我们：不必拘泥于教材内容，而应对教材内容进行加工改造，形成教学方案并付诸实施，在教学过程中动态地生成教学内容。

从固定的统一的教材内容到通过教学设计形成教学方案，再到实施过程，其间经历层层加工，最终才形成了最后的教学内容。如果说，教材内容是相对静态的、稳定不变的，教学内容则是现实的、生动的，是动态变化的。教材内容与教学内容，二者之间关系紧密。教师有充分的自由与空间进行教学内容再创造。但是，教师对教学内容的创造也不是随心所欲的，要受到教学目标、学生特点、教师特点、教学环境等影响与制约。从这个层面上来讲，每一次教学内容的实施仿佛是一次量身定做的教与学活动。

（二）教学内容不等于教材内容

教材又称课本、教科书，是依据课程标准编制的、系统反映学科内容的教学用书。从某种意义上来讲，教材即课程标准的具体化，它通常按学年或学期分上下两册，划分单元或章节。内容主要由目录、课文、习题、实验、图表、注释和附录等部分构成，主要目的是使课程标准里规定的内容更加生动、形象，条理清晰而又符合特定认知规律地展现出来，方便教师的教与学生的查阅、学习。

据不完全统计，截至 2020 年 12 月，中国的基础教育类教材近 1 万种。

随着科学技术的发展、教学手段的现代化，教学内容的载体也越来越多样化：除了教材，还有各类教学参考书、指导书和补充读物，音频视频资料，以及其他教学辅助用具和网络资源等。

由此可见，教材内容是教学内容的一个重要组成部分，但不是全部。为了让我们的教学内容更加丰富多彩，我们需要对教材内容进行深入分析、解读，然后根据学生学情和教师自身的特点进行加工，以期达到寓教于乐、教学相长的目的。

教学内容具备了教材内容无法包含的内涵，它涉及教师的主观作用，因此隐藏着种种不确定性。教材可以统一，但教学内容却因人而异，各有异彩。

（三）教学内容需要扬长避短

教学内容离不开学情，离不开教学设计，更离不开教师的个人魅力。要想让统一的教材内容焕发出不一样的光彩，就离不开扬长避短。这个长，可以是学生的特点，可以是当时的契机，也可以是教师的个人偏好与特长。比如有的教师特别喜欢吟诵，其在吟诵方面就自然比其他教师更有热情，更得心应手，在诗歌教学上就可更多地培养学生的吟诵才能；有的教师非常擅长改编与创造，喜欢带着学生编故事、讲故事，班上又恰好有些爱好表演的学生，他们就能利用课余时间将一些文章改编成课本剧；有的班级舞蹈社团、合唱社团成员人数较多，就可以往这些方面去发展与引导；甚至有时候，家长有书法、艺术、科技等方面的资源，也可以为教学服务。

（四）教学内容与五育并举

课程情景中难免遇到各种因素的制约，而教学必须满足教学情景和学生的学习需要，学生不能被排斥在教学过程之外，他们的意见必须得到尊重。从这个意义上说，教学内容必须是"量身定做"的。

在国家"双减"政策背景下，教育更多地回归以人为本的要求，促进学生五育并举也呼声日盛。在教学内容上更不能局限于传统的灌输模式，而更需要关注学生的差异性和全方位发展。科学的教育观、成才观也促进课堂内容从单一走向丰富多彩，从唯分数、抓成绩转为以学生为本，注重学生的综合素质的提升。

显而易见的变化是：学生从先前的洗耳恭听、整节课忙着做笔记慢慢变成积极讨论、影响整堂课的发展节奏。教师借助丰富的课堂激励机制、灵活的评价机制，激活"课堂气场"，让学生更加高效、主动地学习。

（五）优化教学内容，打造高效课堂

课堂上，教学内容的选择与组织，对于整个课堂教学目标的达成至关重要。在教学中，把握课程教学理念，优化教学内容，理论联系实际，指向高效课堂是所有老师的共同追求。这就需要我们把教学与学生日常生活联系起来，紧扣学科特点，构建灵活、多样、开放、有趣的学习情境，打造高效课堂；对教学资源进行深入挖掘与梳理，从知识、技能、情感、学习策略等方面，寻找有效的教学内容，由易到难，逐步引领学生参与教学活动，提高教学质量。有时候，为了达到更好的教学效果，教师还可以对现有的教材进行系统化整合、创造性地优化。

首先，要整合课内外教学资源，打造生动的学习情境；其次，立足教材，对教学内容进行适度整合重构；再次，要深入研究学生的认知、学习水平，实现课堂情境的多样化重构。尽量避免机械地重复记忆，单纯地说教。如在三年级英语上册中的"We love animals"教学中，"Let's chant"板块设置有歌谣。歌谣中涵盖了常见动物的英语词汇，如"cat、pig、dog、duck、bear"等。教师在指导学生学习时，还可以延伸其他动物词汇，如老虎"tiger"、狮子"lion"、长颈鹿"giraffe"、小鹿"deer"、猴子"monkey"、大象"elephant"、豹子"leopard"等。教师借助动物图片，以及对应的英语词汇，让学生能够更多地认识和增加动物词汇量。同时，在开展动物词汇学习时，教师还可以结合本节句型"What's this..."和"What's that..."，加强学生对一般疑问句的训练，增进口语表达能力。除此之外，教师还可以借助绘本、音频文件、视频素材、英语读物等内容，拓展学生的英语学习视野，引领学生从英语课外阅读中，锻炼阅读思维力，增强英语素养。

随着教育课程改革的发展，越来越多的课堂逐渐变得开放、多样。如引入绘本故事，激活学生的学习热情；引入综合实践和跨学科融合课程，更加注重项目式学习，注重培养学生提出问题、解决问题的能力；班队会的内容也有创新。教师灵活选择课堂组织形式，可以引入角色扮演、情境对话等方式，便于学生展开针对性训练；善用故事教学法，结合教学内容，代入人物，设置相应的故事情境，组织学生展开故事探究，带领学生深刻体验。

总之，课堂教学内容的优化，涵盖面广。教师要结合实践活动，注重激化学生兴趣，灵活创设多样化情境，引领学生参与课堂实践，顺应学生爱玩、好表现的天性，从语言、知识、文化等方面，实现教学资源的整合，改善课堂教学效果，推进学生英语素养的全面提升。

三、教学组织形式与过程

（一）现代教学组织形式

班级授课制度是现代教学组织形式之一。其最基本形式是课堂教学，辅助形式是课外教学和现场教学，特殊形式是复式教学，并且在不断的教育改革和课程改革中，许多研究和实验都尝试运用在班级制的框架里，实现个别化教学。

课堂教学不仅是班级授课制的基本表现形式，还是现代学校教学最重要的教学组织形式。在实际课堂中，它的形式有许多，其中具体形式包括全班上课、班内分组教学、班内个别教学。课堂教学这种教学组织形式自身有许多优势，它不仅能够有效地提高教学效率，更能发挥教师在教学中的主导作用和反映学生的主体地位；同时也存在着一些缺陷，这种集体上课的方式注定不能够照顾到所有学生的个别差异，由于课堂的限制，不能给学生提供足够的探索和创新时间，也不利于学生的实际操作。

课堂教学自身的优势使其经久不衰，成为各国教学组织的基本教学组织形式。对于它的缺陷，改革、研究、探索也一直在进行，但至今为止，没有一种旧的或者新的教学组织形式能从根本上取代它，都只是作为辅助形式对其加以补充。课堂教学，毕竟不是一种完美无缺的教学组织形式，仍需不断改革、完善和创新。

（二）教学环节及教案研制

1. 教学过程中的教师的主导作用

教学过程是教学理论的核心问题，通过一定的教学过程才能达到教学目标，落实教学任务。

一个完整的教学过程是教师起主导作用，学生作为认识主体，从认知起点到学习目标之间的认知过程，在这个过程中需要教师调动各种教学手段，激发学生学习兴趣，而不同的学生学习兴趣的激发方式不一样，因此就需要考虑学情，教师要有以生为本的意识，奥苏贝尔曾经说过："如果我不得不把全部教育心理学原理还原为一句话的话，我将会说，影响学习的最重要因素是，学生已经知道了什么，我们要根据学生原有的知识状况进行教学。"

在问与答的过程中，教师要善于发现学生观点中的闪光点并支持他们继续思考，充分尊重学生和信任学生，切不可一味地否定学生的观点，教师要创造一种相互合作的氛围。

2. 教学工作的基本环节

教学活动作为一个系统，具有完整性和有序性。一般来说，根据教学时间流程，教学工作主要是由四个基本环节构成，分别是备课、上课、作业和辅导。

（1）备课。

首先教师要知道上课讲什么，要有计划性和整体性，即教师要有一个清晰的课堂教学结构，以一节课为例，在课前教师需要准备教材，准备教材不是说上哪一课就只看那一课，而是需要熟读整本书甚至整个学段的教材，这样教师才有全局观，备课时针对本节的教学内容来设计课堂结构，基本的教学步骤包括"预热、引入、新授、练习、拓展"等，每一个步骤都要有教师主导、学生为主体的意识。每一步骤都有相应的达成的教学目标，针对知识点目标，教师要重点准备问题和引导性语言，根据知识点的难易程度选择提出问题或引导学生提出问题。问题提出后，学生讨论回答问题或教师提示回答问题，最后，教师总结或学生交流总结。问题的提出，若难易程度适中，能激发学生探索的积极性，也能引发学生思考和讨论的欲望。

（2）上课。

教学是教育目的实现的基本途径，而上课作为教学工作的中心环节是十分重要的，上好每节课是提高教学质量的关键，更是促进学生得到优良发展的关键。要想上好一堂课，就必须遵循课堂教学的基本要求，要目标明确、内容准确，还要以恰当的方式组织教学，从而获得优异的教学效果。

（3）作业。

作业不仅仅是教学的有机组成部分，而且延伸了课堂教学。在做作业中，学生不仅可以对所学知识进行及时巩固，还能够在应用知识、解决问题的过程中，提高自身的能力，从而熟记知识、善于思考、举一反三。

（4）辅导。

要想对课堂教学进行适当补充，辅导是必不可少的环节，教师可以有效针对学生的个别差异进行重点辅导，它包含集体辅导和个别辅导。集体辅导是针对学生中存在的共同问题进行全班性辅导。个别辅导应针对不同学习能力的学生分别进行辅导。对学习成绩落后、基础薄弱的学生要加以关注并且适当补课；对学习能力强的学生适当补充新内容或增加难度，以充分发挥其学习潜力。

3. 教案研制

教案的研制在教学组织的过程中是尤其重要的。研制过程也是教师不断优化和规范组织教学活动时间和空间结构的过程，它主要有以下三个环节。

（1）教案的设计撰写。

教师首先要认真备课，将主要内容按教案的结构进行编排设计，并且要用适当且规范的语言以书面的形式简洁地表达出来。

（2）教案的实施检验。

这是要在教学活动中进行的，教师不仅要按教案实施教学，而且还要对预先编写的教案进行相关检验。

（3）评价修改。

教师在教案实施以后，要及时对教案进行评价修改；在已经实施检验的基础上进行评价，可以准确地把握修改目标，修改不仅要及时，更要完善、简练；并且在此基础上撰写出教案修改稿。

四、中小学教育评价

（一）中小学教育评价概述

评价是在特定信息基础上，对事物某种属性的价值判断。教育评价就是利用所有可行的评价技术来评量教育所期望的一切效果。

我们很难定量测量学习兴趣、学习态度与学习习惯等教育效果，但评价可以，且适用于任何教育情境。评价是一种较为主观的活动。不同教师对同一学生的同一学习行为，会因其不同的评价标准而做出不同的评价。

目前教育评价的概念有广义和狭义两种。广义的教育评价较为笼统，包括对于教育活动一切方面的评价；狭义的教育评价，又称为学生评定，关注教育效果而不看过程，主要是对学生发展的评价。这里有关评价的讨论采用广义的评价概念。

评价帮助我们回顾过去、展望未来，反思一些大家已经习以为常的问题，开阔我们的思路，促进教育变革。如，学校办学水平及办学质量如何说明与评价？学校的教育理想与教育理念如何实施及评价？

（二）中小学教育评价的类型

教育评价可以根据不同角度来分类成以下几种（表3-2）：

表3-2 中小学教育评价的类型表

评价区分角度与标准	评价类型	名 词 解 释
评价的严格程度	正式评价	教师以口头或书面形式做出的评价报告
	非正式评价	教师对学生的印象和看法
评价的结果解释	相对评价	在群体中进行对比，衡量标准是相对的，如"鹤立鸡群"
	绝对评价	有预定的标准，只要达到了标准，就称为合格，如教师资格认证考试

续　表

评价区分角度与标准	评价类型	名　词　解　释
评价的功能区分	形成性评价	在活动过程中，通过揭示问题和反馈信息，以改进工作为目的而开展的评价，如有些国家的教师教学质量的形成性评价
	终结性评价	对活动结果的评价，它的目的在于评判活动效果和鉴定分等，具有事后检验的性质，一般是上级教育管理部门开展的评价活动，其评价结果会影响行政决策

（三）中小学教育评价的内容

教育评价涉及教育方方面面。从宏观管理层面看，教育评价可运用于调整教育管理体制、教育结构和教育目标；从学校管理层面看，教育评价可运用于改善教育教学质量；从学生学习层面看，教育评价可运用于提高学生全面发展质量。其中，学生发展评定、教师授课质量评价、课程和教材评价在目前中小学教育评价活动中，较为常见。下面具体介绍这三种教育评价活动（表3-3）：

表3-3　教育评价活动表

教育评价活动	学生发展评定	与学校办学水平密切相关，影响升学与就业指导，以及因材施教，有利于学生更好了解自己。其中，最基本的有学业成就（智育）、行为表现（德育）和身体状况（体育）三方面。进行评定时，应针对不同场景，考虑具体活动，记录整个过程，而不仅仅是最终测验分数。具体问题具体分析，才能更好反馈并改进	学业成就（智育）包括学生学习成绩、技能和情意领域的学习表现
			行为表现（德育）常在学生道德品质和行为处事上考察。中小学中应看重学生伦理道德、品德修养和性格特点三方面。好的教育评价要从学生的独特特征来着手，多挖掘优点，并有针对地提出意见
			身体状况（体育）涉及体质、体力、精力、卫生习惯和良好的生活方式等方面；进行评价时应考虑身体发育、生理机能、身体素质、运动能力、适应能力和心理状况
	教师授课质量评价	中小学学生因其年龄、学习兴趣、学习方法直接受教师和课堂影响，因此教师授课质量至关重要。与此同时，教师授课质量评价对教师发展与成长也很有帮助，能让教师更清晰地知道自己的教学特点和不足，更有针对性地提高自身专业水平	苏联著名教育家巴班斯基认为教学质量可以从以下方面去衡量：对新事物的感受，教育分寸，本学科的知识，发展学生的思维，培养学生的一般学习技能，培养学生对学科的兴趣，以个体方式对待学生，学科课外活动的组织。[1] 评价授课质量时，应具体化，同时应关注：教学原则、教学目标、学生课堂参与情况、教学内容和教学语言

① 张玉田，程培杰，滕星，等. 学校教育评价 ［M］. 北京：中央民族大学出版社，1998.

教育评价活动	课程和教材评价	学校教学改革的根基在于课程与教材。为了改善学校重智育和教育质量不高的情况，应该对教材进行分析与批判，对教学内容的安排才能更合理	或许教师个人不能对课程和教材进行全面的分析总结和评价，但关于该问题的思考对教师教育观念与教育教学有重大影响。与此同时，教师可在教学实践中进行微观的教材评价

（四）中小学教育评价的基本步骤

中小学教育工作者在进行教育评价时，应考虑以下几个方面：评价标准、评价对象、材料收集、结果分析与报告。其中关键在于建立评价目标，进而收集、整理资料，最后评价目标的达成情况。例如进行小学英语口语评价时，教师首先要分析小学口语教学目标，建立相关标准，再来考查学生口语水平，最后分析教学实践中存在的问题和可改善提高的地方。

1. 建立评价目标

现代中小学教育评价的总目标可概括成以下类别（表 3 - 4）：

表 3 - 4　教育评价的总目标表

教育评价的总目标	与学业成就直接有关	知识和技能目标	理解、知识、思考、技能、生活实践能力等
		情意目标	态度、鉴赏、兴趣、习惯、品德等
	与学业成就间接有关	学生的智能等	
		学生的环境：家庭状况、交友情形，学校条件、管理、教师、课程、教材等	
		身体的评价目标，包括健康状况等	

在教育教学实践中，教师应尽量具体、全面观察评价学生综合素质，促进学生全面发展，不应只针对某一方面，如学习态度或学习方法。设计评价指标时，教师应从多个方面去考虑，再具体分析这些内容的行为表现。

2. 选择评价样本

在实践中进行评价时，我们选择的对象也很重要。选择取决于评价的范围和目的。例如，要开展深圳市小学英语口语的评价，要如何选择呢？选哪个区？选哪些学校？选几年级？这些都会影响评价的有效性和真实性。

样本抽取方法影响样本的代表性，若选择得当，能更好地提高样本的代表性。如抽取一个国际小学学生样本且是小班全英教学的学生来评价学生的英语口语水平，则该样本代表性不强。因此我们选取样本时，应考虑多方面因素和可能性，并让这些因素和可能性都有所体现。

3. 收集评价信息方法

收集评价信息有多种方法，下表（表 3-5）为常用的几种方法。

表 3-5 收集评价信息方法表

方　法	内　　容
观察	在自然状态下，了解学生特点，具体观察学生学习兴趣、态度、习惯和方法等
检查作业	检查学生作业完成情况、完成态度，其中包括学生笔记、作业等
考试	口试、笔试或实践性测验，如完成英语阅读报告、现场表演等
家访	通过与家长及学生口头交谈，更直接、深入和全面地了解学生真实学习、生活环境
轶事记录法	观察法的延伸，将观察所得的、能反映学生基本特点的典型行为进行客观的记录，能为评价学生提供更生动的素材

4. 报告评价结果

评价结束后，一般情况下会总结出一个报告，其中应包含：评价目标时间、人员、方法、结果和建议。例如，教师每个学期的总结、每个班主任学期末给学生的综合评价等。我们应利用好评价的促进作用，增强学生自信心，促进其全面发展。因此，教师首先要明确教育评价目标，进而细致观察学生表现，再全面记录。其中应包含以下内容：学生成绩和学生学习品质、特点，学生的兴趣、爱好、特长、技能，以及参与的活动情况，等等。

教师在评价学生时，应秉持全面发展的眼光，结合学生综合能力水平和兴趣特长，细心留意观察，找到其优点和特长，加强与学生的沟通，这样才更有利于评价作用的发挥和促进学生全面发展。

（五）中小学教育评价的问题及改进

总体来说，中小学教育评价在我国仍处于起步阶段，仍存在着部分问题，例如：重知识轻能力，片面追求分数，影响学生心理健康，制约教学改革。因此，教师更应该采取多种多样的教育评价措施来提高教师教学和学生学习质量，下表为几种教育评价改进观点与措施（表 3-6）。

教师在进行教育评价时也应倡导多视角、多方法地评价，以更好地促进学生全面、综合、多维发展，提高学生想象力和创造力。

表 3-6　教育评价改进观点与措施表

从侧重一元评价到 多元评价	从侧重终结性评价到 形成性评价	从侧重区分性功能到 发挥激励性功能
重视高层次认知能力	结合考试和观察	将教学内容拆分成小部分，更利于激发学生学习兴趣和成就感
重视学习过程	结合分数与评语	扩展评价的范围，从多个方面进行积极的教育评价
重视各种活动表现	允许多次测评	挖掘并记录学生各方面优秀或突出的表现，有利于激发学生成就感
重视多种方法收集信息	结合多种评价方式，如自评、互评和老师评价	对学生进行横向和纵向评价，多维度让学生体验进步和成就感

第二节　学校课程体系建设

　　课程是由一定的育人目标、特定的知识经验和预期的学习活动方式构成的一种蕴含着丰富、基本而又有创造性与潜质的一套计划和设定。[①] 可以说，学校课程是育人的载体，学校通过课程建设这一方式，塑造出社会所需的人才。在社会发展的驱动作用下，课程建设开始了漫长的改革之路，中小学作为课程体系建立的主要场所，承担着课程建设的重任。

一、课程目标

　　课程目标是课程建设的方向牌，直接映射了在该课程框架下学生所达成的预期学习成果。拉尔夫·泰勒的《课程与教学的基本原理》中，明确了课程建设的四个步骤，第一个步骤是确立课程目标，是课程建设中最主要的一环。一元化的目标指的是体现国家的整体目标，要反映国家的教育的大方向，包括国家的核心价值、政治方向、根本利益，同时反映当今社会的道德水平、经济发展水平、文化水平，体现国家和人们的信仰、理想和意志。多元化的目标指的是要坚持国家教育方向的同时也要多样化，要反映出不同地区的不同经济社会发展的要求，反映不同民族、阶段、群体的不同文化、利益、需求，反映不同学生个人的个性发

---

　　① 王道俊，郭文安. 教育学 ［M］. 7 版. 北京：人民教育出版社，2016.

展的选择和诉求。①

因此，我们要先研究国家育人目标和地方育人目标，确立课程目标的大方向，再结合学校的育人目标，根据学生的阶段学情，细化分层目标，使课程目标更具针对性。

（一）国家育人目标

国家育人目标是国家教育体系的风向标，根据《国务院关于基础教育改革与发展的决定》和《国家中长期教育改革和发展规划纲要（2010—2020 年）》中提出的要求，其可概括为几点：

1. 立德树人

立德树人是教育的根本任务。德育在学生的成长和全面发展中起到了至关重要的作用。德育为先的课程建设，应当始终坚定对中国共产党领导、社会主义制度的信念和信心；努力培养学生团结互助、诚实守信、遵纪守法、艰苦奋斗的良好品质。

2. 能力为重

能力的发展直接决定了学生的未来成就。在课程建设中应当以学生的能力发展为重，着眼于培养具有综合能力的国家栋梁，着力于培育学生必须掌握的基本技能与知识、关键技术和品格、必需的应用能力与解决问题的方式方法。课程建设应当聚焦现代社会中人所必备的品格与能力，精心制订课程建设方案，为培养具备一定的学习能力、创新精神和实践能力，能主动适应社会，能熟练掌握收集、处理和利用信息的能力，能掌握提出问题、研究问题、解决问题的能力的社会主义建设者和接班人精心设计课程内容。

3. 五育融合

在新时代，教育被赋予了新的使命。在课程建设与实施的过程中，我们务必将五育融合、全面发展的教育目标、教育理念融入课程建设与实施中，全面推广素质教育，以学生德智体美劳全面发展为目标，让学生既拥有强健的体魄和坚强的意志，也拥有良好的审美情趣和人文素养，还能掌握一定的劳动技能，以达到合格的德智体美劳全面发展的社会主义公民。

（二）地方育人目标

各个地区的文化、经济有明显的差异，不同地区的人对于育人目标都有不同的需求，一元化的国家育人目标能满足人民宏观层面的价值追求，我们还应在国家育人目标的总体领导下，根据地方的人文、经济等特色情况，设置地方目标，将育人目标进行更细的划分，使育人目标更有针对性。

---

① 杨四耕. 学校整体课程规划的七个关键 ［M］. 上海：华东师范大学出版社，2021.

（三）学校办学理念

学校是课程实施的主要场所，而学校的办学理念是学校课程建设的基石和灵魂。课程体系的建设需要在学校办学理念的指导下进行，学校的育人目标是以国家和地方的育人目标为总体方向，结合学校的实际情况，根据学校的定位和特色来制定的。学校课程建设立足学校自身发展，充分挖掘优势，构建适合校情的课程，从而推动学校课程体系的完善。

比如广东省深圳市的某所小学，该学校以"习惯引领发展，性格影响未来"为办学理念，将"健康、文明、智慧、高雅"作为育人目标。该学校根据育人目标，融合国家课程、地方课程，将课程分为六类，即习体、习礼、习文、习艺、习慧、习志，构建了"六习"的习性教育课程体系，将理念和常规教育教学连接起来，让教育教学紧紧围绕学校理念展开。

（四）学生阶段学情

学生作为课程的主体，促进学生发展是学校课程建设的主旨，因此教师在确立课程目标时，要坚持以生为本，应当关注不同阶段学生的认知规律和身心发展规律，建构符合中小学发展阶段实际的育人目标，这样的育人目标才具有层次性和逻辑性。

其中最具层次性的就是学科课程，专家在制定各学科课程标准时，对同一种能力在不同阶段都设置了不同的育人目标。以数学学科中问题解决能力为例，在小学阶段中，学生只需能够发现生活中的简单问题，并且掌握分析问题和解决问题的一些基本方法，能合作学习，学会尝试解释自己的思考过程。到了初中阶段，学生应该能从数学的角度发现问题和提出问题，并从不同的角度解决问题和分析问题，能独立思考并理解他人的思考方法。不仅仅只是学科课程如此，特色课程也应当关注学生的阶段学情。比如石狮市的某所小学，在开展国庆节"爱国"主题探究课程中，低年段的学生以了解国旗知识为阶段目标，开展画、唱、说、诵的活动；中年段的学生以了解新中国成立 70 多年来的"体育强国之路"为目标，自主查阅资料，描绘手抄报；高年段的学生则以深入探索航天知识为目标，制作思维导图。每个年级的目标及活动方式都是根据学生年龄阶段进行设置的。只有明确可行的育人目标，才能为处于不同年龄阶段的学生成长领航。

二、课程结构

（一）课程结构的内涵

课程结构是指课程各个部分的配合与组织，它规定了组成课程体系的学科种类，以及不同学科内容的比例关系等，体现了一定的课程理念和课程设置的价值取向。

学校课程结构就是立足于学校的办学理念和育人目标，基于一定的知识体系，以一定的课程类型为骨架，所构成的学校课程体系框架。其包含两个基本要点，一是组成课程的各个部分，二是组成课程的各个部分的关系。可以说，学校课程结构是学校课程设计的重要组成部分，是对学校课程结构的思考与规划。[①]

（二）课程结构的类型

2001 年，我国实行了基础教育课程改革，为促进课程适应各方面需要，确立了国家、地方和学校三级课程管理体制。基于核心素养的学校课程结构就是将国家课程、地方课程、校本课程整合，形成一个有序且具有学校特色的整体。

1. 国家课程

国家课程属于一级课程，是由国家规定的课程，它体现了国家意志。国家课程根据不同教育阶段的性质和培养目标，制定各个领域、学科的课程标准或教学大纲，编写教科书，确定课程门类和课时，宏观指导中小学课程实施。它是一个国家基础教育课程计划框架中的主体部分，也是衡量一个国家基础教育质量的重要标志。国家课程必须开足、开全，以中小学（1—9 年级）为例，其课程情况如下表所示（表 3-7）：

表 3-7　中小学国家课程表

年　　级	课　　程
1—6 年级	品德与生活、品德与社会、语文、数学、英语、科学、体育、音乐、美术、综合实践活动课程
7—9 年级	思想品德、语文、数学、英语、物理、化学、历史、地理、生物、体育、音乐、美术、综合实践活动课程

国家课程面向全国，它为全体学生接受教育提供了保障。通常，国家课程的标准不宜太高，这样就可以使学习者都能获得基本的学校教育，从而保证绝大多数学习者都能达到国家课程标准，最大限度地实现教育公平。[②]

2. 地方课程

地方课程属于二级课程，是由地方教育部门根据当地实际或特殊需要而开发的课程，反映了各地经济、文化发展的情况，也体现了地域特点。

上海市于 2005 年颁布的课程计划中，通过整合学科必修课程、学科选修课程和活动课程，构建了"基础型课程 + 拓展型课程 + 研究型课程"的课程结构。

---

① 黎明. 基于核心素养的学校课程结构设计［J］. 湖北教育（政务宣传），2020（2）.

② 钟启泉，崔允漷，张华. 为了中华民族的复兴　为了每位学生的发展：《基础教育课程改革纲要（试行）》解读［M］. 上海：华东师范大学出版社，2001：355.

基础型课程由具有基础要求的学科课程组成,是全体学生必修的课程;拓展型课程是具有一定开放性的课程,分为限定选修和自主选修课程;研究型课程是学生运用研究性学习方式来探索问题的课程,也属于限定选修课程,参见《上海市普通中小学课程方案(试行稿)》。

深圳市教科院从促进课程形态变革入手,市、区、校联动推进四大形态课程建设,即学科形态课程、活动形态课程、探究形态课程和职业形态课程。一方面,其通过学科课程形态,切实保障国家课程的基础性地位不动摇;另一方面,其构建和完善适合不同综合素养需要的课程形态,即探究形态课程、活动形态课程和职业形态课程。

2011年以来,洛阳市西工区教体局秉承"坚守信仰、以心为本、关注生命、文化育人"的教育发展理念,率先提出以"心文化·心教育·心生态"为主题的教育发展战略,通过营造心环境、强化心管理、研发心课程、改革心课堂、助推心成长,构建了学科课程与活动课程相结合的心教育学校课程体系(图3-2)。

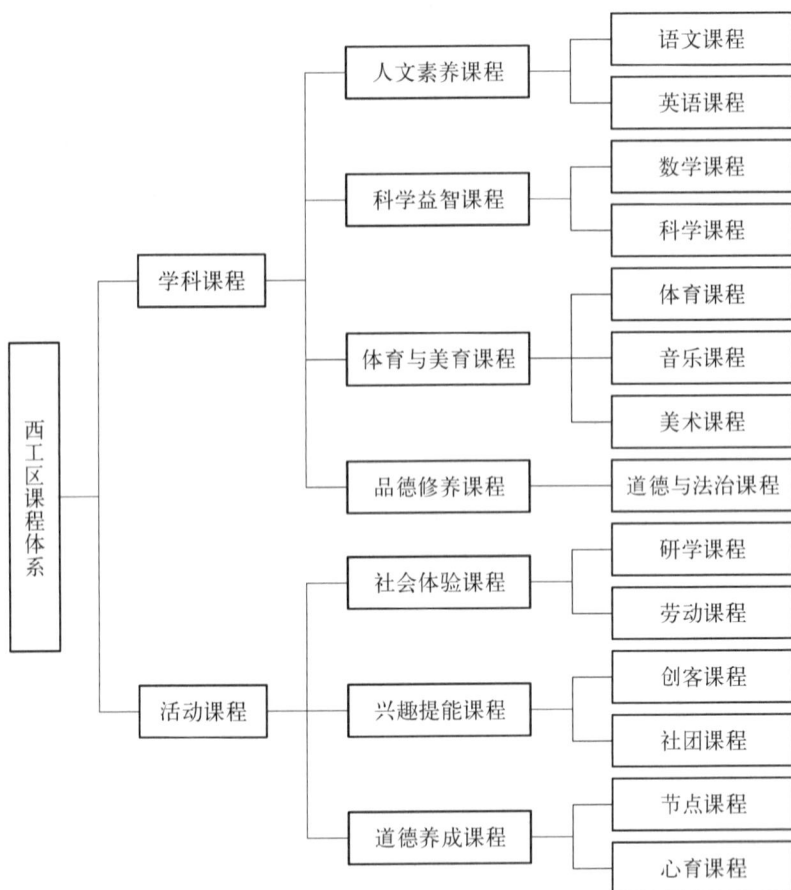

图 3-2　西工区课程体系图

此外，地方文化是地方课程的生长源泉，为地方课程的开发提供了丰富的资源支持。国内诸多地区，都依托本地文化特色来开发相应的地方课程。成都市就面向小学阶段构建了蜀文化国学教育地方课程的结构（表3-8）。[①]

表3-8　蜀文化国学教育地方课程结构

主　题　选　取				单　元　设　计			
蜀地历史篇	蜀地文学篇	蜀地名人篇	蜀地民俗篇	问题系统	课文系统	图像系统	活动系统

为了彰显长安文化特色，西安市构建了西安地方语文课程。该课程面向高中二年级开设，本课程涵盖古都文学、秦岭别韵、寻味长安、古迹追寻、民俗探访、戏剧魅影、工艺之花、妙趣方言这八个学习专题。[②]

3. 学校课程

学校课程属于三级课程，也称校本课程，它是指学校在确保国家课程和地方课程有效实施的前提下，以满足学生需要和体现学校办学理念与特色为目的，由学校自己开发的、适合本校实际的课程。

结构合理且内容丰富的学校课程是学生综合素养提升的不竭动力，随着五育并举的全面推进，我国中小学正积极建设适合本校发展的课程。

天津市第二十一中学以"尊重选择、提供选择、教会选择"为重点，聚焦学生发展核心素养，构建了包括基础型课程、体验型课程、拓展型课程和研究型课程的四维、多元的"选择性教育"学校课程体系，在丰富课程选择、完善课程制度、改进评价方式、满足学生个性化发展需求方面进行了有益探索。其中，基础型课程主要聚焦学生基础素养的培养；体验型课程强调亲身体验、动手实践，并将综合实践活动和劳动纳入其中；拓展型课程着力发展学生艺术情趣、健康生活等方面的素养；研究型课程旨在深化和拓展基础课程的内容，提升学生科学、人文等方面素养。[③]

陕西师范大学实验小学构建了"三·四·五"逻辑组合下的"蒲公英"课程，三种课程类型为基础课程、拓展课程、成长课程；四大课程主体包括学校课程、教师课程、家长课程、环境课程；五大学习领域涵盖"人文与社会""艺术

---

①　兰彩旗. 基于蜀文化的成都市小学国学教育地方课程开发研究［D］. 重庆：西南大学，2021.

②　高盼盼. 基于长安文化开发西安地方语文课程的研究［D］. 西安：陕西师范大学，2019.

③　韩杰. "选择性教育"学校课程体系的建设与研究：以天津市第二十一中学为例［J］. 基础教育课程，2022（Z1）.

和审美""运动与健康""思维与创新""语言与交往"。[①]

（三）课程结构的维度

五育并举视野下，学校课程结构应当是多维度的，既有宏观层面的学校整体课程体系设计，又有中观层面的特定课程群的构建，还关注微观层面的各学科课程内容的整合与重构。

1. 学校整体的课程体系

一方面，学校立足育人目标，紧扣"要培养什么样的人——需具备哪些素养——开展什么样的课程来落实这些素养"的思路，打破原有学科界限，分析各个学科及学科之间的联系；另一方面，学校基于学生的整体发展及差异发展需求，设计面向全体学生和部分学生的不同层次的课程，为学生提供一定的自主选择权利。在此基础上，纵横相交，形成学校整体的课程结构体系。[②]

深圳市坪山区中山小学在学校习性教育文化引领下，以"健康、文明、智慧、高雅"为培养目标，将学科课程与特色课程进行融合，构建了以国家基础课程为核心，拓展课程为辅助，个性课程为特色的"六习"教育课程体系（图 3 - 3）。

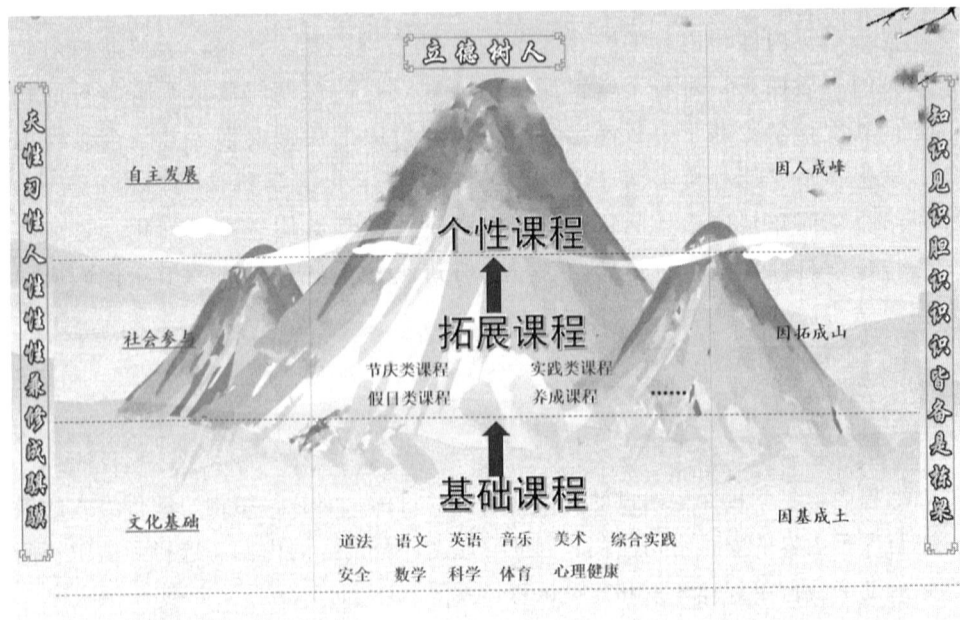

图 3 - 3 中山小学"习性教育"六习课程体系

中山小学
"习性教育"
六习课程体系

---

① 罗坤. 学校课程体系建设的逻辑结构与实践探索：以陕西师范大学实验小学"蒲公英"课程为例〔J〕. 陕西教育（教学版），2021（Z1）.

② 路光远. 学科课程群建设：课程品质提升的一种路径〔J〕. 上海教育科研，2019（8）.

2．特定领域的课程群

课程群的构建一般分为焦点式课程群和统整式课程群，我们这里讨论的是围绕某个或某些学科课程衍生出的课程群落，即焦点式课程群。构建该类型的课程群时，通常以特色课程的开发和学科知识素养的课程化为主，以深圳市坪山区中山小学为例：

特色课程的开发是指对基础课程某方面内容的进一步丰富，从而提升学生素养，并凸显学校特色。比如，该校"六习"课程体系中的"习礼"特色课程，以培学生谦逊有礼、友善真诚为出发点，依据不同年龄阶段学生的身心发展特点开设了传统礼仪、美德故事、交往礼仪、国际礼仪等系列课程。

学科知识点和学科素养的课程化，即学校围绕焦点课程需要进一步深化的知识点或学科素养而开发的课程。学校对语文学科优化后衍生出硬笔书法书写系列、兰馨吟诵语感系列、故事天地阅读系列、唇枪舌剑表达系列课程，切实提高了学生的语文学科素养。

3．特定学科的课程结构

每一门学科都有各自的内在结构和逻辑关系，作为基础课程的重要环节，各个学科内课程内容的整合与重构显得尤为重要。首先，学校通过对特定学科的本质探析，对各个学科课程标准和教材的深度解读，明晰学科的核心词；其次，学校基于分析确定每个核心词对应的关键要素，并结合教材内容、学生学情、课程资源等，形成特定学科校本化的学科课程结构；再次，学校结合不同年龄段学生的特点，将学科整体课程结构进一步细化，形成各年级特定学科课程结构；最后，学校结合班级学生特点，进一步细化形成单元课程结构。

三、课程内容

课程内容是学校课程建设的关键，课程的目标、实施、结构、评价方式的展开都与课程内容的安排密切相关。因此，厘清课程内容的内涵、选择和组织等问题，有助于我们更好地开发和建设课程体系。

（一）课程内容的内涵

全国十二所重点师范大学联合编写的《课程论》，对国内外课程理论中关于课程内容的描述进行了研究与梳理，并明确了课程内容的定义："课程内容是课程的核心要素，从总体上讲，课程内容是根据课程目标，有目的地选择的一系列直接经验和间接经验的总和，是从人类的经验体系中选择出来，并按照一定的逻辑序列组织编排而成的知识体系和经验体系。"①

（二）课程内容的选择

课程理论史上，对课程内容的选择主要有以下三个方面：

1. 学科知识或教材

学科知识历来都被认为是学科课程（又称"分科课程"）的主要内容，它的选择主要体现在教材上。2019 年，教育部印发了《中小学教材管理办法》，对教材内容的编写、修订、管理、出版和选用都做出了明确要求。

以统编本语文教材为例，这套教材由专家、作家、教研员等组成编写组，在教育部的领导和组织下，依照"研制大纲—编写样章—撰写初稿—修改完善"（教育部教材局负责人就义务教育三科教材统编工作答记者问，2017 年）的编写程序，以"语文素养"和"人文精神"为双线组织单元结构编排教材内容。教材总主编温儒敏教授指出，统编教材选文的确定主要坚持以下几个原则：一是"以经典性为主，兼顾时代性"，选文以经典的文学作品为主，也适当选择贴近学生生活的优秀的当代作品；二是"重视适宜性"，选文既要满足教学需要，又要契合学生的心理发展水平及学习水平；三是"选文要'美'"，选文的思想和形式皆值得学生阅读，能激发其阅读兴趣，提高其审美情趣；四是"强调多样性"，选文丰富，包含各种文体及古今中外的作品（新编义务教育语文教材总主编就有关问题答记者问，2016 年）。

2. 社会生活经验

20 世纪以来，随着"被动适应论""主动适应论"和"超越论"等强调社会经验的课程理论的发展，课程内容与社会生活经验的关系越来越紧密。这些理论认为，课程内容应指向某种活动，重视学生学习的主动性。② 如深圳市滨海小学的"国旗下课程"，该校以"珍视儿童价值、培育生命自觉"为理念，选择与儿童生活密切相关的故事作为国旗下讲话的话题，把单纯的国旗下讲话拓展为互动课堂、立体课程。③

3. 学习者的经验

卢梭、杜威及人本主义课程理论等都认为学习者的经验是课程内容的核心，他们强调课程内容的选择要尊重学习者的个性差异，关注学生的主体地位及其社会生活经验。④ 深圳市后海小学的"快乐阅读"课程，从学生的兴趣出发选择文本，强调学生与文本的互动，尊重其阅读感受，正是以学生的学习活动和体验构

---

① 钟启泉. 课程论 [M]. 北京：教育科学出版社，2007：141.

② 王本陆. 课程与教学论 [M]. 3 版. 北京：高等教育出版社，2017：83.

③ 谢绍熹. 迈向现代教育：广东省"全面实施素质教育　进一步提高义务教育办学质量"专题征文优秀成果汇编 [G]. 广州：广东高等教育出版社，2020：407-410.

④ 王本陆. 课程与教学论 [M]. 3 版. 北京：高等教育出版社，2017：84.

建课程内容。

从学科知识到社会生活经验再到学习者经验，我们可以发现，课程内容实际上是这三者的有机组成。学科知识需要与社会生活经验相结合，而它们又必须经过学习者的经验内化为新的学习经验，同样，假若没有了学科知识和社会生活经验，学习者的经验也会成为无源之水、无本之木。

（三）课程内容的组织

包含学科知识、社会生活经验、学习者经验的课程内容应该如何组织呢？1949年，拉尔夫·泰勒于《课程与教学的基本原理》一书中提出了课程内容组织的三大准则——连续性、顺序性、整合性。

1. 连续性

连续性是指直线式地陈述主要的课程内容。[①] 泰勒认为，课程内容组织要通过一条在学科知识逻辑上前后联系的直线来达成其连续性，前后内容基本不重复。但美国教育心理学家布鲁纳在其结构课程理论中明确提倡按"螺旋式"编排课程内容，即先将学科的基本概念和原理教给学生，然后在不同的学习阶段，逐步深入地重复它们，直至学生全面掌握。直线式和螺旋式都指向课程内容组织的连续性，是课程内容编排的两种基本方式，它们各有利弊，相互补充，适用于不同性质的学科知识和不同心理发展阶段的学生。如在"道德与法治"课程中，学生很难把握"社会主义核心价值观"的实质，因此统编本《道德与法治》教材采用了螺旋式来组编，通过循环往复地呈现"社会主义核心价值观"，逐步推动学生的理解与认同，但同时也要做到各年级、学段的有序衔接，对简单的、学生易理解的知识采取直线式的编排，避免不必要的交叉重复。

2. 顺序性

顺序性是指每一后继的课程内容要以前面的内容为基础，同时又对前面的内容加以深化、拓展。[②] 以统编本语文教材的编排为例，统编本语文教材将基本的语文知识、必需的语文能力等基本素养分成若干个知识点或能力训练点，由浅入深地分布在各个单元的课文导引或课后思考题中。如为了培养学生"复述故事"的口语表达能力，统编本《语文》教材，在二年级《小蝌蚪找妈妈》《大禹治水》《蜘蛛开店》等课文的课后思考题中安排了借助图片、表格等讲故事，在三年级下册第八单元的单元导引中提出了"了解故事的主要内容，复述故事"的学习要求，在四年级上册第八单元的单元导引中提出了"了解故事情节，简要复述课文"的学习要求，在五年级上册第三单元的单元导引中提出了"了解课文内容，创造性地复述故事"的学习要求，系统性地、有梯度地、由浅入深地组织了"复

---

① 王道俊，郭文安. 教育学［M］. 7版. 北京：人民教育出版社，2016：139 - 140.
② 王道俊，郭文安. 教育学［M］. 7版. 北京：人民教育出版社，2016：139.

述故事"这一教学内容。

3. 整合性

整合性是指各种课程内容之间的横向联系，使学生获得一种统一的观念。[①]统编本《语文》教材的编排正是整合性的体现，从统编本《语文》三年级上册教材开始，每个单元的单元导引中都会提出围绕阅读和表达的学习要求，然后在每篇课文的课后习题中落实，最后在每一单元的"语文园地"中总结和回顾本单元的学习方法，这种横向联系让学生能够整体地把握每个单元的学习。如四年级上册第六单元，单元导引中提出了"学习用批注的方法阅读"的学习要求，课文《牛和鹅》《一只窝囊的大老虎》《陀螺》的课后习题便依次提出了"可以从哪些角度给文章做批注""在你不理解的地方做批注，和同学交流""在你体会比较深的地方做批注"的问题和要求，最后在"语文园地"的"交流平台"中总结了作批注的角度、方法、作用等知识，让学生在环环相扣的知识结构中，获得对知识的综合的、整体的认识。

（四）课程内容的具体呈现

在对课程内容的内涵、选择、组织有了大致的了解后，我们可以于具体的课程实施方案中更直观地感受课程内容，接下来将从国家、地方、学校三个层面来具体地呈现课程内容。

国家课程的课程内容一般呈现于各学科的课程标准中。

地方课程的课程内容一般呈现于各地方的区域课程实施方案中。以深圳市坪山区"品质课程"的"引领性课程"为例，《坪山区引领性课程项目实施方案》明确提出了 STREAM 课程、生涯教育课程、融合式课程、人工智能课程的内容。STREAM 教育课程将科学、技术、阅读与写作、工程、艺术、数学进行有效的整合，内容覆盖不同领域的学科知识；生涯教育课程的主要内容包括自我认识与发展、社会理解与探索、生涯规划与管理三个方面；融合式课程面向自然、人文、社会等更广泛领域，从真实性情境出发，通过主题、议题或问题进行跨学科的知识内容有机融合；人工智能课程则根据学生年龄特点和成长规律分别设置了中小学物联网、编程、人工智能领域的新技术与应用知识模块。

学校课程内容的建设一般呈现于各学校的课程规划中。以深圳市坪山区中山小学的"六习课程"为例，学校结合"习性教育"办学理念和育人环境，以国家课程为基础，延伸出拓展课程、个性课程，并将它们划分为习体、习礼、习文、习艺、习慧、习志六个模块，满足不同学生的个性需求，最终达成"因基成土，因拓成山，因人成峰"的课程理念。

---

① 王道俊，郭文安. 教育学［M］. 7 版. 北京：人民教育出版社，2016：139.

四、课程实施策略

（一）落实基础，聚焦核心素养

根据德智体美等全面发展的要求，国家划分了语数英等几门基础学科作为托底课程，托底课程体现国家的意志，是为达到公民应具备的共同素质而建设的，是提高素质教育质量的基本保证。在基础课程的实施中，首要任务就是使学生掌握终身发展必不可少的技能，包括学生的学习能力等，因此在课程实施时，应重视知识本位，聚焦核心素养，落实基础知识技能的培养。

（二）综合发展，提升核心素养

在现代社会全球化和信息化的发展形势下，国家在新一轮基础教育课程改革中提出，要改变过于强调接受学习、死记硬背、机械训练的现状，倡导学生互动参与，乐于探究，勤于动手，培养学生动手处理信息的能力，获取新知识的能力，分析与解决问题的能力，交流与合作的能力。这意味着课程不仅仅以单一的讲授过程为主，更强调学科与基础知识融合，培养学生综合运用知识的能力，在这样的趋势下，课程的综合性显得格外重要。

1. 基于项目式学习的课程

基于项目式的学习，也叫基于主题的学习或者是基于课题的学习，主要让学生在真实的情境下，根据一系列的主题或者课题项目，自主收集，分析信息，自主探究，完成项目作品，通过综合运用各学科的知识，最后展示探究成果或项目作品的一种课程类型。项目式课程，更多关注学生的学习过程，强调在项目完成的过程中，促进学生知识技能、情感态度和价值观的发展。

例如，天津市的"走进麻绳"这一项目式课程，麻绳这一项目，分为麻绳的起源和由来、麻绳作品的设计与制作、我是麻绳文化宣传员、麻绳的价值和功能四个子项目，融合了美术、语文、书法、信息与技术、劳动与技术、道德与法制六种学科的内容，让学生通过小组合作和实践活动，查阅资料、采访调查的方式收集信息，了解麻绳的起源和历史功能；利用麻绳创新设计物品，开展作品展，借助PPT的信息技术解说自己的成果，提高学生创新能力、动手能力、信息技术能力。在实施的过程中，学生不断地发现问题，解决问题，最后呈现项目作品，在课程实施的过程中，几门学科相互融合，提高了学生综合运用知识的能力。

2. 综合实践活动下的研学课程

经过教育课程的不断改革，综合实践活动包括研学旅行逐渐成为必修课程，可见综合实践活动的科学性。研学是将理论学习和实践体验融为一体的一种课程形式，是落实素质教育的重要途径，侧重于加强课程与学生生活和现实生活的联系，主要面向社会。学生可以通过在校学习获得间接经验，但是直接经验的获取也是必不可少的，因此可以设置体验式的课程，将综合实践、劳动等各方面都纳入其中，通过让学生亲自体验操作，动手实践，开阔视野，提升学生的思想和社会性，学会交流。

例如，桐乡市一所中学开展清廉校园建设的研学活动，师生一起走进屠甸镇汇丰村康馨文化园的隐元楼船，通过书画、照片、蜡像等了解了《二十四史百位清官》的故事，感受我国古代传统清廉文化，将德育融入其中。宜宾市一所中学开展了主题为"追寻红色记忆"的研学活动，开展了5公里拉练、参观朱德旧居、趣味拓展等活动，既增强了学生的集体意识，也培养了学生艰苦奋斗、团结互助的良好品质，融合了德育、体育等元素。

（三）课程衍生，融合多方特色

1. 学科特色

课程的建设是基于培养学生的核心素养实施的，在实施课程时，需要融合学科特色，打破知识本位的束缚，不单单以知识作为课程内容，促使学科走向更深处。

例如，陕西师范大学实验小学的"蒲公英"课程，该小学通过组建焦点式课程群的方式，对同一学科的相关内容进行了衍生，不仅仅让学生掌握课程的基础知识，还根据学科的不同特色，优化学科的内容。如美术，除上美术课，还为学生提供更多的个性化体验、自由尝试、展现自我的平台，如开办画展，用更加丰富的形式实施美育，而不仅仅局限于课堂。南京市浦口区江浦实验小学的"眺望式课程"，根据学科特色。建构了各学科的课程群，如"唯美语文"课程群，根据语文学科具有"唯美"这一学科特色，除上好语文这一基础课程，还创设阅读苑、风采展、读写绘、采蜜廊的特色课程，多方位落实培养学生的核心素养，凸显了学校的办学特色，使课程体系更加丰富。

2. 地方特色

国家的必修课程是托底课程，各地方应该根据各区域的经济发展、地方文化等对课程进行整体规划，根据地方特色设置课程、融合课程，这样才能使学校课程体系更加的完整。

例如，广州市黄埔区深井小学的"井养式"课程，深井小学地处深井古村，深井古村是有数百年历史的古村落，各种古建筑保存完整，有浓厚的文化底蕴，非遗文化"灰塑"在此地得到传承。深井小学结合地方特色，建设了"井养式"课堂，充分挖掘地方资源，将地方资源和学校课程进行整合；将非遗文化"灰塑"与美术课程进行整合，开展了灰塑课程；将"粤语"与语文课程融合，开展

"粤说粤好"特色课程；除了单学科融合，还有效利用地方特色，跨学科整合课程资源，将思想品德与劳动教育整合，了解深井古村的特产"霸王花"，将语文和历史整合，了解诞生在深井古村的历史文人，以此为出发点，培养学生艰苦奋斗的良好品质。由于比邻黄埔军校，深井小学还开展了多项综合实践课程，开展国防教育，了解军校历史，等等。

3. 个性发展

依据新课程标准，中小学要尊重学生的个性发展，因此可依据核心素养，开展个性化课程。个性化课程聚焦学校文化、育人目标与现实基础，通过国家课程校本化、地方课程专题化、校本课程特色化，加强学校课程整体规划。课程要满足学生个性发展的需要，提升学生各方面的素养。

例如，深圳某小学，为满足了学生多样化的需求，学校根据核心素养，建设了 68 门个性课程，学生尽情释放自己的天性与禀赋，充分发挥自己的个性与特长。为了帮助学生的个性化发展，实现因材施教的目的，石门市某学校在多元智能理论的基础上，开设了"组织与领导、运动与健康、语言与沟通、音乐与表演、数理与逻辑、视觉与艺术、观察与探究、反思与总结"共 8 大课程体系、80 多门的校本课程，让学生自由选课。

4. 传统文化

传统文化是增强课程丰富性的一个载体，我国文化底蕴深厚，非遗文化种类繁多，有各自的历史、习俗，教师可以以传统文化为主题建设课程，也可以以传统节日中一个习俗作为主题，建设个性化的课程。比如，北京市的某小学以中秋节中的灯笼为主题，开展有关灯笼的特色课程，将非遗的手艺发扬光大，将扎灯笼引入校园，组织学生参观灯笼展厅，了解灯笼历史，学习灯笼文化，培养学生对灯笼的兴趣，掌握灯笼的制作技巧。

（四）巧用时间，开发课程

1. 早训、晨诵时段

早训与晨诵是在国家课程规定下的学生早晨到校、第一节课前开设的课程。一日之计在于晨，在课程实施的过程中要注重早训、晨诵内容的设计。

2. 课后延时服务时段

为落实国家"双减"政策，全国都已全面开展课后延时服务，延时服务受到越来越多家长的认可，同时也表示延时服务期间，希望能发展学生其他方面的特长，因此大部分地区开始鼓励和探索多样化的课后服务模式，要求在课程建设方面下功夫，优化课后服务水平。

经过长时间探索，大部分学校都已建设了延时服务期间的课程体系，满足学生的个性发展。比如，南昌市的一所中学以"五育并举"为主题，与学校办学理念融合，建构了"5＋2"的课后延时服务课程，开展艺术社团、劳动教育、活动课程等，把书本知识和真实生活体验结合起来。

五、课程评价

课程评价是贯穿在课程体系中的一个重要过程。桑德斯指出，课程评价指的是研究课程某些方面或全部的优缺点和价值的过程，课程可以包括教育经验的设计、需要、过程、材料、目标、环境、政策、各类支持措施以及结果。[①]

在国内课程理论界，张廷凯于 1996 年就指出："课程系统的各个组成部分都必须置于评价这个显微镜下观察。"课程评价至少包含了课程设计、课程使用、学生学业、课程系统等的评价。[②]

（一）课程设计评价

1. 课程目标适切性

课程目标具有方向性和目的性，是课程建设的价值引领。义务教育阶段，学校的课程目标不仅要贯彻国家、地方的教育方针与政策，体现课程改革的基本内涵，也要融合学校办学理念，将学校育人哲学纳入课程建设的指导思想中，体现学校课程建设的自主意识。另外，课程目标的设置还要依据学生的发展进行分层设置。

因此，对课程目标适切性的评价可主要考察以下维度：

（1）课程目标与国家教育方针政策的关系。

（2）课程目标与地方育人目标的协调程度。

（3）学校教育哲学、办学理念在课程目标中的体现程度。

（4）课程目标与学生自我成长需求、学习兴趣的贴合程度。

（5）学校教师、学生对课程目标的认同感。

2. 课程内容科学性

课程内容是学校课程建设的关键，我们要注重整合学科知识、社会生活经验、学习者经验，突出综合性和选择性。科学的课程内容设置应该具备如下三个基本特点，第一，课程内容要体现均衡性，均衡性是指学校课程的类别、内容及具体的科目应该具备科学合理的比例；第二，课程内容要体现整合性，整合性是

① Sanders J R. Curriculum Evaluation Research[M] //Lewy A. The International Encyclopedia of Curriculum. New York: Pergamon Press, 1991: 409.
② 张廷凯. 关于课程评价的几个问题：从评价看课程编制的科学化 [J]. 课程·教材·教法，1996（3）.

指学科之间的融合；第三，课程内容要体现选择性，即学校课程要充分考虑地方育人目标及学生个性化发展。

3. 课程实施可行性

课程实施是否可行在于课程建设是否能够分层分步，引领实践。它主要表现在：学校课程规划方案实施建议清晰、具体、可行，国家课程、地方课程、校本课程有一定的指导意见和相关规定；课程实施策略要整合可利用的人力、物力、财力、信息等资源；课程管理设立相应的组织机构，职责明确，分工有序；课程保障制度和措施全面、合理、可落实。

（二）课程实施评价

教师是课程实施的主要执行者，教师课程设计能力、教学实践改进能力、教学方式创新能力、学生学习指导能力、学习素养评价能力等都是课程实施评价的维度，关系到课程实施的效果。首先，教师要有明确的目标意识，包括清楚课程应该达成什么样的目标，为了实现课程目标应如何组织教学内容，教学内容达成度，学生在此过程中可能会产生的行为及心理上的变化。其次，教师要坚持学生立场，仔细研读课程标准，基于学生身心发展的实际情况和课程标准设置课程目标，整合课程内容，注重学生的习得过程，确立指向学生发展的课程评价。然后，教师要善于对课程进行调适和创生。学校课程建设是一个持久的、动态的、不断完善的过程，教师要立足于教学实际和学生身心发展的动态过程，随时对课程本身进行合理范围内的调整，从而将自身的课程哲学体现在课堂教学之中。再次，教师要重视课程反馈。在课程实施的过程中，教师要主动与学生进行适当的沟通和交流，随时洞察学生的学习状态和其对课程的认同程度，从中获取反馈信息，进而改进课堂教学和课程方案，使之更加适应学生的身心发展。最后，教师之间也要注重在合作交流中提升自身的专业能力。学校各个学科所设置的教研组应当充分发挥其作用，成为教师之间合作文化形成的基础平台，从而促进教师专业发展。

（三）课程评价策略

1. 多元化评价主体

课程建设的每一个环节都需要多方参与，共同协作才能实现。因此进行课程评价要确立多元化的评价主体，从而促进课程建设的发展。

教育管理者是中小学课程评价的管理主体，主要是教育行政主管部门和学校的管理部门。教育管理者对中小学课程的评价已形成常态，并建构了相对稳定的评价制度和体系。不同层级的教育管理者通过对中小学课程的检查、监督和指导，能有效提升中小学课程的构建和实施的合理性。

课程方面的学者、专家是课程评价的指导主体。他们是理论前沿的最先接触者，对当前的教育发展情况进行最直接的分析，其理论基础深厚，对课程建设及发展可以提供理论依据及专业意见。

教师是中小学课程评价的实施主体，对实施过程的各个环节了如指掌，可以实时根据课程的动态变化提出改进建议。在评价活动中，教师从课程实施的实践角度，为中小学课程评价提供切合实际的意见和建议。

在课程评价中，学生是课程评价的学习主体，学生可以从学习者的视角，采用自评和同伴互评的方式，参与课程评价，进而为中小学课程建设提供最切实的体会和感受。同时，学生主体参与课程评价，还能在一定程度上提升他们的课程评价意识和评价能力。

2. 多样化评价方式

学生素养的形成和能力的提升应该成为我国中小学课程评价的重中之重，课程评价应注意质性与量性评价相结合，实现总结性评价与形成性评价并重，从多元视角来综合测评学生的学业成绩和综合素质。其一，课程评价方法多样化，我们可通过观察、谈话、建立档案袋等多种形式掌握学生的学习动态，科学建构评价模式，重视学生的日常表现与反馈，关注学生的学习体验，改进学习计划或改善教学质量。其二，以形成性与过程性评价为主，以终结性评价为辅，用以评估计划或教学的优点与价值，推动学生综合素质的发展。其三，重视学生的自我评价，并利用在线课程评估系统，教师可在后台观测学生反馈，因人而异做出相对应的评价。

3. 动态化评价过程

课程建设是一个不断改进的过程，需要课程评价中各种动态数据去支撑、去推动发展，因此在课程评价中要注重动态化数据的采集，特别是学生的学习过程，要记录下学生学习的痕迹，关注学生的发展过程。

例如，深圳市坪山区中山小学构建了习性教育网络评价平台，利用互联网信息技术建设多元课程评价模式，打破传统单一的终结性评价模式，打破评价的时空限制，便捷地进行写实记录、统计与分析评价数据。学生通过"V校"软件，随时上传成长过程中客观的、能集中反映综合素养的关键事件，以及相关的证据材料等，包括典型事实材料、重要活动过程记录、调查报告、活动作品，以及照片、录音、录像、各种证书等，其有助于对学生的学习动态和阶段性成果进行写实记录和即时评价。在学校，教师通过"V校"系统的智慧班牌，即时对学生的在校学习和活动情况进行表扬或指正，学生评价积分自动累计，生成个人成长维度图，有助于教师对学生进行针对性培养，因材施教。

第三节 五 育 管 理

2018年,习总书记在全国教育大会上指出:要培养德智体美劳全面发展的社会主义建设者和接班人。学校应做好五育管理。

一、德育管理

学校德育是学校全面发展教育的重要组成部分。我国各地都十分重视学校德育工作,把做好德育工作与建立良好的社会秩序、培养国家人才紧密联系在一起。做好学校德育工作是提高德育实效的重要途径。

(一)学校德育管理的相关概念

1. "德育"概念

对德育概念的界定,长期以来德育界都存在论证。什么是德育?简而言之,德育即培养学生品德的教育。但是"品德"的内涵是什么?什么样的教育才算是"培养学生品德的教育"?对于德育范畴的具体理解与界定,从不同的角度出发往往可以得出不同的结论。不同的德育概念是不同德育观的反映,对德育实践也会产生不同的影响,对德育概念具体理解的不同之处主要集中在两个方面:一是德育的内容包括哪些;二是如何理解德育过程。

德育的内容主要包括哪些?狭义的德育专指道德教育,亦即西方教育理论所讲的"moral education"。在我国,许多人并不赞成这一定义,他们认为德育应该包含更多的内容。广义的德育概念,与伦理学体系中的德育概念(专指道德教育)不同,"教育学上的德育,则是相对于智育和美育来划分的,它的范围很广,包括培养学生一定的思想品质、政治品质和道德品质"。[①]另外还有更为广义的德育界定,认为德育除思想、政治、品德方面的教育,还应当包括法制教育、心理教育、性教育、青春期教育功能,甚至还应包括环境教育、预防艾滋病教育等。

对于德育过程理解上的不同也影响人们对德育概念的界定。

在我国,许多人都曾经认为德育只是一种由外而内向学生加以影响的过程,认为思想道德等纯粹是从外部"转化"进学生的头脑的。《中国大百科全书(教育卷)》(1985年)中就认为,德育是"教育者按照一定社会或阶级的要求,有

---

① 王道俊,王汉澜. 教育学:新编本 [M]. 北京:人民教育出版社,1999:330.

目的、有计划、有组织地对受教育者的身心施加影响，把一定的社会思想和道德转化为个体的思想意识和道德品质的教育"。这一定义的优点是肯定了德育过程的社会性和目的性，认为德育依据"一定社会或阶级的要求"，同时认为德育是"有目的、有计划、有组织"的活动。德育活动同一定社会的意识形态有较密切的联系，道德规范作为一种客观存在的文化，是不以个体的主观意志为转移的，德育活动有其阶级性、历史性和社会性。这是没有问题的。同时，学校德育作为一种人类价值文化的传承和创生的系统，也的确是一种有意识、有计划的活动。但是这一定义显而易见的缺点是对德育的对象考虑不足。

按照唯物辩证法的观点，事物发展的外因只是条件，内因才是根本，外因必须通过内因才能起作用。德育过程实际上也是德育对象自身道德等方面不断自主建构的过程。德育应该是环境与生长的统一，是价值引导与个体价值建构的统一。德育过程对德育对象考虑不足的德育，既不合乎现代教育所必须具有的民主精神，更不符合德育自身的规律，不会产生真正的德育功效。德育过程对德育对象考虑不足，德育对象的主体性发挥不充分也是中国德育的主要问题之一。

因此应当这样定义德育概念：德育是教育者组织适合德育对象品德成长的价值环境，促进他们在道德认知、情感和实践能力等方面不断建构和提升的教育活动。简而言之，德育是促进个体道德自主建构的价值引导活动。[①]

2. 学校德育管理概念

具体来说，学校德育管理是在一个国家或地区的政治、经济、文化及教育方针、制度等的制约影响下，遵循德育自身的规律，对学校德育系统、各类德育组织及德育过程进行预测、规划、组织、指挥、监督、协调和控制，合理配置有限的德育资源，改善德育条件，使德育活动顺利进行，实现德育目标，提高德育质量的过程。简单来说，学校德育管理就是组织、协调、控制学校德育活动，实现学校德育目标的过程。学校德育管理的核心是对学生品德培养的管理，其过程是在管理者、教育者三者的相互作用下展开，并与德育过程紧密结合，目的是更好地实现学校德育目标，提高学校德育的质量。

学校德育管理是提高德育工作效率的重要措施和手段，它可以调动德育工作者的积极性和主动性，协调德育组织发挥作用，提高德育管理的效能。[②]

（二）学校德育管理的功能

1. 协调学校德育过程内部诸要素之间的关系

学校德育作为培养学生思想品德的活动，其过程由教育者个体与群体、受教育者个体与群体、德育内容、德育方法和手段等多种要素构成。其中的每一

---

① 檀传宝. 德育原理［M］. 北京：北京师范大学出版社，2017：270.
② 张继华，何杰. 现代中小学管理新编［M］. 南京：南京大学出版社，2015：223.

个要素都包含着复杂的社会组合和结构体系。为了使学校德育过程内部要素协调配合、有序发展，特别是协调师生双方的统一活动，就必须进行德育管理，否则就无法让德育活动顺利、有效地开展，也会使德育目标的达成受到极大阻碍。

2. 协调德育与智育、体育、美育、劳动教育间的关系

学校德育是学校教育的一个有机组成部分。我国全面发展教育的组成部分包括五育，五育各有其任务，但它们之间是相互联系、相互促进、相互渗透、相辅相成的关系，任何一育的偏废都会影响其他各育的实施成效。为了使德育与其他四育更好地协调配合，顺利有效地发展，就必须对学校德育实施管理，否则就可能出现混乱无序的状况，使德育失去应有的作用，也使学校教育的整体目标受到损失。

3. 协调学校内部德育组织系统间的关系

学校德育的实施需要学校党组织、教学处、总务处、德育处及年级组、教研组、学生会、班主任、各科教师等各部门、组织、人员协同配合，需要教学、课外校外活动等多种途径配合，需要对校内进行德育活动或工作的有关人、事、财、物等资源加以合理配置和使用，充分发挥其效益。为此就需要学校对德育进行管理，确定德育目标和基本内容，设计德育活动主题、实施途径和方法，对德育活动进行组织和监督，对各部门、组织、人员和途径进行沟通联络、协调、指导、调控，共同围绕德育目标和主题进行活动和工作，发挥相互配合、相互促进的作用，避免相互冲突，提高德育效率和质量。

4. 协调学校、家庭、社会之间的关系

学校德育与家庭、社会存在着密切的联系。学校德育要适应社会的要求，使学校德育力量与家庭、社会等各种教育力量相互配合。只有形成家庭、学校、社会三位一体的育人网络，才能取得良好的育人效果。因此，学校必须对德育进行管理，根据社会的要求，确定德育目标和实施计划，把握和调控其运动的正确方向，争取外部环境中一切有利于学生良好品德发展的力量，共同做好学生德育工作，促使学校德育活动有效展开，顺利达成德育目标。

（三）德育管理内容

1. 德育思想管理

德育思想管理是指学校管理者根据德育管理的方向性原则，通过对全体教职员工的教育，使他们端正教育思想，形成正确的德育理念。其作用在于提高教育工作者对德育的认识，强调人人重视德育，做到全员德育，以身作则，统一要求，共同做好学生的思想品德培养工作。此外，学校教育工作者应形成比较完备的德育理念，对中小学德育的本质、目标、过程、内容、方法及德育对象都有完

整的认识和正确的把握。只有这样，才能使各个部门、每个教职员工协调起来，用正确的德育方法和手段来影响学生，使学生形成良好的思想品德。

2. 德育组织管理

德育组织管理是指通过国家的教育方针、政策法规及学校规章制度对德育组织及其人员的行为加以规范，调动德育人员参与德育和德育管理的积极性，充分发挥德育组织功能的活动。

德育组织管理关键在于建立健全德育组织机构，建立一支精干有力的德育队伍及强有力的德育组织系统，组织和发动全校各个部门、各个组织及全体教职员工，根据各自的特点，分工承担德育任务，做好教书育人、管理育人、服务育人的协调工作；与此同时，积极调动家庭、社会各方面力量，形成教育的一致性网络，各方配合，保证教育影响的一致性。

另外，对德育组织及其人员要加强制度管理。制度管理不仅在于约束和规范德育组织人员的行为，还要注重激发德育人员参与德育和德育管理的内在积极性，让他们知道德育是一种需要而不只是一项任务。只有这样，才能充分发挥德育组织中每一位成员工作的热情，从而提高德育工作的实效。

3. 德育目标管理

德育目标是学校对受教育者在德育方面所要达到的质量规范的设想或规定。它对于德育具有导向、调控、评价等功能，不仅影响德育内容的选择、德育方法的确定、德育过程的实施，而且直接决定德育的实际效果。因此，确立科学、合理的德育目标至关重要。德育目标管理是学校管理者组织学校教职员工，根据校内的实际情况和社会客观环境共同确立德育目标的活动。

德育目标管理，首先，要求确立科学合理的德育目标。制定德育目标要注意目标的层次性。所谓层次性是指在不同层次学校班级的德育过程中，根据学生身心发展的规律，制定高低不同的要求，形成符合学校、班级实际的不同标准。

其次，还要建立德育目标网络体系，根据上级指示结合学校实际情况，制定学年、学期、每个月的德育工作的总目标和各个部门、年级、班级、人员的德育工作目标，使总目标层层分解，层层落实，使个人目标与组织目标、局部目标与整体目标融为一体，形成德育目标网络体系。

最后，按照既定目标的要求，对德育工作成果加以评价，并做到按照目标的达成程度进行奖惩。

4. 德育计划管理

德育计划管理是指学校和教育工作者根据德育目标确定德育任务与内容、实现途径与方法、组织与人员的职责的活动。德育目标确定之后，就要将其付诸实施。为确保德育目标的实现就需要对德育计划进行具体周密的安排。

德育计划管理，首先要制定周密的德育计划。德育计划从时间上分，可以有长期计划、中期计划和近期计划；从德育主体上分，可以有学校德育组织机构工作计划和人员工作计划。德育计划在制定过程中，要坚持从实际出发，把远、中、近计划有机结合，不能好高骛远。此外，计划还要具有可操作性、可评估性与衔接性。德育计划要明确每个时期、每个阶段德育的任务、要求、内容、途径、方式方法、工作日程、活动项目、负责人员等，做到具体可行、分工明确，以便按计划行事，也便日后德育检查评估。校内年级间、班级间德育计划均要具有前瞻性，注意相互衔接，形成相互连贯的统一体系，不能互相脱节。

德育计划管理还要重视安排好德育活动和内容，以保证德育计划的落实。计划要按活动来落实，活动又以内容为依托，因此德育计划管理最重要的是安排好德育活动和内容，并使之呈序列化。德育计划管理要根据学校实际情况和学生年龄特征，选择那些和学生实际联系密切的活动和内容，注重学生的自觉养成与提高。

5. 德育质量管理

德育质量管理是指确立德育质量标准，进行德育质量检查和控制、德育质量分析和评估的活动。德育质量是德育工作的落脚点，德育目标的确立、课程的组织、过程的设计、方法的选择最终都是为了提高德育质量。因此，德育质量是德育工作的关键，必须加强学校德育质量管理工作。

6. 德育环境管理

德育环境管理是指学校管理者通过对学校现有环境进行精心设计、组织和改造，达到环境育德的活动。德育环境包括德育物质环境和德育精神环境两方面。德育环境对师生的影响是潜移默化的，由于它具有潜在的规范性、非强制性和作用的后显性与持久性等特征。因此，有效地加以利用，能够起到"显性课程"无法替代的作用。

做好学校德育环境管理，首先，要加强学校德育物质环境的建设与管理。物质环境管理包括校园的建筑设计，校舍的布局，教室、实验室、图书馆的布置与管理，运动场的设置，校园绿化，宿舍管理，等等，这些都是无声的教科书。一个环境优美整洁、设施齐备优越的学校，易于让生活在其中的学生感到自豪，对培养学生积极向上的态度有重要的作用。因此，教育管理者要做好校园环境文化建设。

其次，要加强学校德育精神环境的建设与管理，精神环境主要包括校风、班会、人际关系、教师氛围、教学秩序、心理氛围等，这些既是有形的，也是无形的。一个奋发向上、积极文明的精神氛围是德育环境管理的重要方面，其应成为学校德育管理的重要内容。

（四）德育管理机制与办法

1. 德育管理组织

建立健全有效的学校德育工作管理系统，是做好学校德育工作的必要前提，是学校德育实体性的具体要求和体现。学校德育管理是一个多元素、多方位、多层次、复杂而多变的系统工程。要使各部门、各组织机构协同合作，就必须科学地设置管理机构和层次，确立它们之间的职责、职权范围及相互关系，建立科学严密的管理制度从而组成高效、有序、协调统一的德育管理系统，发挥整体功能，保证德育目标的顺利实现。

当前，凡是中小学实行校长负责制的国家，普遍都建立了以校长为核心的德育管理机构。我国中小学现在实行的是校长负责制，校内德育管理机构一般由以下成员组成：校长（或分管德育的副校长）、党支部书记、教导主任、教研组组长、团委书记、工会主席、少先队辅导员、班主任、教师代表等。具体做法各校不尽相同。有的是在校长领导之下，设立校级德育管理职能机构——政教处，班级作为学校德育工作的基层单位，由此，构成学校德育管理的校级、年级、班级三级结构管理系统。

在校内德育管理机构系统中，校长是中心人物，全面负责学校德育工作。党支部负责保证监督党的教育方针政策在学校总的贯彻落实，支持校长工作，影响和带动广大教职员工做好德育工作。

德育处（政教处）职责是对共青团、少先队、学生会开展的各种教育活动进行指导帮助；组织和安排学校德育常规活动，要求各学科教师按照教学大纲要求，结合教学，对学生进行道德品质教育，做到寓德育于教学之中，等等。

学校德育管理要指导年级组长和班主任制定德育计划，并组织年级组长对班主任工作进行检查与评估；组织班主任做好家访，加强学校与家庭的联系，共同做好学生的思想教育工作，等等。班主任是学校德育管理的直接组织者和实施者，是学校德育工作的骨干力量，班级德育工作必须依靠班主任。因此要认真选择和配备班主任，要选择那些思想品德好、业务水平高、组织能力和工作责任心强、身体健康、精力充沛的教师担任班主任，做到以德育德；要明确班主任职责；定期组织班主任培训，要不断提高班主任业务能力和管理水平。

共青团、少先队、学生会是学生的群众组织，是学校和班级对学生进行德育的重要力量，也是学生进行自我教育、自我管理的重要组织依托。这些学生组织通过开展活动，培养学生独立自主、民主平等的意识，在活动中锻炼能力。班级中的共青团员、少先队员、学生会干部等通过履行职责发挥榜样示范带头作用，影响和教育整个班集体，促进班风、校风的良性循环。

教师的根本任务是教书育人，他们在学生的成长与发展中起着主导作用。教师不仅担负着传递知识的重要职责，而且还担负着教会学生生活、教会学生做人的重要使命。发挥教师的德育管理作用，首先要提高其自身的思想品德素质，明确教师的育人职责，加强师德师风建设，全面提高教师的育人能力，改变传统德育专注说教、生硬灌输的方式。教师德育能力的提高是德育取得实效的重要保证。

2. 德育常规管理

（1）年级德育常规管理。

实行年级组长职责制，强化德育管理常规要求。年级组长受校长委托，全面负责年级组的工作，是年级教学和班主任工作的组织者、指导者。各年级挂点领导定期召开年级领导小组会议，及时研究本年级的各项工作，落实学校各项决议。

年级不同，根据学生身心发展规律，德育教育的侧重点应有所区别。如小一新生刚入学时，要在开学前两周对他们进行课堂常规训练，使其养成良好的行为习惯，尽快适应小学的学习与生活。这种训练要计划周密，形式活泼，引发学生的兴趣。

（2）不同阶段的常规管理。

学期的阶段不同，学生反映出来的特点也不同，因而有些常规工作需要提前规划。学期初，学生经历假期，需要稳定学习情绪。学校领导、班主任和团队组织要针对学生心态，组织学生交流假期情况，抓好学期初的思想工作，提出新学期的要求。

学期中，尤其是期中考试结束以后，学生经过半个学期的学习，教师有必要引导学生及时总结经验、教训，进行自我检查与回顾，更好地迎接下半学期的学习。

假期中，学校德育也不能松懈，结合各地的特色作业，可有针对性地布置一些有益学生综合素质的特色作业，引导学生作息规律，多参加健康的娱乐活动，等等。

（3）各种常规教育活动的管理。

学校通过班队会课、班级公约、国旗下主题教育、班级评比、年级评比等多种活动，能使学生受到深刻的思想品德教育。因此，德育管理者要重视寓德于各种常规活动中。

以深圳市坪山区某学校为例：该学校的升旗仪式，已经成为学校德育工作的一个名片。整齐庄严的礼仪队，嘹亮的鼓号声，徐徐升起的国旗、校旗、卓越千里马班旗，慷慨激昂的国旗下讲话，卓越班级风采展示，以及千里马班级的颁

某小学学生常规管理制度

84

奖，每个环节都充满着正能量，成为习性教育的一个窗口。学校细化习性常规管理。各班级根据学校的部署，以"全面兼顾、突出重点"为原则，一个月进行一个主题的习性教育。学校根据相关经验，通过反复抓、抓反复，持续进行某个方面的教育。例如，全校持续进行仪容仪表检查、早读读书和午写写字姿势检查，提升了学生的精神面貌。

（4）家长德育管理。

建立家长学校，健全家校共育制度，定时开展家访活动。教师通过到访学生家庭，面对面与家长交流，直接了解学生家庭情况、生活环境、个性特点和在家表现情况，详细了解家长的希望与诉求，听取家长的意见和建议，增进教师与学生、家长之间的情感交流，帮助家长树立正确的家校共育观念。

家长义工服务是家长德育管理工作重要组成部分，学校与学校家委会沟通商定，可确定家长参与义工服务的方式。家长义工的工作，能为学校解决不少难题，为更好地构建学校、家庭、社会三位一体的育人机制助力。

（五）组织德育活动

中小学德育活动指的是学生在一定道德规范约束和道德意识指引下完成的一系列操作性和交往性活动，既包括个体行为活动，也包括群体性活动，在此过程中学生可以完善巩固已经形成的道德观念。

德育活动的类型多样，有不同的分类方式。

（1）按举办场所位置来分，德育活动可分为校内和校外德育活动，校内德育活动包括校园仪式活动和校内讲座活动等，校外德育活动包括参观校外教育基地活动和校外志愿者活动等。

（2）按活动功能划分，德育活动可分为认识性德育活动和执行性德育活动，参观、学习等认识性德育活动可以帮助学生得到更多的直接经验，志愿者服务活动等执行性德育活动可以将学生平时学到的德育知识运用到实际中。

（3）按德育活动主题内容分类，学校选择的主题内容主要为：爱国主义教育、习惯养成教育、感恩教育、励志教育、心理健康教育、法制教育、勤俭教育、挫折教育、环保教育等。

案例 3-1

深圳市 L 小学德育活动

深圳市 L 小学基于中华传统文化节日开展德育活动，通过举办一些节日主题活动，调动学生参加的积极性，营造良好的节日氛围，不仅能让学生了解一些传统节日和习俗，更能提高他们的爱国热情和民族自豪感。

活动具体内容设计如表 3-9 所示：

表 3-9 中华传统节日德育活动组织内容

节 日	活 动 主 题	活 动 内 容
春 节	张灯结彩辞旧岁，文化传承贺新年	1. 知春节，懂习俗 2. 诵经典，迎新年 3. 绘马勺，庆新年 4. 做手工，贺新年 5. 写书法，寄祝福
清明节	幽幽青团香，浓浓风俗情	1. 国旗下讲话，教师代表及学生代表以清明节缅怀先烈为主题，号召用行动来缅怀先烈、热爱祖国； 2. 课堂中，教师为学生讲解清明节背后的历史故事、节令小食、风俗习惯； 3. 教师、家长、学生一起制作清明节令小食
端午节	粽香浓浓过端午，文化熠熠代代传	1. 举办端午节主题班会，观看端午节由来的视频，学习了解端午的传统习俗； 2. 开展"端午主题手抄报设计比赛"，学生基于自己视角，设计手抄报； 3. 亲子手把手包粽子、品尝粽子，编五彩绳，做香囊，增强学生与父母的互动交流，感受传统习俗
中秋节	皎皎天上月，团圆中秋节	1. 传统文化，知中秋 2. 诗词吟诵，庆中秋 3. 品尝月饼，贺中秋 4. 涂涂画画，绘中秋

思考： 如何设计学校德育活动？

二、智育管理

（一）智育概述

智育是一种教育活动，它以教育者为主导，旨在指导和促进学生知识发展、技能形成，是教育全面发展的重要组成部分。智育拥有非常悠久的历史渊源，最早可追溯到我国西周时期"礼、乐、射、御、书、数"的六艺教育，其包含了智育的因素。欧洲比较明确提出智育教学体系是在 19 世纪，由英国教育学家斯宾塞在《教育论》中提出，他将智育放在首位。随着科技的进步和时代的变迁，人类对智育的重视有增无减。

为了满足新时代的要求，以往将德育、智育、体育、美育、劳动教育割裂开来单独管理发展的方式已行之无效，偏于智、疏于德、弱于体、抑于美、缺于劳的现实急需改进。智育不能简单地等同于教学，它与教学既有联系，也有区别。智育与德育、体育、美育和劳动教育属于同一个范畴，它有自己独特的教育目的和任务。它和其他四育共同构成全面发展的教育体。智育也需要通过课堂教学、课外活动、社会实践等多种途径来实现自身的目的和任务，实现形式是丰富多样、可创新的。教学只是完成智育任务的一种重要途径，并不是唯一的途径。换而言之，教学在完成智育任务的同时，也担负着完成德育、体育、美育和劳动教育的任务。因此，它们之间既区别又联系。

新时代的"五育融合"是符合社会主义现代化建设需要的。构建中小学德智体美劳全面培养的教育体系，健全立德树人落实机制，是培养新时代全面发展的社会主义建设者和接班人的重要保障。在树人方面，德育提供德性发展支持，智育提供知识智力支持，体育提供健康体魄支持，美育提供审美素养支持，劳育提供实践能力支持。我们要在尊重五育各自独特地位的基础上，基于五育之间的有机联系，探索五育整合融通的有效实践举措。①

（二）智育的意义

1. 智育的社会意义

智育在现代文明中的作用是巨大的，通过向青少年传授知识，启发青少年的思维和智慧，使其通过自己的努力为社会创造更多的财富，经历一代又一代人的创新后，现代社会必然得到飞跃性的发展。

例如，20 世纪以来，人类文明进入一个全新的技术革命时代，传统的劳动力密集型生产方式逐渐被以电子计算机、新材料、新能源、海洋工程、生物工程、空间工程等新技术为基础的生产方式取代。不仅社会生产的各个方面会广泛运用到这些新兴科学技术，而且人类生活的各个领域也得到这些新技术带来的便捷与福利。人类生存方式发生翻天覆地的变化，生产活动中体力劳动者与脑力劳动者的构成比例也逐渐倾斜，人类开始增加体力劳动中的智力成分。

纵观这一系列的变化，这就在无形中对学校教育中的智育提出了进一步的要求，要进一步提高劳动力的智力素质，培养大批熟练掌握科技手段的高质量人才，迅速高效地传播科学文化知识，以满足日益发展的社会生产、科学技术和社会生活的需要。

2. 智育的个体意义

如果说人类文明的进步和发展是智育推动的结果，那么受教育者的全面发展则更离不开智育的促进。智育为人的全面发展奠定知识和智力基础。人要想发展和成长起来，首要任务便是学习和掌握基本的科学知识和技能。在提倡"五育并

---

① 唐冉. 构建中小学"五育融合"全面培养的教育体系［J］. 内蒙古教育，2020（16）.

举、五育融合"的社会时代背景下，很难想象一个缺乏科学知识技能的人，能在五育及个性特长方面得到完善的发展，能适应社会生活，能自觉地认识和改造世界。

于人类个体而言，智育对全面发展五育而言影响深远。智育为德育提供基础支持，学生所学的文化知识直接影响到他们对于科学世界观的构建，而且个体智力在智育中得到发展，使学生具有一定的分析判断能力，对于提高学生的道德知识、道德行为等方面同样意义重大，能够提高他们分辨是非、坚持真理的能力。同理，学生对美的感受、鉴赏需要有关美的知识做引导，学生对美的创造更是离不开美的知识、表现美的技能技巧和创造能力。而对于以增强和发展学生健康体质为主要任务的体育来说，智育把生理学、生理卫生学等知识传授给学生，从而为学生的体育活动和卫生保健提供了科学依据，为学生科学地增强身体素质并形成健康体魄提供了知识和智力保障。此外，劳动教育也有赖于智育为其提供科学的劳动生产技术知识、生产劳动技能技巧等。我们可以这样认为，德育、体育、美育和劳动教育的实施都离不开智育，而德育、体育、美育和劳动教育又能让智育锦上添花，使智育结出累累硕果。总之，现代学校的智育，以把年轻一代培养成为全面发展的社会主义建设者和接班人作为总目标，使年轻一代懂得人类文明，能够适应现代社会，使年轻一代成为能够充分享受现代文明的幸福的人。

（三）智育管理有效举措

在新时代育人方式不断改革、不断创新的今天，"五育"中的"智育"应该将立德树人作为指引，更加注重学生核心素养的培育，由"教学"转向"教育"。有专家称，中小学是人才培养的奠基阶段，将五育与课程、教学相衔接尤为必要。这就要求中小学要探索融合路径，使各育在关注本身任务的基础上渗透五育，以此达到相互融合的"乘法效应"；要以教材为载体，树立"全学科"育人理念，在课程设计上把实现学生的全面发展作为学科核心素养，充分挖掘各育的要素并将其适切地融入教学内容；要借助综合实践活动，将学习、体验、实践、研究相结合，在实践活动中促进五育要素的融合共生。①

1. 书香校园，智育环境创设

古有"孟母三迁"，今有"沉浸式教育"，说的其实就是环境对人的影响。要想做好智育管理，首先要创设一个良好的环境，加强硬件建设，做到环境育人。从南到北，从沿海到内陆，每一所学校都会有自己的文化理念，都会注重校园环境的建设。例如有的学校教学楼各楼层会创设"图书吧"，各班级会有属于自己的书柜，学校图书馆会配备相关的传统文化书籍及其他经典著作，更会鼓励教师

---

① 唐冉. 构建中小学"五育融合"全面培养的教育体系［J］. 内蒙古教育，2020（16）.

带领学生开展阅读活动，每年开展趣味读书节活动，等等。这一系列的活动，可引导学生与书为友，激发学生的阅读热情，提高学生的阅读能力，引导学生以书为伴，培养学生的阅读兴趣，逐渐形成良好的读书习惯。学生的能力会在一系列的阅读活动中得到提高，帮助他们开阔视野，增长知识，发展智力，陶冶情操，充实学生文化底蕴，提高学生的综合素质，增强学生的自学能力，提升学生的核心素养，积极营造"读书好，读好书，好读书"的书香校园氛围。

2. 学科融合，智育创新引领

学科融合是近几年在各类学校中广受推崇的新型学习方式，教师要及时更新思想，用先进理念武装头脑，并善于将新理念积极运用到学校教学改革中。教师要积极响应国家提倡的学生综合实践教育，开展综合性学习模式探究；注重学科活动的开展，真正让学生"活"起来，培养学生多方面兴趣爱好，开发学生智力，提高学生能力，使学生想学习、爱学习，从生活的方方面面汲取知识的养分，而不是只从课本上学知识。

3. 校本课程，智育理念更新

仅仅抓住课本知识，于学生全面发展智育而言是欠缺的。除了让学生积极广泛阅读，很多学校会开发与校园文化相结合的校本课程资源来帮助学生更好地成长。有的学校会结合经典诵读篇目开发传统国学课程；也有以班会课为契机，结合国家重大节日，开展系列爱国教育，建构爱国教育课程。如，清明节祭英烈，建党节学党史，建军节组织拥军活动，国庆节致敬祖国，还有热爱国旗主题教育，以及唱国歌、唱革命歌曲、讲爱国志士的故事、参观红色爱国基地等系列活动。

4. 课堂改革，智育效率提升

随着课堂改革的浪潮掀起，很多学校都在大力推进"高效课堂"的建设。我们都知道，课堂是实施有效教学的主阵地。越来越多的学校要求教学方面的管理层要尽量深入一线，多到课堂听课，静下心来思考，真心诚意地与一线教师交流、探索。我们还要抓住课堂教学的关键因素，认真加以研究，寻找更为有效的办法：一是教学方式的转变，二是学生课堂主体地位的体现。学校的教研活动多以课堂教学研究为重点，不断探索高效课堂模式，尽可能将课堂还给学生，大力提高课堂教学的效率。不仅如此，在国家教育政策的领导下，学校还在不断加大"音、体、美"三科的教学力度。美术教师在平时上课时，要注意组织指导学生开展创新设计、手工作品制作等活动，力争多出佳作。体育教师要做好组织训练工作，加强对学生体质的监测，制定合适的训练力度，保证训练时间，坚持每天阳光运动一小时。音乐教师要注意对学生音乐素养的培养，尽力挖掘学生在音乐方面的天赋。

5. 班级管理，智育以点带面

班主任要在带班初期就抓好班风，通过良好的班风带动学风建设，还可以合理地给班级的学生分配学习小组，积极开展各种学习竞赛。其余科任教师也应当积极配合参与到教学管理中。除此之外，班主任还要在班内营造良好的学习氛围。学生的学习氛围浓厚，自然带动学习效果的提升。

智育管理的手段和方法很多，随着时代的发展也必然会得到不断的发展与变革。在改革的潮流中创新智育管理，实施五育融合，使五育相互渗透、相互补充、相互促进，这样才能达成教育的"共赢"局面。

三、体育管理

（一）学校体育管理理论概述

学校体育是教育的重要组成部分，它与德育、智育、美育、劳动教育等有机统一、相互配合，在学校范围内，通过一系列有计划、有组织的身体练习活动培养学生运动能力、健康行为、体育品德，促进学生的健康成长和全面发展。学校体育工作管理是提高学校体育工作质量与效率的保障，反映某个时期国家对学校体育工作的认知、态度、意志等。它明确了国家、地方、学校在学校体育工作中承担的责任与义务，并通过出台政策法规等规定学校体育的组织、实施、监控、评价主体和各自职能，以及学校体育工作的运行机制、制度等。

（二）学校体育管理内容

学校体育工作管理内容有两部分，一部分是政府职能部门对学校体育工作的管理；另一部分是学校体育内部工作管理，它主要包括行政管理和业务管理两种。行政管理包括学校教师管理、场地设施管理、体育经费管理等，业务管理包括体育课程管理、体育教学工作管理、课余体育工作管理、学生体质健康标准管理。下面重点介绍学校内部体育工作的业务管理。

1. 体育课程管理

体育课程管理主要有国家、地方和学校三级管理。国家层面，制定并颁布《义务教育体育与健康课程标准（2022 年版）》等，引导地方和学校结合学校实际情况实施国家体育课程。地方层面，依据国家对体育课程的制定要求，结合本地区的具体情况，制定本地课程书实施方案，上报教育部备案后即可实施，制定学校实施地方体育课程的指导性意见，引导学校实施地方课程。学校层面，各学校在国家《体育与健康课程标准》和本地区制定的体育课程实施方案的指导下，根据学校场地条件、师资队伍等实际情况，编制本校课程实施方案，进行校本体育课程开发，等等。如深圳市坪山区中山小学体育课程围绕落实"立德树人"的根本任务，以"习性教育"为落实途径，依据不同年龄段学生的体质发展情况，要求每位学生掌握两门以上运动技能，本校体育课采用"3＋2"模式，三节基础体育课，落实体育课标要求，两节年段特色体育技能课。一、二年级每周开设两节乒乓球课程，三、四年级每周开设两节足球课程，五、六年级每周开设两节篮球课程。课余开展多种多样的习体课程，让学生的个性得到充分发挥，促进学生提升身体素质，磨砺意志品质，促进身心健康发展，全面落实本校"健康、文明、智慧、高雅"的培养目标。

2. 体育教学管理

体育教学管理主要包括体育教学计划管理、课堂教学管理和教学质量评价管理。体育教学计划管理包括对体育教学计划的制定管理，教学计划实施情况的检查和实施效果的评价与反馈三大模块①。课堂教学管理主要是对备课和课堂进行管理。备课管理是指体育教师应依据《义务教育体育与健康课程标准（2022年版）》的目标、要求和体育课程特点，结合学生及学校实际情况，充分备课，制订高质量的体育课时教学计划。备课管理一般是由学校体育科组和学校教导处检查是否编写了教案，备课质量如何，等等。上课管理是对体育课堂教学情况的监督过程，主要包括检查体育教师的课堂教学课时计划（教案）执行情况、课堂组织管理情况、遵循教学常规情况、课的质量和效率情况等。上课管理的实施主体包括学校领导、教学处、体育科组等。

体育课堂教学质量评估是对体育教学及效果做出的综合评价，对学校体育教学工作起着促进和调控作用，对优化学校体育教学管理，全面提高体育教学质量具有十分重要的意义。比如，就一节体育课的评估来说，评估内容包括教学思想、贯彻体育与健康课程标准情况、教学内容、教学方法和教学手段、教学技能、教学效果等内容。

3. 课余体育活动管理

学校体育工作要取得良好的效果，除了要加强体育备课、上课管理，还要做好对课余体育活动的管理。课余体育活动管理主要分为课余体育锻炼管理、课余运动训练管理与课余体育竞赛管理三大模块。

课余体育锻炼包括早操、课间操、班级体育课等。管理主体一般是学校领导组织，体育科组、教导处、年级组等，管理内容主要是对体育锻炼时间、锻炼项目与内容、组织形式与方法等做出明确规定并进行检查落实等。

课余运动训练一般是指在学校体育训练社团对学生进行专业技术性强的训练，课余运动训练工作主要由体育科组组织开展和管理。管理内容主要包括：审

---

① 杨文轩，张细谦，邓星华. 学校体育学［M］. 北京：高等教育出版社，2016.

核训练计划是否科学严谨，训练内容与运动量的安排是否合理，训练手段与方法是否得当；分析运动训练存在问题，提出建议；等等。

4. 学生体质健康管理

学生体质健康管理工作主要是指组织学生进行一年一次的体质测试，填写《国家学生体质健康标准》登记卡，按照规定上报测试结果，并针对本校情况进行分析及运用。

（三）学校体育管理工作的实施

学校体育管理工作的实施就是将学校体育管理工作的相关政策、工作计划具体化，并在学校教育、学校体育工作中贯彻执行的过程。学校体育管理工作的实施依据，从宏观上讲是国家的学校体育管理工作计划，它的编制依据是国家、地方的有关学校体育政策及地方学校体育的实际情况，往往以纲要、政府工作报告或直接以计划的形式出现。如《关于进一步加强学校体育工作若干意见》《深圳市中小学体育发展三年行动计划》等文件都明确提出学校体育管理工作计划。学校体育管理工作的实施依据，从微观上讲则是某所具体学校的体育工作计划，主要是对学校体育课程、体育课堂教学及课余体育活动的具体安排。比如，学校依据国家相关政策，结合学校发展规划、校历等实际情况，制订学校体育工作学期计划、年度计划，以及学校体育三年或五年计划等。学校体育管理工作是一个系统的工程，在实施管理过程中不同的主体扮演不同的角色，通过引导、规范、监督学校体育去促进学校体育的规范化发展，实现学校体育工作的总目标，为培养德智体美劳全面发展的社会主义建设者和接班人服务。

案例 3 - 2

广东省深圳市坪山区义务教育阶段学校每天开设一节体育课先行示范

坪山区贯彻落实中共中央办公厅、国务院办公厅《关于全面加强和改进新时代学校体育工作的意见》，在全市学校体育工作中勇当尖兵、先行示范，推动学校体育工作高质量发展，打造中小学体育示范强区。以"小切口"推动"大改革"，义务教育阶段学校在全市率先开展"每天一节体育课"，即每天一节体育课进入各学校课表，保证学生在校每天运动一小时。坪山区坚持五育融合，从区、校两级开发建立"三维一体"品质课程；遵照"健康第一"的指导思想，依据学生年龄段身心发育特点，设计四级水平悦动体育"嗨"课程，开发设计活力青春（啦啦操）、悦动篮球、炫动足球、绳彩飞扬、英武少年等普及性课程，沟通体育学习与生活、生命的联系，通过体育游戏、竞技、运动创意来激发学生的运动活力，发展学生体育核心素养。各学校认真执行《国家学校体育卫生条件试行基本标准》，增加体育器材，以四个平行班为一组，配足配齐体育器材，改善体育场地设施，强化区级统筹兼顾，建立工作机制，进行常态检查、督导，让每所学校的设施有保障。每学年组织全区校园跳绳、健美操、武术通级赛，组织校园篮球、足球班级比赛，开展"悦动体育"品质课程展示观摩活动；并利用校园网络平台、宣传栏窗，开展"悦动体育"课程的"校园体育 No.1"比赛，营造活泼、热烈的体育运动氛围，使青少年提升运动能力、养成健康行为和体育品德，促进青少年健康成长、锤炼意志、健全人格，培养德智体美劳全面发展的社会主义建设者和接班人。为督促学校积极落实义务教育，学校试行"每天一节体育课"工作，保证学生在校每天一小时的阳光体育运动，坪山区制定《关于开展义务教育学校"每天一节体育课"专项检查通知》文件，深度了解各学校每天一节体育课的开展情况，对各学校工作亮点、开展情况和存在问题等进行总结汇报，根据汇报形成方案，进而促进下一步体育工作。

思考：如何设计学校体育活动？

四、美育管理

美育是审美教学与美感教学的结合，通过教育提升人们认识美、理解美、欣赏美、创作美的能力，是新时代培养德智体美劳全面发展的社会主义建设者和接班人的重要着力点，在"立德树人"方面发挥着独特的、不可替代的作用。2020年，中共中央办公厅、国务院办公厅印发的《关于全面加强和改进新时代学校美育工作的意见》将美育的重要地位提升至历史新高度。以往在校园教育中不被重视的艺术教育学科在国家政策上得到了肯定，美育将迎来重要变革。现阶段，美育仍然是整个教育事业中的薄弱环节，如何实现新时代的美育工作要求，中小学校美育需要从美育课程、美育活动、教师队伍等管理方面入手。

（一）美育课程管理

1. 美育专项课程设置

美育课程是中小学美育管理的核心，美育课程包含美育专项课程和美育与其他学科的融合渗透课程。其中美育专项课程的种类主要包括音乐、美术、舞蹈、戏剧、戏曲、影视等课程（《国务院办公厅关于全面加强和改进学校美育工作的意见》）。美育专项课程的开设一方面要保证足时足量，严格落实国家规定的刚性要求，义务教育阶段按总课时数的 11％开设艺术课程，初中教育阶段，其课程课时不低于义务教育阶段艺术课时的 20％。另一方面要根据美育专项课程特点灵活安排课表。在课表安排上，学校在保证课时量的基础上可根据美育专项课程特点，设立连堂教学。如美术课堂具有涉及材料复杂，以及课前课后整理时间较长的特点，连堂教学既可满足延长课堂时长的需求，达到教师设计的教学效果，又能保证学生实践过程的连续性和专注性，达到更优质的美育效果。

2. 美育专项课程资源开发

学校在课程资源开发上应立足地域文化特色，弘扬中华优秀传统文化，继承发展革命文化，传播社会主义先进文化，因地因校制宜，开展合唱、器乐、舞蹈、校园剧、工艺制作等美育专项课程。打造美育特色课程和实践品牌，如深圳市坪山区中山小学的美育专项课程呈现"百花齐放"的特点，在习性教育理念下，学校根据学校个性需求、兴趣特长开设多门美育课程，如"墨缘堂""翰墨飘香""管乐""梨园春苗""3D创意画坊""彩虹线艺"，由专业的外聘教师和本校老师进行授课。丰富多样的美育社团课满足了学生多样化的需求，学生可以尽情释放自己的天性与禀赋，充分发挥自己的个性与特长。

同时，美育专项课程的开发应实现线上线下同步并举。在挖掘潜在的中小学美育课程资源上，深圳市教科院在线上推出"美的三分钟"微课堂美术欣赏活动、"听·见美好"音乐云课堂活动等微课资源。"美的三分钟"每期从绘画、建筑、摄影、书法、工艺等门类中选取一件作品，由专家、名师做专业介绍和解读，通过碎片化的学习方式引导学生培养正确的图像识读、审美判断、文化理解能力，让学生学会如何欣赏与感受作品的艺术之美；"听·见美好"音乐云课堂则是通过线上"交响音乐会"带领学生理解交响乐背后的故事，解读音乐篇章中变化的规律，品鉴交响之美，享受美妙的音乐时光。教师在进行线下教学时可合理利用美育专项课程的微课资源，丰富、拓宽学生的美育视野。如美术课堂可利用课前三分钟时间向学生播放"美的三分钟"微课资源，既能让学生迅速进入美术课堂的状态，又能增长美育知识。

3. 美育的课程渗透

美育是五育融合的重要组成部分，与德育、智育、体育、劳动教育相互促进，具有以美育德、以美启智、以美健体、以美促劳、以美育美的特殊功能和价值。①

（1）以美育德，培养高尚情操。德即一个人的修养，是指人"真善美"的品行。美育、美感的介入，可以更好地引导学生向善发展，追求生命的真谛。美育是一种滋养，其价值不仅仅体现在艺术教化上，其更高层次的价值是体现自然美和生活美之中。潜移默化，润物细无声，是美育作用的一般形式。美是什么？美是一种解放，是以遵循规律为前提的自由，往往代表着真与善，而真和善恰恰是"立德树人"这一教育目标所需要的。

---

① 陈含笑，尹鑫，徐洁. 新时代中小学美育课程的目标、内容与实施路径［J］. 教育科学论坛，2021（10）.

（2）以美启智，通过美育反哺智慧。仔细观察，我们会发现艺术家和科学家之间有一些相同的素养。例如，美术家一般具备深刻细致的观察力、高度集中的注意力和丰富的想象力，而这些特性也常常出现在科学家身上。美育能激发学生的创新思维，培养创新力。

（3）以美健体，提升审美境界。体育是健与美的有机结合，二者相互作用、相互联系。如何帮助青少年树立健康的身体意识和健美的形体姿态，需要在体育教育中渗入美育知识。例如将古希腊雕塑中的《掷铁饼者》融入形体课的讲解中，动作的张力美、肌肉的线条美等高级的美感可以带给学生健美、和谐、活力之感。将美育渗透到体育之中，不仅能使学生树立身体的健康美意识，塑造富有激情与活力的心理状态，还能使其获得体育锻炼的自驱力。

（4）以美促劳，塑造健全人格。劳动即实践，美源于劳动，对美的追求又在激励我们深化实践。在美术鉴赏教学中，原始社会的泥陶，就是劳动与美的统一，岩绘中那些矫健的动物，表达了当时人们对掌握畜牧的渴望。法国画家米勒在其作品《拾穗者》中，讴歌了劳动者的辛劳与伟大。学校在民间美术的教学过程中，可引导学生对身边剪纸、泥塑、刺绣等民间美术作品进行挖掘，在丰富的民间美术作品中感受劳动者对生活的热爱和美好，从而让学生们从美这一视角认知劳动。学生认识到以干净整洁为美，那么自然会在课下注意维持集体卫生，参与清洁劳动；也在家庭中主动承担力所能及的家务。与此同时，学生又能在劳动中发现美，感受美，创造美，形成良性循环。

（二）美育活动管理

中小学可将校园文化建设和社会实践深度融合，积极鼓励师生参与美育活动。在校园文化建设中，学校可以创设美育活动平台，如创办"校园艺术节"；营造良好的美育氛围，以坪山区中山小学为例，围绕传统文化和高雅的美育文化元素，学生通过师生联动，共同设计"我心中的校园吉祥物"，并将得票最高的吉祥物形象绘制在校园中。此外，习性舞台、厚德楹联、风雅花园、璞玉照壁、艺海泛舟、静思心语、众乐菜园等人文景观，都彰显以美育人、美美与共的美育理念。在社会实践上，学校一方面可以利用社会资源开展高雅艺术进校园的活动，邀请美术协会和高校的书画名家与学生们一同开展活动；另一方面可以利用当地美术展览馆、特色民居建筑开展观展、写生等户外实践活动。

（三）美育队伍管理

中小学教师是实施美育课程的主体，其美育意识与审美素养影响着美育工作的开展，美育队伍的管理是美育工作的关键。美育专项课程教学要匹配专项教师，为保证课程的专业性，应避免由其他学科教师替代。当下的美育工作开展常面临专项美育教师数量不足、教质量不高的问题，针对此情况一方面可以通过购买服务方式，与相关的专业机构合作，或者聘请优秀的美育工作者到学校兼任美育教师；另一方面，可以通过区级、校级名师工作室或师徒结对的方式，开展教研教学和科研课题研究，将理论与实践相结合，提升美育教师水平。此外，每门学科都有相应的美育需求，每门学科都有相应的美，如何提升各科教师的发现美、鉴赏美、创造美的能力，可以从教研入手，鼓励教师紧密结合自身的学科内容，将美育主动、积极地融入各学科的教学中，使师生能全方面、多层次地获得审美体验，并潜移默化提升学生的审美素养。

五、劳动教育管理

（一）劳动教育的内涵

习近平总书记的重要论述对推进大中小学劳动教育提出了新的要求。进入新时代以来，中共中央、国务院《关于全面加强新时代大中小学劳动教育的意见》中指出："劳动教育是中国特色社会主义教育制度的重要内容，直接决定社会主义建设者和接班人的劳动精神面貌、劳动价值取向和劳动技能水平。"

习近平总书记特别指出："要在学生中弘扬劳动精神，教育引导学生崇尚劳动、尊重劳动，懂得劳动最光荣、劳动最崇高、劳动最伟大、劳动最美丽的道理，长大后能够辛勤劳动、诚实劳动、创造性劳动。""培养德智体美劳全面发展的社会主义建设者和接班人。"

劳动教育的深刻意义，需要在劳动教育、人的全面发展和立德树人根本任务的关系中，得到进一步回答。从马克思提出的"教育与生产劳动相结合是造就全面发展的人的唯一方法"，以及我国提出的立德树人的教育理念结合看来，劳动教育是实现人的全面发展和完成立德树人根本任务中不可缺少的一环。劳动教育现已成为新时代大中小学培养人才的重要内容，也是实现民族复兴大任的必要举措。

中共中央、国务院《关于全面加强新时代大中小学劳动教育的意见》中指出："劳动教育是国民教育体系的重要内容，是学生成长的必要途径，具有树德、增智、强体、育美的综合育人价值。"五育之间相互融合、同向发力，共同构成了新时代国民教育体系。

（二）劳动教育的道德意义

劳动教育不仅对政治和经济具有重要意义，作为立德树人的有效载体，劳动教育更具有道德上的意义与价值：弘扬中华民族勤劳的优秀传统美德，促进人与自然和谐共生，协调社会成员的人际关系，实现自由而全面的发展。[①]

---

① 袁利平，陈川南. 劳动教育的道德意义及其实现 [J]. 教育科学研究，2021（6）.

（三）劳动教育的开展

在历史潮流不断向前推进的背景下，落实立德树人的根本任务需要得到新的资源，对学生开展劳动教育，既是新时代的需要，也是立德树人的客观需要。怎样引领学生领悟劳动教育的深刻含义，需要正确地让学生感受劳动本身的真实魅力，让其对劳动教育的真正内涵有充分而深刻的认识。学校的劳动教育管理与开展应遵循社会主义办学的规律，遵循教书育人的规律，遵循青少年成长发展的规律。

以深圳市坪山区某小学开展的劳动教育为例。该学校主要做了以下四项劳动教育的内容：一是将每月最后一周的星期一作为"学校劳动日"，开展"快乐大扫除"活动。快乐大扫除活动分三个阶段进行：第一阶段为劳动常识教育，事先教给学生本月劳动内容的实施方法；第二阶段为劳动实践，在固定时间开展全校师生大扫除，范围包括教室、办公室、功能室、包干区等；第三阶段为劳动评价，由教师、学生成评价小组，通过巡查评比评价劳动情况，并将评比结果纳入每月"美好班级"和"幸福年级"的评比中。该活动通过全校师生共参与营造劳动氛围，使学生喜欢劳动。二是带领学生参加社会实践活动，比如，参观父母的工作地，了解爸爸、妈妈一天的工作，使学生懂得没有劳动就没有人类的一切；同时，结合班队活动，使学生认识到劳动最光荣，劳动最伟大，劳动最美丽。三是开发校本课程，一、二、三年级校本生活化课程以"缝补、做菜、整理"为主要内容。师生一起动手创办生活化课程展览，使学生在实践过程中快乐地学会劳动技能。四是开展劳动竞赛。比如每天的值日小组评比，还有"我与小苗共成长"计划，是该校实施劳动教育与孩子成长教育相结合的大胆尝试。

（四）教师如何提升劳动教育素养

中小学教师要想提升自身的劳动教育素养，需要有主动发展劳动教育素养的动机和意识，也需要加强对新知识的学习，并将所学所得落实到具体的劳动教育实践中，在这个过程中做行动的研究者，不断促进自身劳动教育素养的发展。

1. 立足自身发展，加强专业学习

开展劳动教育，需要中小学教师的全面参与，教师需发展与之相匹配的劳动教育素养，主动学习关于劳动教育的知识技能，形成正确的劳动教育意识和积极向上的劳动教育态度。中小学教师在劳动教育素养方面的学习，可以通过大规模、有组织地系统学习，包括提高劳动素养的教师专业发展会议等，也可以通过零散的、碎片化方式学习，如在校内组织建立劳动教育研究小组，用合作和探究学习的方式与同事一起研究、讨论劳动教育实践，分享劳动教育心得，为学生规划合理有效的劳动教育活动，构想设置完整可行的劳动教育实践方案，集思广益共同开发本校的劳动教育课程，有条不紊地开展劳动教育行动研究，等等。教师

还可以参观外校优秀的劳动教育实践基地，听取其他教师对于劳动教育的心得与理解，跨校体验不同的劳动教育实践之间的差别，取长补短，不断提升自身的劳动教育素养。

2. 立足学生发展，促进劳动教育实践

教师应以学生发展为出发点，致力于帮助学生形成良好的劳动品质，提高其劳动素养。教师要注意劳动教育评价方式的合理性，在推行劳动教育实践中，要避免用外在评价主宰学生学习，不可使学生为了分数而参与劳动教育活动。教师在整个劳动教育实践中，要实施全面而积极的劳动教育评价，并且要让学生理解劳动教育评价的标准制定和实施过程。

思考题

1. 教学工作的基本环节包括什么？
2. 学校课程体系建设的内容是什么？
3. 如何看待五育融合？

主要参考文献

[1] 高孝传，杨宝山，刘明才. 课程目标研究 [M]. 北京：教育科学出版社，2001.

[2] 李聪明. 教育评价的理论与方法 [M]. 台北：幼狮书店，1980.

[3] 张玉田，程培杰，滕星，等. 学校教育评价 [M]. 北京：中央民族大学出版社，1998.

[4] 杨文轩，张细谦，邓星华. 学校体育学 [M]. 北京：高等教育出版社，2016.

[5] 崔自勤. 新高考背景下高中学校教学组织变革研究 [D]. 武汉：华中师范大学，2020.

[6] 苏笑悦. 适应教育变革的中小学教学空间设计研究：以一线城市为例 [D]. 广州：华南理工大学，2020.

[7] 黄茂华. 中小学教师基层教学组织发展现状及改进策略研究：以深圳市A学校为例 [D]. 深圳：深圳大学，2019.

[8] 董瑞. 新时代中小学教师劳动教育素养研究 [D]. 上海：上海师范大

学，2021.

[9] 李春燕. 如何使教学过程更加有效 [C] //中国管理科学研究院教育科学研究所. 2021 年教育创新网络研讨会论文集：二，2021.

[10] 俞红珍. 课程内容、教材内容、教学内容的术语之辨：以英语学科为例 [J]. 课程·教材·教法，2005（8）.

[11] 张华毓，吕莘. 五育并举视域下小学学段贯通的理论要义及实践路径：以清华附小学段贯通课程体系为例 [J]. 中国教育学刊，2022（2）.

[12] 邹淑华. 找寻课堂教学起点　促进教学过程有效 [J]. 考试周刊，2020（47）.

[13] 孔祥武. 中小学素质教育实践基地课程建设与有效管理 [J]. 新校园，2021（12）.

[14] 刘登珲，卞冰冰. 中小学课后服务的"课程化"进路 [J]. 中国教育学刊，2021（12）.

[15] 王兰. 中小学校本课程建设现状的调查报告：以重庆市涪陵区为例 [J]. 教学月刊（中学版教学管理），2021（11）.

[16] 刘登珲，李华. "五育融合"的内涵、框架与实现 [J]. 中国教育科学（中英文），2020（5）.

[17] 刘嘉圣. 新时代推进大中小学劳动教育的三重维度 [J]. 北方民族大学学报，2021（2）.

[18] 袁利平，陈川南. 劳动教育的道德意义及其实现 [J]. 教育科学研究，2021（6）.

[19] 余清臣. 当代劳动的异化风险与现代劳动教育的应对 [J]. 社会科学战线，2021（1）.

第四章 学校教师结构及专业化发展路径

第一节 学校教师结构

教师结构是指各级各类学校教师队伍的构成状况。教育主要是通过教师进行的，合理的教师结构是合理教育结构的重要条件，也是发展师范教育和进行教师培训的依据；合理的教师结构可提高学校人力资源的利用效率。①

学校教师结构的内涵包括：学历结构、年龄结构、性别结构、职称结构、专业结构、生师比结构等，在进行教师人力资源管理的时候需要统筹考虑，对这些要素要进行合理安排。在我国，教师结构的差异化也非常明显，比如：不同区域教师分布结构、相同区域的城乡教师分布结构、中小学教师结构与大学教师结构等，均有很大的差异。我们在了解和研究教师结构的时候，要结合当时当地的实际情况，考虑差异性和它的动态发展，才能更好优化教师结构，增强教育效果。

一、学历结构

学历结构指教师队伍中拥有不同学历的人员的比例。在基础教育阶段，教师拥有本科学历的人数比例是国家教育发展程度的一个指标。2021 年 11 月 29 日，教育部就《中华人民共和国教师法（修订草案）（征求意见稿）》（以下简称《征求意见稿》）公开征求意见，《征求意见稿》在资格和准入一章，对各类教师取得教师资格应当具备的相应学历学位分别提出了新的要求：取得幼儿园教师资格，应当具备高等学校学前教育专业专科或者其他相关专业专科毕业及其以上学历；取得中小学教师资格，应当具备高等学校师范专业本科或者其他相关专业本科毕业及其以上学历，并获得相应学位；取得普通高等学校教师资格，应当具备硕士研究生毕业及其以上学历，并获得相应学位。

近年，国家一直着力提高中小学教师拥有本科及以上学历的比例，主要是两

---

① 顾明远. 教育大辞典：第 6 卷 [M]. 上海：上海教育出版社，1992.

100

个途径：一是扩大师范类院校招生的规模；改革开放以来，国家对教育的投入逐年增长，培养的师范类专业人才总量也逐年增长。这些师范院校毕业生，基本拥有本科及以上学历，正逐步改善我国基础教育教师队伍学历低的问题。二是加大在职教师培训，提升学历水平。国家通过自学、函授、在职研修等多种途径引导和鼓励在职教师提升学历。目前，我国基础教育阶段老师的本科学历人数和比例逐年提高。

当然，这几年也有一些现象值得注意，一是教师岗位的需求量逐年增加，且向城市集中。此源于城市化的推进，人口从农村向城市集中，农村学校数量减少，城区教师需求量增加。

二是我国中小学教师学历结构发展区域不平衡。发达地区，待遇高、条件好，对人才吸引力大。比如，北上广深等一线城市，以及一些发达的二线城市，很多重点大学的硕士研究生应聘中小学教师岗位，中学则开始吸引相当数量的博士入职；而经济欠发达地区往往吸引不到需要的专任老师，导致我国基础教育阶段的教师学历结构出现区域性差异。

三是非师范类高校毕业生考教师编制人数在增长。2021 年的一项数据显示，每年新入职的中小学教师中，有 25％ 左右的毕业生来自非师范类专业。国家对教育投入持续加大，教师待遇不断提高，教师岗位的稳定性优势越来越吸引优秀的大学毕业生。这是国家经济发展的需要，也是一个国家经济发展到一定阶段的必然结果。当然，在这个开放过程中，大量非师范类院校学生报考教师岗位，导致学历内卷现象严重，也让师范类院校毕业生培养开始进入供需失衡阶段，师范毕业生就业难度加大。

以上出现的问题，是短期的，是社会与经济发展过程中必然出现的现象。目前教师学历的区域差别和城乡差别很大，随着经济进一步发展，地区之间的人均收入差距也将逐步缩小，加上人才总量不断增长，区域之间教师的学历差别将逐渐缩小，发达地区和欠发达地区教师学历结构也将趋于平衡。

二、年龄结构

年龄结构指教师队伍不同年龄、不同教龄教师数量的比例。由于教师这个职业强调经验累积，因此，教师年龄结构和一些新兴行业不同，并不是年龄结构越年轻化越好，而是需要老中青搭配，各年龄段教师均维持一定的比例。在基础教育阶段，一个教师的职业年龄大概有 30—40 年，可以大致划分为：20—35 岁称为青年教师，36—49 岁为中年教师或中青年教师，50 岁以上称为中老年教师。从近十年情况来看，我国的青年教师比例呈缓慢上升趋势，但是地区间不平衡比较明显，农村地区年轻教师增速明显低于城市。按照相关数据，目前我国 45 周岁以下老师，占老师总数的 67% 左右。总体来说，基础教育阶段教师年龄结构得到持续优化，青年教师成为教师主体，有利于知识更新和迭代，有利于国家进一步推进教育改革。国外也将教师平均年龄作为衡量教师年龄结构的一个评价指标，比如 2021 年统计结果显示，美国公立中小学教师平均年龄为 44 岁，私立中小学教师平均年龄为 39 岁。从这个数据可以看出，44 岁以下人员是美国中小学教师的中坚力量，一般认为，这样的年龄结构相对合理。

三、性别结构

性别结构指教师队伍中男女教师的比例。由于薪资水平及文化的影响，过去很长一段时间，愿意从事幼儿园、中小学教育的人才非常少，导致我国幼儿园和小学阶段的男女教师比例失衡。值得警惕的是，截至 2018 年的统计数据表明，虽然国家不停加大基础教育阶段的投入，我国教师队伍性别结构比例问题依然日益严峻，男女教师比例失衡问题日趋严重。教育部公布的统计数据显示，2018 年我国小学、初中和高中男教师的比例分别为 31.25%、43.22%、46.11%，较 20 年前累计降低了近 20 个百分点。

朱永新（《关于妥善解决中小学教师队伍性别结构失衡问题的提案》）认为，中小学教师队伍性别结构严重失衡是经济社会发展到一定程度后，教师队伍建设不平衡、不充分的重要表现，它制约教育质量提升，影响人民群众对教育事业的满意度。其产生原因包括：一是社会经济发展水平提升，择业观念日趋多元化。教师职业发展和收入上涨空间有限，部分家长并未将师范专业作为子女尤其是男生就业的优先选择。二是女性天然具有感情细腻、观察敏锐、亲切温和等适宜于从事基础教育工作的性别特质。三是教师收入水平偏低，职业吸引力不足，导致男生报考师范院校和参加教师招聘的内驱力不足。四是现行的教育培养和考试选拔方式更有利于女性脱颖而出。

四、职称结构

职称结构指教师职称级别在学校的比例。职称从高到低依次是：高级职称（教授、副教授）、中级职称（讲师）、初级职称。职称结构某种程度上反映教师队伍的科研水平和教育教学能力。目前，中小学和大学的职称结构有很大的差异，大学从讲师到教授一般是倒金字塔结构，而中小学是从低级职称到高级职称形成金字塔结构。这种差异主要源自职称评审制度，国家规定，教师评上高级职称是要受指标限制的，也就是说一个学校的副高级以上教师总数，是要按照学校教师编制总数的一定比例来配置的，从大学到中学再到小学，副高级以上指标的比例越来越低，评聘难度也就越来越大。《教育部 2022 年工作要点》指出，要研究完善中小学岗位设置管理办法，提高中小学中级、高级岗位结构比例。

职称结构现行标准如下表所示（表 4 - 1、表 4 - 2）：

表 4 - 1　中小学（幼儿园）教师高级、中级、初级专业技术岗位设置结构比例控制标准

学校类别	高级				中级				初级			十三级
	合计	五级	六级	七级	合计	八级	九级	十级	合计	十一级	十二级	
	≤%	≤%	≤%	≤%	≤%	≤%	≤%	≤%	≥%	≤%	≤%	
中学一类：省级重点高中；示范高中；职业高中；教师进修学校	35	7	14	14	50	15	20	15	15	7.5	7.5	
中学二类：高中；职业高中和完全中学	30	6	12	12	45	13.5	18	13.5	25	12.5	12.5	
中学三类：初级中学、初级职业中学	20	4	8	8	45	13.5	18	13.5	35	17.5	17.5	
小学一类：市（州）直属、区规模较大小学（24 个教学班以上）	10	2	4	4	60	18	24	18	30	15	15	
小学二类：区小学、县（市）规模较大小学（24 个教学班以上）	5	1	2	2	60	18	24	18	35	17.5	17.5	
小学三类：县（市）小学和乡镇中心小学	2	0.4	0.8	0.8	60	18	24	18	38	19	19	
幼儿园一类：省级示范幼儿园	3	0.6	1.2	1.2	60	18	24	18	37	18.5	18.5	

续 表

学校类别	高级				中级				初级			
	合计	五级	六级	七级	合计	八级	九级	十级	合计	十一级	十二级	十三级
	≤%	≤%	≤%	≤%	≤%	≤%	≤%	≤%	≥%	≤%	≤%	≤%
幼儿园二类：市（州）级示范幼儿园	2	0.4	0.8	0.8	50	15	20	15	48	24	24	
幼儿园三类：其他合格幼儿园					45	13.5	18	13.5	55	27.5	27.5	

说明：1. 高级教师中五级、六级、七级岗位之间比例为 24：4

2. 中级教师中八级、九级、十级岗位之间比例为 3：4：3

3. 初级教师中十一级、十二级岗位之间比例为 5：5

表 4-2 中小学教师职称制度改革职称（职务）对应表（部分）

岗位等级	中小学教师职称	对应国家专业技术岗位级别	岗位任职条件
副高级	中学高级教师一档	五级	任职满九年
	中学高级教师二档	六级	任职满六年
	中学高级教师三档	七级	取得本资格聘任者
中级	中学一级教师一档	八级	任职满六年
	中学一级教师二档	九级	任职满三年
	中学一级教师三档	十级	取得本资格聘任者
初级	中学二级教师一档	十一级	任职满三年
	中学二级教师二档	十二级	取得本资格聘任者
员级	未评职称教员	十三级	未评职称者

五、专业结构

专业结构也称学科结构，指各学科教师在学校里的数量比例。以中小学为例，我国中小学中语、数、英教师的数量远高于音、体、美、科学、心理学等学科教师的数量。在中小学阶段，全面发展和素质教育，以及跨学科学习方式越来越重要，学校必须不断引入复合型人才、各种专精特类人才。各学科配备专业学科老师，同时又要有一定数量的具备跨学科能力的教师，学校的人才培养才可能更加全面。

依现有规定，小学每6—8个班配备音乐、美术教师各1名，1—2年级每6—8个班、3—6年级每5—6个班，配备体育教师1名；18个班及以上配备1名专职实验管理员，千人以上小学至少配备1名专职的心理健康教师；3—6年级每4—6个班配备信息技术教师1名。

初中每12个班配备音乐、美术教师各1名，每5—6个班配备体育教师1名。每个实验室配备1名专职实验管理员，8个实验室以上的学校可适当减少人员。千人以上学校至少配备1名专职的心理健康教师；每4—6个班配备信息技术教师1名。目前，我国发达地区的学科教师配比合适，音、体、美、科学等学科教师基本可以满足教学要求。但是一些欠发达地区，音、体、美、科学等学科教师依然非常缺乏，不能满足正常教学的需求，更不能满足素质教育的需求。

六、生师比结构

生师比结构指学校里学生数量和教师数量的比例情况。根据2014年中央编办、教育部、财政部联合颁发的《关于统一城乡中小学教职工编制标准的通知》（中央编办发〔2014〕72号）设置的方法和标准，中小学教育专项编制的核定，是根据各学校的实际在册学生数，按照高中教职工与学生比为1：12.5、初中为1：13.5、小学为1：19的比例，进行核定。对一些规模较小的乡村小学、教学点，可以按照师生比与班师比相结合的方式，核定中小学教师编制，或者根据实际需要，进行核定。

七、教师结构的优化和改进

教师结构的合理化直接影响教育的质量，它是提高国民素质培养优质人才的重要因素。我们要通过对教师结构的研究，根据自身实际，对照发达国家地区的经验，不断改进，就可以实现教师结构的优化，提高教育的效率。

目前，我国的基础教育教师结构，存在的主要问题有性别结构失衡、区域学历结构差异大、职称结构不合理、很多欠发达地区年龄结构不合理等。这些问题的解决，需要国家不断加大对教育的投入，提高教育经费用于教师薪资的百分比，落实《中华人民共和国教师法》中关于教师工资的标准，实现教师性别结构合理化；进一步改革职称制度，实现多渠道晋升，提高中小学教师高级职称百分比；加大对欠发达地区老师的补贴，提高年轻教师扎根欠发达地区基础教育的积极性。

教师结构问题是动态变化的，是伴随着社会的进步而持续改进的，一方面我们要参照发达国家的一些成功经验，参考他们关于教师结构与人力资源管理的数据，不断优化教师结构；另一方面我们也要结合本国国情，建立更适合中国教育现状的教师结构。

第二节　学校教师成长路径

人们很早就关注教师专业成长，当前教育教学改革对教师提出了更高的要求。教师专业成长是一个动态的、不断发展的过程，教师专业成长的目的，就是要在学校教育过程中使教师和学生都获得成功。国家层面，我国设置了一套完整的职称制度，以此促进教师的专业成长。

一、我国的教师职称制度

2016 年，全国各地正式启动本市中小学教师职称改革。这次改革打破了实施 30 年的中学、小学教师职称制度，将原来相互独立的两个职称系列统一设置为中小学教师职称系列，并在中小学（幼儿园）新设正高级教师职称，将民办教师、编外教师纳入评价范围。

教师职称设置从正高级职称到员级共含 5 个等级，依次为正高级教师、高级教师、一级教师、二级教师、三级教师，与职称的正高、副高、中级、助理、员级相对应。

（一）职称设置与专业技术岗位

统一后的中小学教师职称（职务）分别与事业单位专业技术岗位等级相对应：正高级教师对应专业技术岗位一至四级，高级教师对应专业技术岗位五至七级，一级教师对应专业技术岗位八至十级，二级教师对应专业技术岗位十一至十二级，三级教师对应专业技术岗位十三级。

（二）评审标准

各地根据实际情况有相应的职称评审标准，大体分为四个方面：一是思想品德标准，二是知识水平标准，三是专业能力标准，四是业绩成果标准。

（三）申报条件

职称申报有统一的基本条件，还依照职称的不同，设有不同的标准条件，如正高级教师要求在指导、培养一级、二级、三级教师方面做出突出贡献，在本教学领域享有较高的知名度，是同行公认的教育教学专家，一般应具有大学本科及以上学历，并在高级教师岗位任教 5 年以上。高级教师要胜任教育教学带头人工作，在指导、培养二级、三级教师方面发挥了重要作用，取得了明显成效，具备博士学位，并在一级教师岗位任教 2 年以上；或者具备硕士学位、学士学位、大学本科毕业学历，并在一级教师岗位任教 5 年以上；或者具备大学专科毕业学历，并在小学、初中一级教师岗位任教 5 年以上。一级教师在培养、指导三级教师提高业务水平和教育教学能力方面做出一定成绩，具备博士学位；或者具备硕士学位，并在二级教师岗位任教 2 年以上；或者具备学士学位或大学本科毕业学历，并在二级教师岗位任教 4 年以上；或者具备大学专科毕业学历，并在小学、初中二级教师岗位任教 4 年以上；或者具备中等师范学校毕业学历，并在小学二级教师岗位任教 5 年以上。二级教师具备硕士学位；或者具备大学本科毕业学历，并见习期 1 年期满，考核合格；或者具备大学专科毕业学历，并在小学、初中三级教师岗位任教 2 年以上。

除以上条件，其还在年度考核、专业理论水平、业绩条件、继续教育等方面有标准要求，由各地教育行政部门根据国家职称制度拟定具体细则。

二、教师专业成长类型

从我国的教师职称评价标准和教学专长发展阶段可以看出，教师的专业成长包含专业理念、专业道德、专业知识、专业能力等方面。教师专业发展既有与其他专业人员共性的发展规律，也有教师职业的个性发展特征。

陆道坤教授在《教师专业发展》一书中将教师专业发展分为自主性教师专业发展和合作性教师专业发展两种类型。[①]

（一）自主性教师专业发展

自主性教师专业发展是指在学校情境中，根据教师自我发展和学校发展的需求，让教师自主地确定发展目标、开发和利用学习资源、设计发展策略、评价学习结果的一种专业发展方式。这种主动的发展过程，要求教师要有自我发展的愿望，由外部监控转变为内部监控，突出表现了教师在教育教学活动、教改探索、科学研究及促进学生发展的各个方面，不断学习、研究、创造，提升个人的自我价值，满足自我的高层次需要。

（二）合作性教师专业发展

合作性教师专业发展是指教师通过彼此合作、平等互助、资源共享、互相商讨等，达到集思广益、共同提高的发展目的。这种合作发展的过程，依赖于所处

---

① 陆道坤. 教师专业发展 [M]. 南京：南京大学出版社，2021.

的教学环境，受同事的影响，通过合作，不同教育能力和不同知识结构的教师互相取长补短，改善教师专业能力，在相互借鉴中互相促进，实现教师专业发展。

三、教师发展阶段观

杨翠蓉老师在《教师专业发展：专长的视野》一书中认为，早期的教师专业发展阶段受发展心理学的个体发展阶段观与管理心理学的职业生命周期理论的影响。基于专长的教师发展阶段观经历了三个转变。

（一）关注教师教学专长的发展阶段观

20世纪80年代，伯利纳在《知识就是力量》一书中，根据德格鲁特的专长发展阶段，提出了教学专长发展阶段，认为教师从新手到专家的过程存在着五个阶段：新手阶段、高级新手阶段、胜任阶段、熟练阶段、专家阶段。

（二）关注专长获得方式的发展阶段观

20世纪90年代，格莱兹提出了专长获得的专业发展观。他把教学专长的发展分为三个阶段：外在支持阶段（新教师）、转变阶段（教龄2—3年的教师）、自我调节阶段（专家教师）。

（三）关注教师非认知因素的发展阶段观

21世纪初，亚历山大的MDL模型（the model of domain learning）包括三大主要成分和三个阶段。三大主要成分为专业知识、加工策略和兴趣。其中专业知识可分为领域一般知识和领域主题知识；加工策略又可分为表层加工策略和深层加工策略；兴趣可分为个人兴趣和情境兴趣。这三种成分相互作用，共同影响着人们的学习，根据三大主要成分的相互作用，教师成长可分为三个阶段：适应阶段（主要指新教师）、胜任阶段（主要指胜任教师）、专长阶段（需要专业知识、加工策略、兴趣要协同作用，共同促进专长的发展）。

四、教师专业成长的路径特征

结合教师职称制度、教学专长发展阶段对教师的划分，我们将教师专业发展归纳为以下三个阶段：① 新教师，通常指三年教龄以下的教师；② 熟练教师，通常指教学熟练、教龄在5—10年的教师；③ 专家教师，通常指教学卓越、教龄在10年以上的教师。

（一）认知特征

1. 新教师的认知特征

（1）计划的特点。新教师要花大量的时间去准备第二天的教学，由于对实践缺乏了解，较少考虑学生。

（2）注意的特点。新教师往往只顾语言的组织、教学内容的完成等，而忽视学生的反应和注意情况等。

（3）教学决策的特点。新教师在面临意外的教学事件时，缺乏一定的经验，往往会手足无措。

（4）教学效能感的特点。新教师由于自己的教学工作能力还没得到验证，对自己的教学效能无法做出判断，容易遇到各种困惑，感觉自己不能胜任工作，成就感不大。

2. 熟练教师的认知特征

（1）计划的特点。由于有着丰富的教学经验，熟练教师大多能在头脑中勾画出教学计划蓝图，能简洁准确地找出主题。

（2）注意的特点。由于专业知识熟练和教学策略基本形成，熟练教师更加关注学生的学习过程，能注意到学生在学习过程中出的学习问题，关注学生的交流与沟通。

（3）教学决策的特点。熟练教师对课堂教学情境和学生的反应有敏锐的直觉，有模式识别能力，能根据学生的学习进程及时调整自己的教学计划，控制自己的教学活动。

（4）教学效能感的特点。熟练教师的效能感比新教师显得稳定，能够积极应对突发情况，对于自己的教学工作能力的评价会呈现提高的趋势。

3. 专家教师的认知特征

（1）专家教师能根据问题情境中的有关信息构建关于问题的心理模型。

（2）专家教师能根据已有知识和问题信息形成各种假设。根据新信息改变已有的策略，形成不同的解决方法。

（3）专家教师采用自下而上的认知过程。专家教师面临熟悉问题，能直接提取知识、技能解决这些问题；面临新异问题，能分析情境信息，运用启发式策略，接近问题解决目标，并不断验证。

（4）独有的元认知过程。专家教师与熟练教师的根本区别在于：面临新异问题时，熟练教师缺乏元认知；专家教师具有元认知，能对自己的问题解决过程进行认识、监控、调节、评价。元认知能力使专家型教师更能适应环境。

（二）人格特征

1. 新教师的人格特征

（1）新教师的兴趣。新教师往往对教学充满兴趣，工作投入程度很高，充满活力。但是，新教师的兴趣也很容易受外在环境影响：如果在角色适应与转换过程中遭遇师生关系、教学问题等方面的各种困难，受到各种打击，工作兴趣很可能下降，工作投入感降低，常常感到疲惫；相反，如果在这一过程中师生关系良好，教学初见成效，工作兴趣将得到提高，更愿意去发现教学中存在的问题。

（2）新教师的工作动机。在教学初期，新教师的工作动机往往受自身成就动机影响大。想树立良好的职业形象；为了完成教学任务，在工作中投入大量的精力，而且表现积极。但是，新教师的教学动机还具有强烈而短暂的特点，如果教学中的问题越来越多，往往容易感到烦躁、疲惫，工作的热情也会随之冷却。新教师更关注外界对自己的评价，如果评价高，则动机旺盛，反之则下降，甚至出现迷茫和矛盾，怀疑自己的工作能力和职业选择。

（3）新教师的价值观。新教师考虑更多的可能是个人发展前途，抱有还有很多机会可以选择的思想，如果别的职业能提供更多的发展空间，就可能动摇当教师的信念，在职业责任感上还不成熟、不稳定。

（4）新教师的性格特点。由于角色压力过大，新教师容易出现不稳定的情绪，具体表现为不安、焦虑、担忧，有受挫感和无助感、丧失信心等。

2. 熟练教师的人格特征

（1）快速发展型——超越型。有一部分熟练教师由于有远大的教育理想、坚定的奋斗目标，因此能以昂扬的斗志、饱满的热情，静心学习、热心研究、诚心思考、潜心教学、丰富自己，创造性地开展工作，接受教育教学的挑战，享受教育教学乐趣，有强烈的责任心和事业基础，有威信，小有成就。

（2）停滞不前型——工匠型。有些熟练教师对职业特点和个人发展认识不足，在思想上产生满足感，满足于已有经验和水平，失去了职业敏感和求知欲，在有了职业经验或取得了一定的职称、获得了荣誉之后，认为自己能应付工作中的问题，便自我满足，不求新的拓展，惯用自己熟悉的老一套方法对待新的学生、新的教材、新的现象，以不变应万变，从而制约了能力向更高层次发展。

（3）消极等待型——倦怠型。熟练教师的工作负担往往比较重，熟练教师一般已成家立业，家庭负担增加，加上在学校里，既要忙于教学，又要承担单位骨干教师的任务，心理压力更大，容易处于疲劳困倦的身心状态，产生一种畏惧心理，患上"职业倦怠"，最突出的表现就是成就感降低，在教学上不思进取，积极感降低。

3. 专家教师的人格特征

（1）专家教师对职业投入程度高，职业责任感强，对自我认知深刻，真正热爱教师职业，不断追求教育深层次的价值。

（2）专家教师的教学动机更高，尤其是在内部动机上，体现出把工作当作一种乐趣，有内驱力地工作，主动研究教育教学问题。

（3）乐观开朗。专家教师往往相信自己的能力，相信学生，并善于运用多种方法，这种人格特征使专家教师在教学中成就感更强。

（4）探索求新。专家教师往往思想较为开放、创新；能根据时代的不断发展更新思想，在实践中改革创新。

（5）热爱学生。每位教师都热爱学生，但专家型教师更能站在学生立场，尊重学生，信任学生，不仅爱，还懂得如何爱。

（6）成就需要。研究表明，教师的教育成就与成就需要高度相关。强烈的责任心和自律驱动教师实现自我价值，发展自我。

五、教师专业成长的多种路径

教师专业成长来自理论的吸收，来自实践的反思，因此教师专业成长的路径也从单一走向多元，呈现出多种方式。

（一）个人练习的专业成长之路

1. 注重理论学习

注重理论学习，包括对教育教学活动的思考并主动参与教育教学课程改革，形成初步的教育理念。

2. 注重专业技能培养

教师对各种阶段需要培养的技能有清晰的自我认识。如在新教师阶段，需要培养的是课堂教学能力，掌握基本的教学设计技能，全面提升教学表达技能；在熟练教师阶段更多的是需要提升自己的教学组织与管理技能，培养自我反思与研究能力，构建专业愿景、制订专业发展规划的能力，等等。

3. 着意练习有效教学

备课、上课、评价等一系列的日常教育活动，都能促进教师的自我发展。如备课活动是教师的常规活动，每位老师都参与其中，但每位老师从中受益的程度不一样，只有认真对待每一次备课、上课，寻找教学的多变性，这样才是着意练习，才能从中积累更多的知识和经验。

4. 开展课题研究

教师通过对实践性课题的研究，在解决基于教育教学实际问题的同时，达到提高自身教育教学素质和能力的目标。

5. 撰写教学随笔与教学反思

我国著名心理学家林崇德指出，优秀教师＝教学过程＋反思。实践是在教育理论指引下的行动，反思是不断分析、判断、发现问题并予以解决的思维过程，二者相辅相成，共同构成实现教师个体发展的重要路径。因此，教师要注重撰写教学随笔与教学反思。

（二）群体互助的专业成长之路

1. 从师徒结对中获得专业成长

师徒结对的一般学习过程是：① 徒弟观察，师傅示范；② 师徒共同研讨；③ 徒弟实践，师傅指导；④ 徒弟反思改进，获得提高。

2. 从学习共同体中获得专业成长

学习共同体是成员间共同参与、相互依赖的，不仅关注个人的观点，且有共同兴趣的一个建设性集体。教师成员间多半是按科组或年级组成一个小群体，通过讨论（合作学习）教学问题，实现个人专业的成长。

3. 从专家教师的成长路径中获得启示

每一位专家教师都有自己的成长历程，其他教师学习与理解他们的教育思想，可以获得启示。如魏书生老师将自己的教育思想总结为一个核心、二个原则、三个统一（或三个守住）、四个关系（或四个统一）、五个支柱（或五种现象）、六步教学法、七个一分钟、八个学习习惯、育人九法（或九种精神）、上课十条。万玮老师在《教师的五重境界》中认为，教师职业可分为五个阶段：第一个阶段教知识，第二个阶段教方法，第三个阶段教状态，第四个阶段教人生，第五个阶段教自己。在教育的职业生涯中，他们不断发现，不断领悟，不断反思，最终获得专业成长。

从中可以看出：一是教师在"敬业"中成长；二是教师在"反思"中成长，在"学习"中成长，在"研究"中成长，在"实践"中成长，在"引领"中成长，在"创新"中成长；三是个性魅力、个性特色、认识自我、发现自我是成长的基础；四是完善自我、战胜自我是专业成长的关键。

案例 4-1

小李的困惑

小李作为师范大学的毕业生当上了老师，他对自己的职业未来充满憧憬。他希望自己的职业发展之路一帆风顺，从一名普通教师开始，直到成为高级专家教师；同时他也会感到压力和迷茫，作为一名教育新兵，教育教学和教研的时间常常相互冲突，无法兼顾。学校对于新教师的培训，他觉得方式过于传统，理念与内容也常常相对落后，耗费时间多，而对自己面临的亟待解决的教育教学问题，却又帮助不大，这些都增加了他的职业困扰。怎样让小李老师在职业道路上方向更明确，找到适合自身特质的职业成长路径，成为小李老师目前最迫切的问题。

思考：结合自己对教师人力资源管理相关规划与要求的了解，你能给小李老师专业化成长提供一些合理化建议吗？

第三节　教师的专业发展

　　教师专业发展是指教师作为专业人员，在职业道德、专业思想、专业知识、专业能力、专业品质等方面由不成熟到成熟的发展过程，即由一名新任教师发展成为专家型、教育家型教师的成长过程。教师专业发展固然与时间有关，但又不仅仅是时间的累积，更是教师专业素养的不断提升、专业理想的日渐明晰、专业能力的逐步提高、专业自我的最终形成过程。

　　陆道坤教授在《教师专业发展》一书中，将教师专业化发展分为三个阶段，即教师专业化观念的萌芽阶段、教师专业化思潮的产生阶段、教师专业化实践的展开阶段。叶澜教授认为，对教师专业发展的研究，未来将向以下三个方面发展：一是对于教师职业由强调其工具价值转向内在价值，教师不再是没有职业自我意识的工具，而应成为积极发展的创造者。二是对于教师发展由强调外部动力转向重视内部动机。自我发展不仅是教师的义务，也是教师的权利，是丰富教师生命内涵的重要途径。三是对教师工作由关注结果转向关注过程。

　　《国家中长期教育改革和发展规划纲要（2010—2020 年）》提出，要树立以提高质量为核心的教育发展观。教育质量的提升，关键在投入，重点在规范，重心在师资。师资队伍的数量和专业化水平，对教育的质量有非常重要的影响。

　　根据教育规划纲要关于教师队伍建设的要求，教育部于 2012 年 2 月 10 日印发了《幼儿园教师专业标准（试行）》《小学教师专业标准（试行）》和《中学教师专业标准（试行）》，提供了教师专业发展的基本准则。三个标准具有四个特点：一是突出师德要求，二是强调学生主体地位，三是强调实践能力，四是体现时代特点。

　　教师专业化发展的方向要坚持"四有"好老师标准：理想信念是支撑、道德情操是保障、扎实知识是底线、仁爱之心是坚守。教师专业化发展要有明确的目标，一是指向课堂建模，二是指向育人管理，三是指向科研建设。

　　课堂建模是指教师专业化发展，首先是过课堂关，没有课堂做基础，优秀无法实现。其次是过目标达成关，这是基于课堂结果的评价指标，每个教师都必须特别关注，目标达成的方式方法要有鲜明的个性，要有改善教学过程的策略。最后是过教学反思关，这是教师改进教学方式方法、改善教学过程的一个关键环节，反思越彻底、越恒久、越深刻，课堂改进就越有效，专业成长就会越快、越好。

　　育人管理是指教书育人。教师要学会组织教学，这是每个教师都必须掌握的入门技术。班集体建设是每个教师都必须掌握的育人管理技术。教师不仅要有高超的育人技术，还要有理性宽容的育人情怀，恒久的理想信念、道德情操。如此，班集体才会呈现互助友爱、积极向上的良好氛围。

教育科研能力是一种高级的，于教育实践有所超越和升华的创新能力。教育科研能力是在有意识地学习、总结、提高的过程中逐渐形成的一种动态的认识和改造教育的能力。我们要注重科研建设工作。

一、新教师的专业发展

新教师的发展目标是"教育教学的能手"，发展定位是"学会"与"熟练"。"学会"是"熟练"的基础，是初级层次的发展定位；"熟练"是延伸，是新教师高级层次的发展定位。

（一）具有专业精神

专业精神包括专业理想、专业态度、专业责任、专业道德、专业情感、专业操守等。一个人一旦从事教师这一职业，也就同时承担着与之相应的社会责任，教师的专业精神最突出地表现为一种专业作风，它是教师专业精神的习惯性表现，具有潜移默化的教育作用。

（二）拓展专业知识

新教师要利用培训研修的契机，尽可能多地学习，提升专业素养，并通过培训更新自己的教育观念，提高理论修养，增强专业技能，新教师要时刻保持危机意识，进而促进自身发展。

（三）提升专业能力

新教师第一要务是站稳讲台，胜任教育教学工作，通过细化教学环节，让优质课成为成长的平台，利用课堂提升专业能力，快速成为有实践智慧、教学风格良好的学科骨干、教坛新秀。

（四）练好课堂基本功

新教师要立足"有效课堂""以学论教"。新教师在课堂上至少要练好四个基本功：一是语言风格，二是有效教学，三是书写漂亮，四是组织有序。新教师在课堂实践要中不断向自己发问：学生该听的听了没有？学生该做的做了没有？学生该想的想了没有？学生该说的说了没有？有多少学生对这节课感兴趣？学生兴趣持续时间有多长？学生是否体验到学习的成功？是否做到了有效教学？

（五）参加竞赛，促进提高

教学竞赛是提升新教师教学能力的重要方式。竞赛能够促进教师积极钻研，不断地打磨，这对教师来说，既是压力也是动力。新教师参加竞赛，既可以锤炼自身素质，也可以取长补短，使自己快速进步；在竞赛过程中学会如何处理教材，如何联系实际，如何设计教学，如何激励学生，引导学生，如何运用教学方法、手段，如何有效掌控课堂，在学习中成长，在学习中进步。可以说，竞赛为新教师成长提供了一条捷径。

二、骨干教师的专业发展

骨干教师是教师专业发展过程中的第二个层次，是从"合格"向"优秀"转型的关键环节。骨干教师应具有这样的能力素质：在一定范围的教师群体中，其师德修养、职业素质相对优异，教育教学经验比较丰富，对教育教学工作具有浓厚的兴趣和较为突出的研究能力，取得了一定的教育教学实践与研究成果，对一般教师具有一定示范作用和带动作用，在学校的教育教学活动中承担着比较重要的角色，能够支撑区域和学校特定学段或学科的教学、管理、研究工作。

骨干教师逐步在教育、教学、管理、研究等领域肩负着区域和学校中越来越重要的职责。骨干教师的发展目标是"区域教育教学骨干"，发展定位是"优秀"与"自主"。"自主"是"优秀"的基础，是骨干教师初级层次的发展定位；"优秀"是"自主"的延伸，是骨干教师高级层次的发展定位。

（一）教育理念

教育理念是骨干教师专业发展的第一要素，骨干教师一要增强对教育事业的专业认同，主动学习党和国家关于教育领域综合改革精神和文件，深刻理解教育活动是教师引导学生发展自我、实现自我的重要载体，不断提升师德修养；二要端正对教育活动的专业态度。教育是爱的事业，"没有爱就没有教育"，要坚持以生为本，关爱全体学生，尊重学生个性差异，促进学生全面发展，爱岗敬业、志存高远、肯于吃苦、不断进取；热爱单位、热爱同事，积极参与团队活动，增强与人合作的能力，打造精品团队，高效完成团队任务。

（二）知识素质

骨干教师的知识素质是建立在合格教师基础上的，骨干教师掌握了基本的学生发展知识、学科知识、教育教学知识和其他通识性知识，还要进一步拓展、延伸、聚焦到学科知识和通识知识两个领域。教师应主动学习并深入研究学科知识体系；主动阅读古今中外著名教育家的著作和论述，学习并掌握教育学、心理学、管理学等领域的重要研究成果。

（三）能力素养

能力素养是教师教育理念、知识素质的载体，直接影响教书育人的质量和效果。骨干教师一要增强说课能力、评课能力、赛课能力、新技术能力、教研的能力；能够熟练掌握核心程序、有效策略，能够按照要求独立优质地完成相关活动任务，有效提升教育教学质量和育人效果。

三、学科名师与学科专家的专业发展

(一)教育影响

学科名师与学科专家应该在一定区域范围内具有一定知名度和社会认可度，即教育教学成绩、教育研究成果和人才培养质量在区域教师和广大家长群体中，具有一定知名度，得到广泛认可。学科名师与学科专家学科教学成绩突出，育人效果丰硕，能够支撑起学校的教学、管理等工作。道德修养、职业精神、工作态度获得广大师生和家长的认可和称赞，成为教育科研熟手，熟悉教育科学研究的基本知识体系和核心方法论体系，在主题论坛、专题研讨、学术期刊、编著专著等平台上发表自己独到的教育观点、技巧策略和研究成果。

(二)团队引领

学科名师与学科专家应该主动承担各级教师培养工作，制订个性化培养方案，明确目标、细化过程、完善制度；为骨干教师营造协同、向上、交互的学习环境，形成专业发展学习共同体，相互影响、相互启发、相互学习、相互促进、共同进步；定期开展课程改革与教学实施的专题研讨，探索问题解决策略，提高知识素质和能力素养，增强课程改革执行力。

(三)教学实践与理论研究

学科名师与学科专家是教育反思型、研究型教师，应该在日常教育教学管理过程中培养发现问题、提炼问题、解决问题的意识和能力，在课题或项目研究过程中，积极总结经验、提炼成果，提升综合实力，强化教育研究成果意识，努力在教育思想、课程改革、教学方法、教育评价等方面取得创造性成果，并广泛运用于教学实践，发挥示范和引领作用。

(四)成果推介

成果推介为学科名师与学科专家宣传教育主张、推广教学经验、检验实践成果、提升专业影响创造了可能，是教师专业发展的新兴路径。具体而言，教师要指导学生结合社会生活实际，创造性开展学习活动，促使学生得到良好发展，扩大人才培养成果的辐射影响面，获得广大师生和家长的认可好评；要在交流推介方面，依托校级、区级、市级和国家级成果宣传推介平台，聚焦特定问题，实现与市内外知名教育教学专家的对话交流，扩大自身研究成果的辐射影响力。

四、特级教师的专业发展

特级教师是国家为了表彰特别优秀的中小学教师而特设的一种既具先进性又

有专业性的荣誉称号。特级教师应是师德的表率、育人的模范、教学的专家。我国特级教师的数量不到教师总数的千分之一点五。

王荣德教授认为，特级教师成长的条件包括个人素质、组织培养和社会环境三个方面，内外条件的优化组合决定其成长的速度和质量。

（一）特级教师特点

总结中外已有经验，从众多特级教师的成长历程上看，这些教师大都有以下共同特点。

1. 热爱教育事业

特级教师对教育事业的热爱主要表现在三个方面：对教师职业的热爱，对所教学科的热爱，以及对学生的热爱。

2. 优秀的综合素养

特级教师并不只是在自己所教学科有所建树，他们通常都有多方面的爱好，这些学科之外的兴趣会帮助他们进行教学，将不同学科的知识结合在一起，不仅加强了各个学科之间的联系，还让学生对学习更加有兴趣，增加了课堂的趣味性。

3. 勤奋地反思记录

勤于思考，笔耕不辍，及时记录自己教育实践中的所感所想、所失所得，是特级教师共有的良好习惯。平时点滴的记录，或许是零散的、随意的，但只要坚持下来，这些零散的种子就会发芽、开花、结果。每一位特级教师都在不断地写作，用文字记录着他们在教育教学中的新思考、新感悟，在提升自己专业素养的同时，也让更多的教师从他们的研究成果中受益匪浅。

4. 不间断终身学习

在这个日新月异的时代，科技的飞速发展，知识的快速更新，都使社会加速前进。作为以传递知识为重任的学校，更要走在时代的前列。特级教师应成为学生的示范，不断地学习新的理念、理论、技术，不断更新自己的观念，只有这样才能培养出符合时代与社会发展要求的学生。

（二）特级教师发展方向

1. 知识修养

特级教师要成长为教育家型教师，首先要扩大阅读面，不仅要学习教育教学及学科专业知识，还要读文史、娱乐休闲、时事政治等类别的书籍，培养自身的学养，更重要的是培养自身的一种跨界思维。其次是学会思考，"学而不思则罔"，只有通过思考才能让所学真正内化，真正指向教学内核。让教学变成教育，思考是最重要的转化环节。

2. 教育思想

教育家型教师应具有系统、成熟或独特的教育思想，作为专家型教师的特级教师具有系统的、坚实的理论知识和丰富的教学经验，但缺少对理论的新理解，不能提炼出自己的教育思想。如能形成能凝聚所有想法的内核，便能形成教育思想。如江苏省特级教师、当代教育名家李吉林老师的情境教育，其最初的"情境"只用于语文教学，她慢慢地把这个情境教学演变成适用于各个教学情境的教育方法，此时才真正变成了一种教育理念，才真正地把情境教学变成了情境教育。其转化的过程，时间是必不可少的，但最重要的是其能及时总结，撰写成文，让她的教育思想成为一个完整的、成熟的体系。她不但写下 300 余篇学术论文、随笔，还出版了 10 余本专著。这些文字的背后都饱含李老师对情境教育的追求。及时总结，撰写成文，思想火花的收集、整理、聚合，对于特级教师从"专家型教师"成长为"教育家型教师"尤为重要。

3. 专业成就

特级教师要从专家型教师成长为教育家型教师，意味着其教师职业基础将从专业知识技能上升到高级实践经验，而中间的催化剂就是教育科研。教育、教学这条路是无止境的，特级教师可以洞悉不同群体的教育问题，通过科研使教育更为完满，成长为教育家型教师。

4. 专业声望

特级教师要牢牢把握机会，参与教师之间的教研活动，在活动中发表自己的看法；深入不同区域、不同学校的课堂，直接与任课教师进行交流；参与学术讲座，提升自己的学术素养，将自己的高级实践经验转化为实践性知识，形成有特色的教育思想。特级教师在阅读与写作中，在与他人交流的过程中，其实也是在与自身进行对话，从而进一步促进自身不断地成长为教育家型教师。

第四节　教师人力资源管理

教师是教育管理中重要的人力资源，人力资源的开发利用是学校人力资源管理的突出功能。

一、教师人力资源管理概述

（一）教师人力资源管理的含义

教师人力资源管理主要指在人本思想指导下，通过招聘、培训、绩效考核、薪酬管理等程序，对教师这一特殊资源进行有效开发、合理利用和科学管理。

北京十一学校校长李希贵认为教育学就是关系学，是研究人与人关系的学问，教师和学生的关系是一股巨大的教育力量。他在学校推行一系列的管理改革，最终取得了良好的效果。其主要做法就是改革行政管理系统，调配其他劳动要素，让学校的教师完全释放主观能动性，每个科组、每个年级组、每个教师个体都得到尊重，体现价值，他们全身心投入工作，发展和维系好和学生的关系，最大限度发挥了主观能动性。因此，教师人力资源管理，就是要做好教师调动、开发、培养、配置、评价与绩效奖励、使用等环节，运用科学的管理方法，激发教师的创造力，提高教育教学的效能。

（二）教师人力资源管理的发展历史

1935 年，美国颁布《国家劳工关系法》，工人有了法定的工会组织，工人的权利得到明确，推动了人事管理的发展，经济也因此加速发展。大量的经济学家、社会学家、科学家开始研究人力资源管理，想方设法提高人力资源管理的效能。

20 世纪以后，科学管理运动、人际关系运动和行为科学运动相继发生，对教师人力资源管理产生巨大冲击。企业界的绩效评价逐渐被引入教育行业，学校开始施行"目标管理"与绩效评价。

1978 年，在全国科学大会上，邓小平同志说：我们要实现四个现代化，大力发展我们的生产力，当然就不能不大力发展科学研究事业和科学教育事业，大力发挥科学技术工作者和教育工作者的积极性。

新中国成立后，我国的教师人力资源管理大致可以分为四个阶段：[①]

第一阶段：教师人力资源管理制度形成期（新中国成立至 1976 年）。新中国成立后，在借鉴苏联人事管理模式的基础上，确立了新型的社会主义用人制度。教育行政人员作为国家干部，由上级委派；教师也被纳入干部编制实行统一管理。学校建立了接收、录用、奖惩、调动、办理退休等基本制度，教师的任用以政府（或教育行政管理部门）派任为主。教师的个人档案存放在县（市）劳动人事局或者教育局，由教育行政部门统一调配，学校缺乏用人自主权。无论教育工作者个人还是用人单位，都必须服从上级的安排。

第二阶段：教师人力资源管理制度改革初期（1976—1986 年）。中央提出人事制度改革的命题，冲击了教育系统不合时宜的人事制度。中央提出了领导干部革命化、知识化、年轻化、专业化的"四化"要求，打破了领导干部职务终身制，给日趋僵化的教师人力资源管理制度带来了活力。教育行政部门按照"四化"要求来选拔校长，为优秀人才的脱颖而出开辟了一条道路。此外，其他配套性的改革措施相继展开，校长任期制度、考核奖惩制度、以职务为主的结构工资

① 程振响，刘五驹. 学校管理新视野 [M]. 南京：南京师范大学出版社，2000.

制度等构成了学校人事制度的主要内容。在这一时期，教育人事制度改革有所发展，但总体成效不明显，改革的力度和范围都滞后于企业。

第三阶段：教师人力资源管理制度改革深化期（1986—1992年）。党的十三大提出，"国家干部"这个概念过于笼统，缺乏科学分类；管理权限过分集中，管人与管事脱节；管理方式陈旧单一，阻碍人才成长；管理制度不健全，用人缺乏法治；为此，提出要对"国家干部"进行合理分解，改变集中统一管理的现状，建立科学的分类管理体制；改变用党政干部的单一模式管理所有人员的现状，形成各具特色的管理制度。在这一思想的指导下，学校实行了区别于公务员的人事管理制度，开始实行考试招聘校长。在教师的管理上，《中共中央关于教育体制改革的决定》提出，只有具备合格学历或有考核合格证书的，才能担任教师并且要对教师进行认真的培训和考核。这一时期的干部管理制度改革有了扎实的举措，并且将改革的触角延伸到了教师层面。

第四阶段：教师人力资源开创期（1992年至今）。党的十五大第一使用了"人力资源"的概念，中央颁布了干部人事制度改革纲要，建立了一套有利于激励人力资源开发管理的制度，从而促使教育人事管理向教育人力资源管理转型。《中华人民共和国教师法》《中华人民共和国教师资格条例》等法规的相继颁布，为教师人力资源管理提供了法规依据。教育从业人员按照其不同特点真正实现了分类管理，政府管理人员归类于公务员，学校教师归类于专业技术人员。教师和校长试行招聘制、合同制，教师职称评定制度化。2003年，《关于深化中小学人事制度改革的实施意见》，改革不合理的人事制度，对建立教师人力资源管理系统起到了极大的推动作用。尤其是教师聘任制有了实质性的进展，学校和教师双向选择开始逐步实现，教师拒聘、被学校解聘已是正常现象。人员配置不再是政府掌控一切，市场机制开始发挥作用。在国家政策法规的推动下，岗位培训、专门技能培训、学科培训、名教师工程培训、素质提升培训等全面实施。学校跨地区招聘教师、高薪招聘名师等现象出现，这些都体现了教师人力资源管理的特征。

（三）教师人力资源管理的内容

人力资源管理工作主要包括六大模块：人力资源规划、招聘、薪酬管理、员工培训、劳动关系、绩效管理。

学校人力资源管理以这六大模块为基础，包括职位分析、教师招聘、培训、职业规划与教育智力开发利用、绩效管理、职业能力认可（职称晋级）等多方面的内容。

职位分析也叫岗位分析，是全面了解、规划、规定一项具体工作或职务的管理活动；是对完成教育教学具体工作所需岗位、人员，及其相应知识、技术、责任、行为、要求等做出明确规定的系统过程。例如，学校人事部门根据学校工作需要，计划设置相应的岗位，然后根据岗位工作确定所需人员数量、人员所需知识与技能，明确职能职责，等等。目前，我国教育系统的职位分析流程一般是：学校向教育主管部门提出教师岗位需求计划，教育主管部门汇总后，报上级部门，然后由地方教育主管部门联合学校启动招聘计划（图4-1）。

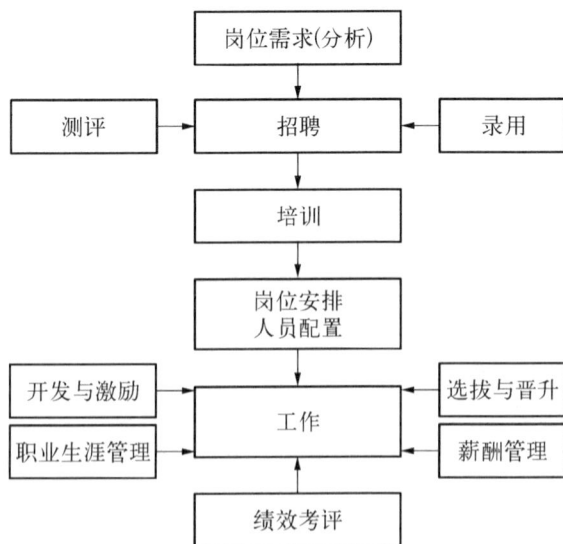

图4-1 教师人力资源管理模块图

二、教师招聘

教师招聘考试又称教师入编考试，是由地区教育局或人事局统一组织的教师上岗考试，考试内容按地区的要求存在不同。

（一）与教师招聘相关的法律法规

1.《中华人民共和国教育法》

国家教育考试制度（第二十一条）：国家实行国家教育考试制度。国家教育考试由国务院教育行政部门确定种类，并由国家批准的实施教育考试的机构承办。

2.《中华人民共和国教师法》

（1）教师职业的界定（第三条）：教师是履行教育教学职责的专业人员，承担教书育人，培养社会主义事业建设者和接班人、提高全民族素质的使命，教师应当忠诚于人民教育事业。

（2）教师资格制度（第十条）：国家实行教师资格制度。中国公民凡遵守宪法和法律，热爱教育事业，具有良好的思想品德，具备本法规定的学历或者经国家教师资格考试合格，有教育教学能力，经认定合格的，可以取得教师资格。

（3）初中教师的学历要求（第十一条）：取得初级中学教师、初级职业学校文化、专业课教师资格，应当具备高等师范专科学校或者其他大学专科毕业及其以上学历。

（4）中小学教师资格认定方法（第十三条）：中小学教师资格由县级以上地方人民政府教育行政部门认定。中等专业学校、技工学校的教师资格由县级以上地方人民政府教育行政部门组织有关部门认定。普通高等学校的教师资格由国务院或者省、自治区、直辖市教育行政部门或者由其委托的学校认定。

具备本法规定的学历或者经国家教师资格考试合格的公民，要求有关部门认定其教师资格的，有关部门应当依照本法规定的条件予以认定。

（5）教师考核制度（第二十二条）：学校或者其他教育机构应当对教师的政治思想、业务水平、工作态度和工作成绩进行考核。教育行政部门对教师的考核工作进行指导、监督。

（6）教师工薪制度（第二十五条）：教师的平均工资水平应当不低于或者高于国家公务员的平均工资水平，并逐步提高。建立正常晋级增薪制度。具体办法由国务院规定。

（7）教师聘任制度（第十七条）：学校和其他教育机构应当逐步实行教师聘任制，教师的聘任应当遵循双方地位平等的原则，由学校和教师签订聘任合同，明确规定双方的权利、义务和责任。实行教师聘任制的步骤、办法由国务院教育行政部门规定。

（8）教师考核的原则和方法（第二十三条）：考核应当客观、公正、准确，充分听取教师本人、其他教师以及学生的意见。

（9）教师奖励制度（第三十三条）：教师在教育教学、培养人才、科学研究、教学改革、学校建设、社会服务、勤工俭学等方面成绩优秀的，由所在学校予以表彰、奖励。国务院和地方各级人民政府及其有关部门对有突出贡献的教师，应当予以表彰、奖励。对有重大贡献的教师，依照国家有关规定授予荣誉称号。

（二）招聘方式和流程

目前，大多数地区的教师招聘流一般为：资料预审（资格审核）、笔试、面试、答辩、录用、签约。此处重点介绍笔试、面试和答辩。

1. 笔试

各地有关基础知识的考试内容有细微差别，有的指教育学、心理学、教材教法、教育法规、"新课改"等相关的教育理论知识，有的地区指的是文史、法律、数学、政治、时事等综合知识或行政能力测试知识。

2. 面试

面试在笔试之后进行，笔试各科成绩均合格者才能进入面试。教师招聘面试根据各地实际情况，不统一划定笔试成绩合格线，而是按照笔试总成绩从高分至低分，根据招聘数，一般以 1：3 或 1：5 的比例确定面试人选。如果实际参加面试人数达不到规定比例要求的，按实际人数确定面试人选或相应调减招聘人数。

（1）结构化面试。一般情况，教师资格统考面试由工作人员根据系统安排好的时间通知考生面试的顺序和考试内容，随后考生按照顺序，由引导员带领，用候考室的计算机登录面试软件测评系统，系统会随机抽取三道试讲题目（有的地区是三题选一题，有的地区是两题选一题），考生必须在一分钟之内选定自己擅长的题目，否则系统默认选择第一题。抽题之后在考场打印出试题清单和备课纸。教师招聘面试，由工作人员组织考生抽签，决定考生的面试顺序和考试内容。

（2）说课（即模拟课堂）。考生向考官说明试讲的课题，按照准备好的教学设计进行模拟课堂教学，说课重点考查考生对课题的把握能力，以及课堂现场的掌控能力。时长一般为 10 分钟。

3. 答辩

答辩依据现场情况的不同，有"坐答"和"站答"两种形式。"坐答"即得到考官"请坐"的指令后，考生可以落座，回答考官提出的问题。"站答"即站立回答，往往站在指定位置回答考官提问。考官围绕考生试讲（或演示）的内容和测试项目进行提问。总时间一般为 5 分钟，其中有 1 分钟准备时间。

三、教师入职培训与职业规划

以终身学习理念为基础，教师专业发展是一个贯穿教师整个职业生涯的动态而连续的过程，教师教育也应该包括职前培养、入职培训和在职进修这三个连续的阶段。新教师入职培训是教师专业发展的中间环节和关键环节，对促进教师的专业持续发展有着极其重要的意义。教师管理与培训，是构建终身学习教育体系的社会发展需要，是教师养成终身学习习惯的需要。

（一）入职培训的意义

教师培训促进教师专业成长，是提高教师队伍整体素质的重要举措。新教师处于教师专业发展最关键的时期，新教师入职，需要在这个职业过渡时期得到一定的引导和帮助。2011 年，教育部出台《关于大力加强中小学教师培训工作的意见》，明确提出："对所有新任教师进行岗前适应性培训，帮助新教师尽快适应教育教学工作。培训时间不少于 120 学时。"该意见将新任教师培训纳入中小学教师全员培训，明确其培训目的和培训时间。培训新入职教师，可以树立他们从业的信念，培养他们的师德，使其初步掌握教学新方式、新技能、新手段，形成教育教学能力，加深对教育和学校的了解，提高认同度，融入学校的教育文化，缩短新教师角色转换期。

（二）培训的内容

教师入职培训可以分为以下五个类型：

（1）师德修养培训：着眼于加强新教师对当代教师职业、教师师德规范、教师职业素质的认识，确立敬业爱岗、为教育事业奉献力量的正确思想。

（2）教育理论培训：着眼于使新教师掌握课改理论，了解学科教改的前沿方向和热点问题，增强新教师获取教育信息的能力。

（3）教育教研培训：着眼于使新教师了解教育教研选题、设计研究方案、撰写教学个案和进行教学反思的一般方法，以学校重大课题为载体，介绍学校教研情况。

（4）教学常规培训：着眼于使新教师明确学校教育、教学工作的基本流程、规范、要求和教师的基本职责，规范新教师的教育教学行为。

（5）教学技能培训：着眼于培养新教师将理论运用于实践和掌握教学基本功的能力，进行备课、说课、上课、班级常规管理、班级活动设计等训练。

（三）培训转化

培训转化是指通过培训及课程资源的利用达到预期目标，使培训的内容转化为教师的教学技能和行动方式，带动新老师整体素质的提升，从而树立终身从教的信念，形成良好的师德师风，具备良好的工作状态。

要提升培训效果转化率，我们要做好以下几方面工作：培训前，培训和受训双方要充分沟通，了解新教师现阶段的知识结构现状与痛点需求，进行精准的需求调研分析，最好能设计一份问卷，从教师从业意愿到授课技巧，引导新教师发现并描述出自己的困惑；培训中，要多采用互动的方式，模拟建构各种工作场景，让新教师参与处理，迅速提升其教育教学能力；培训后，建立师徒结对关系，让新教师都有一个领路人，可以随时请教，及时改进。

（四）教师职业规划

每个人都希望在自己的职业生涯中最大限度地发挥自己的潜能，高效地实现自我价值，在事业上取得更大的成就，这就需要自己进行个人职业规划。中小学教师要想在当今教育改革中真正发挥教师的主体作用，成为学生终身发展的引导者和开发者，必须制定以教师专业发展为核心的职业规划。引导教师寻求自我专业发展，做好以下几点：

（1）自我发展状况分析，包括分析自己所处的学校环境和社会环境，自己的优势、劣势、机会，以及教育的发展趋势，等等。

（2）职业目标定位，就是要考虑清楚往哪个方向发展，比如：选择向教书育人方向发展，还是向教育教学研究方向发展，或者是向行政管理方向发展？

（3）职业规划的实施，就是确定职业发展目标后，要付诸实施，比如学习教育理论，撰写教学日记，申请教育教学课题研究，观摩名师课堂实录，积极参加教研活动与培训，等等，向既定的目标努力。

（4）职业规划调整与改进，职业发展目标实施过程中，新教师还要根据自身与环境的变化，随时做出调整，要及时对教师职业规划进行评估与反馈，修正职业发展目标、方案，不断调整自己职业发展的步伐。可以说，职业规划的调整过程就是教师个人不断进行自我认识与反思，不断认识周围环境的过程。

四、教师绩效管理

为深化教育人事制度改革，推进义务教育学校绩效工资制度顺利实施，加强教师队伍建设，促进教育事业科学发展，2008 年 12 月，教育部印发《教育部关于做好义务教育学校教师绩效考核工作的指导意见》。教师绩效考核的内容主要是：教师履行《中华人民共和国义务教育法》《中华人民共和国教师法》《中华人民共和国教育法》等法律法规规定的教师法定职责，以及完成学校规定的岗位职责和工作任务的实绩，包括师德和教育教学、从事班主任工作等方面的实绩。截至目前，各地依然在积极探索绩效考核的有效方法，教育部建议：各地要积极探索、创新绩效考核的机制与方法，规范考核程序，健全考核组织。绩效考核工作一般由学校按规定的程序与年度考核结合进行，可采取定性与定量相结合，教师自评与学科组评议、年级组评议、考核组评议相结合，形成性评价和阶段性评价相结合等方法，同时适当听取学生、家长及社区的意见。这需要充分发挥校长、教师和学校在绩效考核中的作用。

由于教师工作的特殊性，工作的效果不能及时呈现，而是具有很长时间的滞后性，教师教育的影响，常常要在未来 1 年甚至 10 年后才能显现，这给绩效考核带来难度。另外，我国教育以公有制为主体，薪资由各地财政根据教师职称统一支付，学校对教师的考核空间更小，只能以精神激励为主。当然，即使在私立学校居多的美国，教育行业的绩效考核问题也是一直在研究的难题。

五、教师薪酬

2018 年初，中共中央、国务院发布《关于全面深化新时代教师队伍建设改革的意见》，明确提出大力振兴教师教育，不断提升教师专业素质能力；不断提高地位待遇，真正让教师成为令人羡慕的职业。

该意见突显教师职业的公共属性，强化教师承担的国家使命和公共教育服务的职责，确立公办中小学教师作为国家公职人员特殊的法律地位，明确中小学教师的权利和义务，强化保障和管理。该意见要求健全中小学教师工资长效联动机制，核定绩效工资总量时统筹考虑当地公务员实际收入水平，确保中小学教师平均工资收入水平不低于或高于当地公务员平均工资收入水平。

教师收入分配激励机制正日趋完善，有效体现教师工作量和工作绩效，绩效工资分配向班主任和特殊教育教师倾斜。很多地区已经实行中小学校长职级制，根据实际实施相应的校长收入分配办法。

艰苦边远地区教师津贴政策得到落实。全面落实集中连片特困地区乡村教师生活补助政策，依据学校艰苦边远程度实行差别化补助，鼓励有条件的地方提高补助标准，努力惠及更多乡村教师。在培训、职称评聘、表彰奖励等方面向乡村青年教师倾斜，优化乡村青年教师发展环境，加快乡村青年教师成长步伐。

民办学校教师社会保障机制确立，民办学校应与教师依法签订合同，按时足额支付工资，保障其福利待遇和其他合法权益，并为教师足额缴纳社会保险费和住房公积金。依法保障和落实民办学校教师在业务培训、职务聘任、教龄和工龄计算、表彰奖励、科研立项等方面享有与公办学校教师同等权利。

教师收入由基本工资、教龄工资、课时工资、绩效工资、特优津贴等构成。

（1）基本工资：教师基本工资按照教师资格职称定。

（2）教龄工资（含工龄）：教龄工资的实行不仅体现对老教师的照顾，更重要的是鼓励终身从教，有利于教师队伍的建设和教师队伍的稳定。

（3）课时工资：课时补贴按照实际上课情况发放，实行按劳取酬的原则。

（4）绩效工资：学期和学年奖金。这部分奖金，每学期、学年评，不实行终身制；主要是激励工作出成效，优质优得。

（5）特优津贴：发放给公认的特别优秀的教师，无名额限制，县市以上部门依照高标准考核认定，如国务院津贴、县/市政府津贴，不实行终身制。其主要是对那些在教育教学工作上有特殊研究成果，并得到很好的推广的教师进行激励；可根据影响范围的大小确定等级，使那些有才华的教师得到应有的报酬，真正起到激励作用。

此外还有山区补贴，农村和边远地区的教师，另外给予补贴。

第五节　学校教研体系建设

学校教研是学校教学研究的简称。它是指学校借助教育科学理论，以有价值的教学问题为对象，运用恰当的研究方法，有目的、有计划、有组织地对学校教学实践进行研究的活动。

教研工作是学校保障和提高教育质量的重要支撑，在学校推进课程改革、指导教学实践、促进教师发展、服务教育决策等方面发挥着重要作用。进入新时代，为了深化基础教育教学改革，全面提高基础教育质量，教育部于 2019 年 11 月印发《关于加强和改进新时代基础教育教研工作的意见》，就着力解决教研工作存在的机构体系不完善、教研队伍不健全、教研方式不科学、条件保障不到位等问题提出明确要求。要落实好教育部关于教研工作的意见，学校教研体系的建设就尤为重要。学校教研体系的建设就是要健全学校教研部门及其职能，加强学校教研队伍建设，落实教研工作任务，创新教研工作机制，创新教研实践样态，构建教研开放合作新格局，完善教研保障措施。

中小学教研与教育科研的主要区别在于：① 研究范围不同。教研活动主要是针对学校教学工作的各种问题而展开的，是对学科知识、课堂教学等的研究；教育科研包括的范围相对要广泛得多、涉及学校工作的方方面面。② 层次深度不同。教研活动中，教学观摩、说课、研讨、反思等都属研究；但教育科研是进一步、深一层的研究，是指有设想与计划，有明确研究目标、内容、研究方法和步骤的科学研究。二者的联系是教研与科研都强调一个"研"字，都是对学校工作进行的探索和研究。学校教育科研包含学校教研，教研是教育科研的一个重要组成部分。教研是科研的基础，科研能够提升教研的水平，二者相互结合、相互促进，共同推动学校的改革与发展。

一、教研机制的创建

教研机制的创建是教研体系建设的基础，能够为学校的教研工作提供制度保障，确保学校教研工作的实施和管理规范化。学校教研机制的创建包含下面几个方面的内容。

（一）机构的建设

学校要建立完整独立的教研管理部门，应配备专门负责教研管理部门的校级领导，要配备专职的教研管理部门负责人。教研管理部门职能职责主要是：推进课程改革、指导教学实践、促进教师发展、服务教育决策。这四项职能要求学校教研管理部门彻底摒弃以考试成绩和升学任务为中心的工作导向，改变圈定在学科领域进行听课、评课、命题、考试、奖优等过于功利、狭隘的工作内容。教研管理部门要体现国家教育使命担当，扮好学校教育改革发展、教师整体发展的推动者、指导者、服务者角色，当好学校发展决策的参谋、助手。

健全的组织机构、科学的管理模式能为学校教研工作的开展提供组织上的强力支撑。目前学校通常都建有"校长室—教务处—教研组—备课组"校本教研管理机构，保证教研工作职责明确、渠道畅通、责任到人。在校长负责制的前提下，校长（分管副校长）是校本教研的决策者和带头人。教务处履行教研工作的常规管理职能，包括组织、协调、服务等管理职能；教研组组织教师以学科为单位开展校本教研活动；备课组是校本教研的基本单位，为解决教学中的实际问题，定期或不定期开展研究讨论活动。

（二）制度的建设

在学校教研工作实践中，学校应制定专门的教研工作管理制度，对学校教研工作目标、任务、职责、主体和管理系统进行明确的规定，让学校从教研管理人员到教师都清楚自己在教研工作方面的职责。制度的建设能统一思想、提高认识，为教研工作把方向、定责任、强化保障。制度的建设要把学校教研工作纳入学校发展总体规划之中，要能及时解决困扰教研工作全面深入有效开展的问题。学校建立完善的促进教研持续稳定发展的长效机制，是学校教研工作稳定、有效、可持续开展的组织基础和制度保障。学校教研工作管理制度可以包含以下内容：

1. 理论学习制度

学校要引导教师学习最新的课程与教学理论，不断完善自身的知识结构和理论素养，养成理论学习和实践反思的习惯。

2. 对话交流制度

学校可以定期邀请本地或外地的优秀教师就教育教学实践中出现的问题展开对话，进行深度会谈、专题研讨，实现信息交换、经验共享。

3. 课题研究制度

教师以教育教学中迫切需要解决的问题为课题，深入探讨，形成浓厚的学术研究氛围。

4. 教研评价制度

教师通过科学的方式对课程的实施、教研工作开展等方面的工作进行评价，促进教师教研水平和专业能力的提升。

二、教研工作的原则

（一）系统的原则

教研工作是学校工作这个大系统中的子系统，教研工作要围绕学校整体工作开展，服从和服务于学校工作。同时，学校在安排教研工作时，要把它作为一个系统通盘考虑，注意整体与部分、远期与近期等关系。

（二）以人为本的原则

教师是教研工作的主角，要充分体现教师的主体地位，教研目标要是全体教师专业发展的共同愿景，制订制度要有教师参与，教研过程要由教师主持，教研评价要有教师的参与。

（三）可持续发展的原则

教师的专业发展不可能一蹴而就，需要长期坚持。同一个人也有不同的发展阶段，因此，学校需要不断发现、发展教师专业的"最近发展区"，创设既宽松又具竞争性的校本教研环境，以公正科学的评价为基础建立合理的激励竞争机制，促进教师专业可持续发展。

（四）针对性原则

学校校本教研工作必须有针对性，不能笼统、模糊不清，要明确教师的能力层次，做到有的放矢。

三、教研组织与实施

作为一种社会组织，学校需要把与学校生存和发展密切相关的人、财、物、时间、空间、信息等因素按照一定的原则有机地联系起来，建构起一个开放的系统。教研和科研组织是其中的一个子系统。

学校教研的组织管理首先要建立学校教研组织管理机构，其中主要是学校的教务处、教研组。这些机构是学校管理教研和科研工作的具体执行部门。为了提高其工作效率，学校应该健全其内部机构，配备一定数量的工作人员。学校还要为他们提出工作目的和任务，并对这些组织的工作进行指导、监督、检查、评价。同时，学校要为这些组织的正常运转提供较为充分的资源（如经费、设备、信息等）支持。

在学校教研工作的组织过程中，学校要明确教研工作目标。目标是校本教研工作的方向。只有目标明确，在具体工作中才不会迷失方向。这里的目标既要有学校层面的教师专业发展愿景，也要有教师个体的发展目标；既要有教师远期的宏观目标，也要有教师近期的微观目标；既要有师德修养、专业思想等方面的内容，也要有专业知识、专业技能的内容。一般来说，学校教研要强化教学观摩与研讨活动的组织及青年教师教学技能培养，要做好青年教师培养、教学基本规范培训、教学基本技能培养等教学指导工作。

（一）创建教研运行体系

学校开展教研工作的目的是促进教师的专业成长，探求适合学校实际的教学方法、教学模式，解决教师在教学中遇到的具体问题。在实际工作中，学校要创造一种系统之间、系统内部各要素之间一种和谐共生的状态。教研工作的外环境（学校的其他工作）与内环境（教研本身诸要素）之间，以及内环境各要素之间能够建立起一种自然的、健康的、合规律的、相互支持、互促互进的和谐关系。在这种生态中，一方面，校本教研工作已经完全融入了学校整个工作系统中，它不是强加给学校的一种额外负担，而是学校整体不可或缺的重要组成部分，此项工作一旦缺失、失范或异化将会直接导致学校系统功能的弱化，同时学校系统中的其他子系统会自觉提供给校本教研工作足够的支持和呼应。另一方面，学校教研工作系统内部已经生成了必需的各种要素，拥有浓厚的文化氛围，合理的体制架构，健全的制度设计，灵活的机制创新，丰富的平台载体，多样化的活动形式，等等。

（二）建立教研实施途径

学校要让教师持续发展，就需要搭建有利于教师发展的各种平台，包括学习平台、交流平台和实践平台等。

（1）学习平台。现代社会日新月异，知识更新速度快，教师必须加强学习，这里的学习包括集体学习、自研自修、外出学习和专家指导等。

（2）交流平台。学校为教师搭建的交流平台，既可以是同一教研组内的学术交流活动，也可以是就一个或几个专题组织起来的课改小组。

（3）实践平台。学校要为教师提供形式多样的实践平台，可以是老中青教师的"合作备课""同课异构""一课多上"的"对比式"教学活动；也可以是"走出去"的外向性教研活动；等等。

（三）教研计划的制订

教研计划的制订，是学校教研管理的首要环节。教研计划是教研组根据教研组发展规划，结合某一学期的教学和其他相关工作，为有效研究教学问题而制订的活动的安排。它有助于教研组全体成员了解自己在某一阶段的努力方向和内容，提高工作的主动性和自觉性，也便于教研组长对教研活动进行检查和考核。

一份好的学期教研计划，主要包括以下要素：上一学期教研情况，本学期教研工作的总目标及子目标，本学期教研工作的基本要求，重要教研活动的安排

（包括教研主题、应该准备的教研资料、活动的时间与地点、活动的主持人及主要参与者、活动的主要形式与程序、预期的结果等），教研活动需要的保证条件，教研活动的成果及其表现形式，等等。

制订教研工作计划时，要注意以下几点：第一，依据充分。教研组的教研计划，要依据教研组长远发展规划、教研组的实际情况等来制订，要承上启下，有连续性。第二，重点突出。在一个特定的阶段内，要突出一个重点活动，用该活动重点带动这一阶段的教研活动。第三，操作性强。学期教研计划要有具体的实施要求和措施。一般来说，它要包含"六定"：定时、定点、定人、定主题、定质量、定措施。第四，民主参与。教研工作计划要反映大家共同的心声和需求，让全体教师都有机会参与其中；应该善于设计让不同层次的教师愿意参与的活动，体现合作研究、平等分享的原则。

（四）教研活动的实施

教研活动计划制订之后，就要组织实施。在实施教研计划时，要让教研组内的教师了解学期教研活动的主题、内容与实施要求，使大家有充分的准备，以积极的心态投入教研活动。在实施过程中，教研组长要发挥好控制、协调等职能，保证教研计划有条不紊地实施，同时还要兼顾工作的质量。对于教研计划中的重点活动，事先要做好充分的准备。学校领导、管理人员在教研组实施教研工作计划的过程中，也要及时予以指导和帮助。

为了提高教研活动的效率，必须做到以下几点：① 活动实施之前要进行调研，摸清教师的认识和行为现状，了解教师的基本需求。② 做好活动方案，设计好教师的可参与的内容。③ 精心准备。教研活动预设的目标都是为活动过程中的教师思想观点的现场"生成"服务的，所以，教师事先要做好准备。④ 营造对话氛围，让教师在活动中进行思想的碰撞并现场"生成"新思想。⑤ 通过教研活动，让教师达成关于教学活动的共识，还要引领教师将这些共识转化为改进教学活动的行为策略。

四、教研活动的策略

学校要随时代变化做好教研工作，就必须创新教研工作方式，改进常规教研活动方式，从一般性的个别指导走向较大规模的主题式或课例式研讨，特别是要积极探索信息技术背景下的教研模式改革，构建线上线下相结合的智慧教研新模式；从听课评课走向学科教学实践模型或案例的培育与推广，引领学科教学改革的探索；既强化教学展示、命题或课标的培训，又注重项目研究，以学科基地为依托，理论与实践相融合，推进教学改革；既注重课程开发，也注重教学资源的建设。此外，健全教学视导机制，开展经常性教学视导，以及探索开展跨学科、跨学段的教研活动。

（一）探索教研工作模式

学校要使教师在校本教研中成为一个主动的探索者和创造者，教师专业得到持续发展，除了有学习、交流和实践平台，重要的还要选择具有可操作性的教研模式。

（1）自修反思式：运行结构为激发价值取向、引领自主发展、内化专业素质。

（2）专题研讨式：运行结构为问题筛选、理论探讨、实践验证、品位提升。

（3）学术沙龙式：运行结构为确立主题、群体破解、开放对话、多元分享。

（4）案例透析式：运行结构为案例选择、整理加工、展示评析、专业引领。

（5）课题牵动式：运行结构为申报立项、资源开发、深度研究、共享推广。

（二）创新教研活动形式

学校教研活动开展的形式不是一成不变的，应根据时代发展的要求、教育发展的变化，不断更新和创造更具针对性和更为有效的活动形式；建立以"自我反思、同伴互助、专业引领"为核心的教研机制，以理论学习、案例分析、教学反思、经验交流、问题解决、教学指导为基本形式的教研制度，在教研活动的形式上进行新的尝试，努力提高校本教研的针对性和实效性。

（1）主题专题化。在开展教研活动时，要事先定好计划，确立研究主题，主题应定位在解决教学之内的"真"问题、"小"问题，而不能是"假"问题、"大"问题；研究教学中的实际问题，"微型"课题，而不是教学理论问题。

（2）内容系列化。教研内容"零散"是一种"浅尝辄止"的教研表现形式，它不具有整体性和系统性，不利于教师的成长；而教研内容的系列化，有助于教师更加深入系统地研究问题，让教师的专业成长具有"持续性生长"的生命力。

（3）形式多样化。教研的形式从教研性质上分有注重操作的参与式研讨、同课异构的比较式研讨、提高层次的课题式研讨、诸多学科的交叉式研讨、多渠道多反馈的交流式研讨等。具体组织形式有课堂观摩、说课评课、课题研究、观点展示、热点评说、读书交流等。

（4）教研科研一体化。倡导"问题即课题、教学即研究、解决即成果"的校本教研活动，使教研科研一体化，共同为提高教育教学质量服务。

（三）建立教研评价体系

校本教研的评价应注重教师的未来发展，注重教师自身的发展期望，注重管理者和教师的平等对话，注重教师的积极参与。

（1）建构注重发展、面向未来的教师评价取向。评价应该是对其现有的发展特点和水平，工作的情感和态度，现在的工作状况，以及未来的发展需求与可能，进行完整的、综合的评定；尤为重要的是对教师的潜在价值的肯定。

（2）建构以激励性评价为主的评价机制。评价应恰当运用奖惩与发展，使二者有机结合，综合运用，最大限度地调动教师的教研积极性，充分挖掘教师的潜在价值。

（3）建构全员参与、共同进步的评价模式。在评价过程中，评价应当采取教师民主参与、全员评价、全面评价和共同进步的模式，强调全员参与，全面评价教师。

（4）设计旨在促进教师专业全面发展的评价内容。评价要以教师发展为出发点，扩大评价领域，建立教师专业素养、教育技能、教育科研能力、教育教学特殊能力等方面整体发展的多元评价模式。

（5）形成使教师评价的整体功能充分实现的评价结果。评价的结果一般提供两个方面的信息：第一，通过评价者，向学校提供评价对象是否需要进修，以及学校应该提供哪些帮助的信息；第二，通过评价者，向评价对象提供其工作表现方面的信息从而改善其工作表现。

第六节　学校科研体系建设与管理

教育是培养人的社会实践活动。教育的任务就是培养人才、服务社会，满足人成长发展的需要，满足社会发展变革的需要。人与社会的发展是不断变化的，也会不断向教育提出新的要求。因而，教育也处在不断发展与变革之中。在现代社会，教育的改革与发展无不依靠科学的教育理论来指导，无不依靠教育决策来实现。科学的教育理论和科学的教育决策来自科学的教育研究。这是由教育科研特有的价值所决定的。教育科研的价值总体而言在于形成教育理论，改革教育实践，促进教育从业人员的专业成长，具体又可以从五个方面来概括：描述和解释教育现象和问题，理解和阐明教育思想和观念，揭示教育规律，形成教育改革与发展的理论和对策，预测教育改革和发展的未来方向。教育研究的自身价值使其成为教育改革与发展的依靠和动力。

学校科研是学校教育科学研究的简称。它是指学校借助已有的教育科学理论，以有价值的教育问题为对象，运用恰当的研究方法，有目的、有计划、有组织地开展的认识教育本质与客观规律、创新教育理论和方法，或遵循教育规律解决教育教学实际问题的创造性活动。学校科研倡导让教师成为研究者，以增强教育研究成果的针对性，解决教师直接面对的教育教学实际问题。无论从哪方面来说，当代教育改革与发展的实践都表明，教育改革的实践主体需要开展教育研究，掌握一定的教育理论，促进自身的专业成长，进而在改革与发展的实践活动中实现教育研究成果的转化。因此，教育改革和发展对策的形成赋予了教育研究直接的教育实践价值。

一、科研机制的创建

学校科研机制的创建是学校发展教育科研的基础和动力。好的科研机制能够推动学校教育科研的发展，激发教师参与教育科研的兴趣，及时转化好的教育研究成果。学校科研机制要能够促进学校教研、科研、教师培训一体化的发展。学校要实现教学改革的落地，必须健全校本科研制度，建立以学科组为单位开展学科教学改革的实践研究机制。

（一）机构的建设

学校在创建科研体系工作中，首先要健全科研机构职能职责，建立"教科室—学科组—备课组"组合的教育教学研究主线。学校各级科研机构要紧紧围绕培养时代新人这一目标，推进课程改革，指导教学实践，促进教师发展，服务教育决策，切实履行落实国家课程方案、开发地方与校本课程、开展教学改革实验、组织教学研究、实施教学诊断与改进、建设课程教学资源、培育推广优秀教育教学成果、为教育管理决策提供服务等职责。

（二）制度的建设

要保证教育科研的顺利实施和取得成果，制度保证是前提，只有建立起完备的教育科研制度，才能有效保证教育科研的顺利实施并取得成果。首先，每一级教育科研组织都要制定相应的教育科研制度。做到有制度可依，有制度做保证，有制度促实施的格局。教育科研无法落到实处就是因为缺乏制度保证，没有具体的制度，致使一些教师不够重视，不能真正全身心地投入教育科研中去，研究也是走过场，只停留于表面，使教育科研流于形式。其次，建立完善的奖惩机制。学校要彻底打破研究和不研究一个样，有成果和没成果一个样的局面，让真正参加教育科研的教师得到应有的奖励；同时，在建立奖惩机制时，最好把它和年终评优、评定职称结合起来，并且要大大提高教育科研的权重分，让学校的教师动起来，形成人人争先搞教育科研的良好局面。

制度是学校科研工作健康发展的规范性保障。学校科研的制度管理，就是要建立、完善，以及有效地执行关于科研的规章制度。学校科研管理的规章制度主要包括如下几个方面。

第一，发展规划制度。学校要根据整个教育系统和学校发展规划，对教研科研工作做出一定时期的总体部署。

第二，目标考核制度。学校要把教研和科研的目标达成度列为学校管理和办学水平的考核指标，作为教科室、教研组和教师个人业绩考核指标。

第三，学习制度。学习制度包括组织常规性的学习制度、教师自主学习制度、教师参加教育行政部门组织的校外教师培训制度等。

第四，课题管理制度。目前，许多学校都开展了教育科研的课题研究。因此，学校就应该建立科研的课题管理制度，主要包括课题申报和备案制度、研究实施之前的课题开题制度、研究中期的交流汇报制度、研究结束后的课题成果鉴定与评价制度等。

第五，保障制度。保障制度主要包括学校科研管理组织的建设制度、研究经费管理制度、科研档案的管理制度、科研工作的评价制度、科研工作的奖励制度等。

二、教育科研的主要内容

根据性质不同，学校教育科研的内容可以分为三大类。

（一）基础研究

这一类研究主要是对教育基本规律和原理的研究，具有相对抽象性。教育理论可分为纯粹理论和经验性理论两类，前者的思辨性较强，其内容包括探讨教育本质、教育规律、教育基本原理、教育哲学、教育心理、教育政策法规、教育制度与体制等；后者具有明显的实证性和操作性，内容包括教学理论、教学方法原理、学校管理的基本理论、学校文化及其建设问题、教师与学生的基本理论等。

（二）应用研究

应用研究主要是运用教育规律和原理解决教育实践中的现实问题，其成果可直接应用于学校的教育教学、领导管理、文化建设、人力资源等方面，针对性和操作性比较强。具体内容如学科教学模式的研究、学生管理问题研究、班主任工作研究、学生管理、教师专业发展的策略等。

（三）开发性研究

开发性研究是教育实验和发展方面的研究。这类研究不是为了获得新知识和丰富教育教学理论，而是将已有的研究成果与经验加以推广与普及，建立实验基地，转化教学成果，通过把基础研究和应用研究获得的知识转化为可以实施的程序及策略，从而解决教育实践中的问题。

三、教育科研的主要形式

中小学教育科研的形式多种多样，总体上可以概括为课题研究和课题研究之外的各种研究。课题研究是由学校组织教师申报国家级、省（部）级、市级、区（县）级政府和教育行政部门设立的课题，或者学校自己设立的研究课题，以项目研究的形式开展的教育科研活动。

除了课题研究，学校要组织和鼓励教师在日常工作中进行教育教学、课程建设、学生管理等方面的研究工作。这些研究也是学校教育科研的重要组成部分，具有普及性，渗透在学校的发展过程之中，直接指向学校工作的改进。

四、科研组织与实施

教育科研在中小学要想得到很好的发展，要想取得显著效果，必须加强组织、管理和评估指导工作，建立详细的科研档案并定期测评。教育科研的效果应该纳入学校的考核中去，如果没有跟踪考核，只是放任各自去自由研究，很难取得好的成效。同时，学校要加大对教育科研的管理和指导力度，定期进行总结表彰，弥补不足，切忌放任自流。科研体系的建设必须始终围绕教研职责或任务的新要求，从机构健全与队伍配备、岗位考核与评价、岗位培养及教研方式转型等各个方面加强体系建设。只有立足于科研岗位职责定位，科研体系才能获得系统的建设。

（一）科研队伍的建设

学校管理的核心因素是人。要想做好科研工作，就必须建设一支高水平的学校科研队伍。为此，学校要制定相应的培养计划，包括教育科研队伍建设的目标、内容、途径、方法和保障措施等；制定相应的制度，规范和激励教师积极主动地提高自己的科研素质来从事科研工作；制定对教育科研骨干教师的选拔、培养、使用、考核和奖励制度；做好教师科研素质的提高工作，依据不同的培养目标和不同的培养对象，进行不同内容和形式的培训；定期组织教师外出参观考察，参加校内外有关学术会议，开阔视野，提高他们的自我反思及借鉴能力；根据学校的发展需求，适当地给教师分配一些力所能及的科研课题，让他们在研究中学习；聘请校外的专家或专职科研人员到学校指导教师开展研究。

在学校，所有管理人员和教师都应该是教育科研的参与者。每个学校要配备专职的教研员，要建立完善的教育科研骨干力量，如学科组组长、各学科名师、名师工作室主持人、课题组主持人等，依靠他们来带动学校科研的发展，同时充分发挥教师在学校的实践作用。教育科研需要理论研究与实践研究的协同，因此，教育科研需要积极发挥各级教科院和社会研究力量的作用，发挥教师培训和教育信息等部门的协同作用。我们可以探索建立由专家教授、研究人员及学校优秀教师组成的学科专业指导委员会；成立以特级教师、名师和学科带头人为主的教学改革研究小组，聚焦课程教学改革开展研究，加强示范课建设。

（二）科研培训的开展

在中小学，对于如何开展教育科研，学校要努力做好教育科研培训，要建立教研员、骨干教师、基层教师的三位一体的培训体系；做到层层培训，层层带动，层层教研，层层有成果。使学校专职教研员和骨干教师迅速地成长为教育科研的行家里手，然后充分发挥他们的榜样示范和辐射作用，让学校的教育科研真正落到实处，真正研究问题，真正出成果，真正为教育服务。

一方面，教育科研不仅有指导和培训教师的职能，而且其教学改革研究与推进等工作本身就构成培训；教师培训，必须依托科研力量推进。另一方面，教育科研，除了宏观教育政策研究，对课程建设、教学方式变革、学生学习方式等领域的研究，构成了科研的协同创新力量。以教师培训来说，科研与教师培训是一体化的，教师培训并非仅仅是组织开展培训活动，它必须熟悉教学改革和教学实践，它必须与科研合作；同时，科研的各种工作，包括教学实践模型培育推广、优秀课例研讨及教学诊断改进等，本身就是最好的教师培训内容和方式，教师培训必须充分发挥好科研作用。

（三）科研项目的实施

中小学教育科研要针对学校的教育实践，组织教师进行各学科课题的研究，以课题的研究成果来推动学科教育教学的变革。课题研究是教育科研的主要任务。学校教科室要积极发动教师申报各级科研课题，要组织教师积极参与课题的研究。在组织课题研究的过程中，学校管理部门要组建好课题研究团队，落实责任，明确任务，强化管理，保证了课题的有效实施。

1. 课题管理

课题经过选题申报和立项之后，研究人员要成立课题研究小组，明确每个课题组成员的职责，制定详细的阶段研究计划，按时认真实施课题研究，形成翔实的课题研究资料，并及时请教科研专家，分析与解决出现的问题，使课题研究不断完善和提高，争取预期的效果。课题研究的组织实施是课题研究小组成员依据拟订的研究计划，通力合作将研究方案付诸实施，并取得成果的过程。组织实施是教育课题的核心环节。

2. 研究过程

一般来说，教育研究的组织实施过程包括五个具体环节：选择研究对象、搜集资料、处理与分析资料、形成结论、研究结果的表述。

（1）选择研究对象。在教育研究中，课题目标与内容不同，研究对象的范围也不同。如果研究对象仅是个别对象或极少数人，那么研究对象的总体就是这些直接对象，也就不存在对象的选择问题。然而，大多数课题涉及的对象总体比较大，不可能也没有必要研究所有对象，这时，选择研究对象，即从研究对象总体中选择一部分作为直接研究对象，就成为一个非常重要的环节。

（2）搜集资料。搜集资料是指获取课题研究最终结论所需要的文献资料、事实材料或数据。研究很重要的一点是言之有据，持之有故。如果没有资料作为研究的支撑的话，那研究就成了无本之木。因此，资料是研究得以进行的重要基础，搜集资料是课题研究的重要环节。

资料有很多种，有从文献中搜集的资料，有从实践中搜集的资料。而对于实践中的资料，研究者要深入教育实践，通过观察、调查、访问、测量、实验等方式获得所需的资料。从实践中搜集的资料，主要是事实材料和数据，包括定性记录和定量数据两种。

（3）处理与分析资料。单纯搜集资料不能算是科学研究，杂乱无章的资料无法判定和验证假设。因此，对于资料还需要进行筛选、整理和分析，做到去伪存真、分门别类、条分缕析。

（4）形成结论。材料与数据处理和分析的结论并不等同于研究的结论，还需要针对研究假设，对统计的结果加以提升。在形成研究结论时，应综合考虑与研究有关的多种证据，以及各方面素的影响。应对研究的背景环境、具体条件、特殊情景等做出明确的描述和解释，并实事求是地限定该结论适用于进一步推断的范围。

（5）研究结果的表述。研究结果的表述是研究者的研究过程与成果公之于众的方式。它有利于研究成果的交流和推广。教育研究成果的表现形式主要包括教育研究论文、教育研究报告等。

3. 课题研究的方法

（1）文献研究法。随着人类文明的进程，各个知识领域都积累了大量的文献。人们要全面深入地了解某个知识领域，可以通过文献研究来实现。文献研究主要是指研究者通过系统全面地搜集、查阅、分析与研究相关的文献资料，了解研究现状、问题和发展趋势的一种研究方法。教育文献主要指记录有关教育的知识载体，主要包括专著、研究论文、研究报告等。教育文献研究的概念有广义和狭义之分。广义上的教育文献研究主要指搜集、鉴别、整理教育文献，并通过对教育文献的研究形成对事实的科学认识的方法。

（2）比较研究法。比较研究，即遵循一定的标准，把彼此有某些联系的两个或两个以上事物放在一起进行考察，通过辨别其异同，以揭示事物的真相、性质、规律等的一种研究方法。从对事物的相互联系和差异的比较中观察事物、认识事物，从而探索规律，是比较研究的本质所在。教育比较研究就是教育研究者遵循一定的标准，把彼此有某些联系的两种或两种以上的教育问题或教育现象放在一起进行考察，通过辨别其异同，揭示问题真相、性质和规律的一种研究方法。

（3）调查研究法。调查研究就是人们有目的、有意识地通过对社会现象的了解、考察和分析，从而形成科学认识的一种研究方法。调查研究属于经验性研究方法，它以直接的方式来研究客观事物，通过问卷、访谈、观察等方式在自然进程中搜集科学事实，获取经验材料，并在此基础上进行研究。教育调查研究是在教育理论指导下，运用观察、问卷、访谈等方式搜集资料，从而科学分析与认识教育现状，并提出具体工作建议的研究活动。教育调查研究以当前的教育问题为研究对象，旨在认识某一教育现象、过程或者解决某个实际问题。教育调查研究着重研究的是教育现实情况，区别于以过去发生的教育历史事实为对象的教育历史研究。教育调查研究在自然状态下搜集反映教育实际情况的材料，对研究对象不加任何干涉，因而也区别于以控制研究对象为主的实验研究。

（4）个案研究法。由于个案研究一般是对研究对象的一些典型特征做全面而深入的考察与分析，以取得对一般性状况或普遍经验的认识，其过程与解剖麻雀相似，人们形象地将个案研究法称为"解剖麻雀法"。同时，由于个案研究往往需要对研究对象进行较长时间的、连续不断的追踪调查，了解其发展变化的具体经历，因此又被称为"个案追踪法"或"个案历史研究法"。教育个案研究是个案研究方法在教育研究中的运用，是对单一的研究对象进行深入细致研究的方法。教育个案研究的对象可以是个体的人，如留守儿童、"学困生"、优秀教师、新教师等；也可以是一个团体、组织或机构，如优秀学习小组、先进班集体、薄弱学校、素质教育改革示范校等；还可以是某一个别事例，如中学生犯罪、校园欺凌等。

（5）实验研究法。实验研究就是为了实现预期的目的，运用一定的物质手段，在人为控制或模拟自然现象的条件下，使研究现象和过程以纯粹和典型的形式表现出来，以便揭示出事物间因果关系的研究方法。实验的本质特征是假设、控制和重复验证。教育实验研究就是针对一定的研究假设，主动控制研究变量，干预研究对象的变化，进而揭示研究变量之间因果关系的教育研究活动。也就是说，教育研究者根据一定的理论依据，针对现实的教育教学问题，提出解决问题的假设，然后在研究过程中主动变革研究的对象或变量，控制与研究无关的因素，最后根据结果得出研究变量之间的因果关系，获得理论上的认识，这样的研究活动就是教育实验研究。

（6）行动研究法。从方法论角度讲，行动研究毫无疑问是一种研究方法，但它不处于与个案、调查、实验等具体研究方法并列的层次，它的层次应该高于这些具体的研究方法。首先，行动研究体现的是一种独特的研究理念，是针对研究主客体分离而导致的理论与实践相脱节问题而提出的一种解决策略、思路。它关心的是如何将行动和研究结合起来，如何有效地解放实践工作者的智慧，充分彰显了研究的实践取向。它是在一个更高的层次回答"如何做研究"的问题，而不是具体解决如何去研究的问题。其次，行动研究不是一种可以单独使用的研究方法，它更多体现的是对各种研究方法的综合使用。根本就不会存在只使用行动研究法的研究，而只要使用行动研究，必然会有其他研究方法的相伴相随。最后，行动研究已经形成了一套相对成熟的操作程序。虽然学者们对操作程序的具体表述不尽相同，但其实质都是相同的。与行动研究的实践取向相契合，行动研究的操作自然是对行动程序的一种提升，它本质上依然是行动，但却是更高质量的行动。教育行动研究，即以教育实践工作者为主体，为提高对所从事的教育实践的理性认识，加深对实践活动及其依赖的背景的理解，实现改进教育实践的目的，在教育实践中进行研究的一种研究方法。

五、科研活动的策略

（一）开展有效科研

课题实施过程中，学校可以组织教师交流课题研究心得，畅谈科研中的体会，让所有的教师都通过研讨交流，了解学校教师对教育科研的认识和学校教育科研开展的现状，为课题的有效实施出谋划策，找出问题，思考今后的工作，认识到课题研究对学校和教师的促进作用，使教师积极投入课题的研究中来。

（二）创建科研氛围

学校要组织每个学科组制定创建教研组文化的近远期目标，让每位教研组长在职责要求下，带领教师根据本组实际情况和学校工作目标，制定教研组建设的近期目标和远期目标，创建体现本组特色的教研组文化，认真组织教师开展好校本教研活动，促进教师专业成长。

（三）了解科研现状

学校要对教师进行教育教学现状情况的问卷调查，了解教师当前的教学观念和教学行为及学生学习方式，以便于教师能更加积极地投入课题研究中。在学校教师中进行课题问卷调查，并对调查到的情况进行统计汇总，与教师进行反馈和交流，教师能获得科研工作更好的方法和思路，为学校科研的进一步发展奠定基础。

(四) 促进专业成长

学校通过多种形式的学习指导，让教师掌握先进的教育教学经验和理念，通过教育科研有效促进教师的专业成长，转变教师观念，提升教师的理论水平和专业素养，使他们向研究型教师发展，让教师成为教育科研的主人；通过教育科研来培养教师，提高教师素质。

(五) 制定激励机制

各级各类教育科研要想取得显著效果，必须加强管理与评估指导工作，建立详细的档案并定期测评；必须将教育科研纳入学校综合评价体系，加大对教研成果的奖励力度，及时对教师的教育科研成果进行奖励，并将科研情况与评优评先、职称评聘、年终考核挂钩，使学校教师以积极的心态投入教学教研工作中，使教育科研成为学校教师的内在需求，让教师充分认识到教研科研对个人成长的重要性，使他们自觉自愿地参与其中，确立教师在教研科研工作中的主体地位。

延伸阅读

科研课题申报的一般过程

1. 提出并阐述好问题

问题的类型：

(1) 日常性教学问题：教师凭借自己的个人经验可比较轻松地一次性解决的问题。

(2) 研究性教学问题：凭个人经验很难很快解决或凭个人经验无法解决的问题，就需要研究解决。需要研究的问题必须是真实的、自己的、有意义的问题。

2. 把问题提炼成课题

所谓"课题"就是要解决的并且已进入了解决程序的问题；这种解决必须有先进的教育思想、理论和理念作指导，必须是系统、科学地解决。目前的问题是：

(1) 选题不当。无法得出结论的问题，如学生兴趣对于学生学业成绩的影响，学生活动对其人格的作用。

(2) 选题太空。如：小学高年级语文课外阅读指导的实践研究。一般人认为，"语文课外阅读指导的实践研究"选题范围大，于是加个"小学"，还是觉得范围大，再加个"高年级"，范围似乎变小了，其实还是很大。因为，"课外阅读"本身就是一个非常大的领域，无论前面再加多少限定，也还是大。例如：中小学人事制度的研究，中小学德育实效性研究，教育系统财务管理改革研究，科学教育实验研究，英语教学方式转变的研究。

把问题提炼成课题的策略：

（1）一定时间的关注，对问题保持"敏感性"，要系统关注。

（2）收集相关信息，通过文献检索、观察或调查等方式，不能想当然或仅凭过去的经验。

（3）表述要明确。

3. 制定初步研究方案

制定研究方案，要确定时间、目标、内容、人员、如何操作等。在制定研究方案时要弄清楚下面问题：

（1）选题是否有新意（意义）。

（2）思路是否清晰。

（3）研究内容和问题是否具体明确。

（4）研究基础是否具备。

4. 撰写课题申报书

撰写课题申报书的一般技巧：

（1）尽可能结合课题指南，但要体现自己的特色和角度。

（2）尽可能条理清晰，观点和思路一目了然。

思考题

1. 试分析我国的教师结构，目前呈现什么样的特点。

2. 请论述教师专业成长的路径与教师专业化发展的方向。

3. 请介绍我国教师人力资源管理的历史、现状与发展趋势。

4. 请阐述学校教研体系建设的重点。

主要参考文献

[1] 顾明远. 教育大辞典：第6卷 [M]. 上海：上海教育出版社，1992.

[2] 金含芬. 学校教育管理系统分析 [M]. 西安：陕西人民教育出版社，1993.

[3] 瞿葆奎，郑金洲. 中国教育研究新进展：2003 [M]. 上海：华东师范大学出版社，2005.

［4］陆道坤. 教师专业发展［M］. 南京：南京大学出版社，2021.

［5］李瑾瑜. 新课程与教师专业发展［M］. 北京：首都师范大学出版社，2003.

［6］杨翠蓉. 教师专业发展：专长的视野［M］. 北京：教育科学出版社，2009.

［7］葛新斌. 学校组织与管理［M］. 北京：北京师范大学出版社，2015.

［8］和学新，徐文彬. 教育研究方法［M］. 北京：北京师范大学出版社，2015.

［9］程振响，刘五驹. 学校管理新视野［M］. 南京：南京师范大学出版社，2000.

［10］郑江林. 教师专业成长的路径［J］. 中国教师，2019（2）.

［11］董甜，杨亚强. 特级教师成长对师范生培养的启示［J］. 课程教育研究，2019（4）.

［12］吴乐乐，姜利琼，柏杨. 骨干型教师专业发展的定位、方向与路径反思［J］. 中小学教师培训，2017（5）.

［13］马宁. 学习共同体：青年教师专业发展的实践探索［J］. 河北教育（综合版），2021（6）.

［14］王文. 练好四种基本功　提高课堂实效性［J］. 教育教学论坛，2012（9）.

第五章 学生管理与评价

第一节 学生管理及班主任工作

学生管理对于培养优秀人才具有重要作用，而班主任工作是学生管理的重要组成部分。

一、学生管理

学生管理是学校对学生在校内外的学习和活动进行计划、组织、协调、控制的总称。它是学校管理者组织、引导学生，按照教育方针所规定的教育标准，有目的、有计划、有组织地对学生进行各种教育，使学生在德、智、体、美、劳几方面都得到发展，成长为社会主义事业接班人的过程。[①] 它的具体内涵包括学生学习管理、生活管理、课外活动管理等多方面内容。

（一）学生管理的沿革

在我国，"学生管理"最早是一个用于教学管理的术语，主要指学籍管理，包括入学与注册，成绩考核与记载办法，升、留、降级，休、复、退学，考勤与纪律，奖励与处分，毕业文凭发放，等等。随着学生非学术性事务范围的不断扩展，"学生管理"这一术语逐渐远离教学管理人员，成为学生管理工作人员频繁使用的专业术语。随着我国政治、经济和社会发展等宏观背景发生变化，教育事业蓬勃发展，教育改革不断深化，学生管理的工作范围进一步扩展，如学生心理咨询、困难学生资助、勤工助学管理、学生就业指导等都是学生管理涉及的新内容。

（二）学生管理的理论

1. 目标管理理论

目标管理是由美国著名管理学家德鲁克首创。德鲁克认为，并不是有了工作才有目标，而是有了目标才能确定每个人的工作，因此，管理者应该通过目标对下级进行管理。在学生管理工作中实行目标管理有许多优点，比如权责分明，强

---

① 顾明远，申杲华. 学校学生管理运作全书［M］. 北京：开明出版社，1995：3.

调各方成员参与管理，注重结果，等等。它以目标来贯穿各级管理层次，其所设定的整体目标既是学生管理工作的总目标，又是各级学生管理工作者实施管理活动应达到的目标，通过设定目标，将所有学生管理活动纳入整体管理中。学生管理的整体目标与学生管理工作者的具体工作目标环环相扣，在校内形成闭环式的学生管理系统。这样，既能保证完成学生管理的任务，又能使学生管理工作者看清个人工作目标与学校管理目标的关系，了解自己的工作价值，激发个人能力把事情做好。没有目标管理统帅的学生管理活动是杂乱无效的。

2. 人本主义理论

人本主义理论是学生管理的重要理论支撑。人本主义理论强调人在组织中的成长，即在组织中成就和实现自我。人不再是实现企业利润的工具，而成为管理的核心与目的，组织及其目标都是为人而存在着。人本主义理论始终贯彻以人为本、以学生为本的理念，能够最大限度地调动学生的主观能动性，使学生更善于把握认识自我和客观世界的方式方法，自由、合理地表达自己的情感和思想，培养学生判断自我思想、行为、价值观等能力，促进学生健康成长。人本主义理论实质在于把关心人、尊重人、解放人、发展人作为管理的目的，将其纳入管理追求的最高目标。这也意味着，我们必须重新审视和理解学生管理活动双方的关系。如何更好地调动学生的主观能动性，营造良好的、通过自身不懈努力实现自我价值的人际、人文环境，使学生管理质量出现正态转换，是决定学生管理工作绩效的关键因素。

3. 自主管理理论

自主管理侧重于对学生内在动力的研究与探讨，学生自主管理能力对未来个体发展显得弥足珍贵。陶行知先生在1919年撰写的《学生自治问题之研究》一文中专门论述了学生自主管理的问题。他指出："学生自治有三个要点：第一，学生指全体同学，有团体的意思。第二，自治指自己管理自己，有自己立法、执法、司法的意思。第三，学生自治与别的自治稍有不同，因为学生还在求学时代，就有一种练习自治的意思。把这三点合起来，我们可以下一个定义：'学生自治是学生结起团体来，大家学习管理自己的手续'。""学生自治不是自由行动，乃是共同治理，不是打消规律，乃是大家立法、守法；不是放任，不是和学校宣布独立，乃是练习自治的道理。"陶行知先生的见解正契合今天对学生自主管理的要求，也为培养学生对自我行为负责的能力提供了有价值的依据。

（三）学生管理的原则

1. 科学性原则

对学生工作的科学管理既是科学育人的重要因素，也是有效育人的基本条件。实践证明：科学的管理对科学育人可以产生积极的正效应，而违背科学性，主观、片面、随心所欲的管理，非但无助于科学有效地育人，还会产生消极的负效应。因此，学生管理要遵循科学性原则。首先，必须遵循国家制定的一系列教育方针政策，必须遵循学生的身心发展规律，必须遵循有关教育理论和管理理论，认真执行国家制定的方针、政策、法规。其次，管理者要确立科学的学生观，要把学生视为有个性的活生生的人，视为有主观需要和创造精神，不断变化着的生动活泼的复杂群体，而非被动听话整齐划一的简单个体的机械集合。

2. 全面发展原则

学生管理要全面贯彻党的教育方针，以提高学生素质为根本宗旨，造就有理想、有道德、有文化、有纪律的德、智、体、美、劳等全面发展的社会主义建设者和接班人。学校对于学生的管理，不能违背这一要求。学生管理要全面提高学生的素质。实践证明，以考试为手段，以分数为标准，把少数人从多数人中选拔出来的应试教育忽视对学生的理想信念的教育、良好人格的培养，引导学生片面追求升学，其危害已日益引起人们的关注，以应试为唯一目的的学生管理模式，必须纠正。

3. 集体性原则

强调学生管理的集体性，并不是要取消或者压制学生的个性；个性的形成和培养又不是孤立的，而是在集体的环境中进行的。二者是辩证统一的关系。学生管理是在学生集体——主要是班集体中进行的，班级既是学生管理的主要场所，也是德智体美劳教育的主要组织形式。学生集体，既是对学生进行管理的组织手段，又是对学生进行教育的强大力量。因此，加强班级的建设，是符合学生管理的集体性原则的。

4. 主客体统一原则

在学校管理中，学生是管理的对象，同时又是管理的主体，学生本身具有主观能动性。因此，对于学生的管理，离开了学生的自觉性与积极性，就难以达到预期目的。充分发挥学生的自觉性，引导他们进行自我认识，自我要求，自我约束，自我调整，积极进行自我管理，则可以大大提高学生管理的有效性。因此，在学生管理中，既要发挥管理者的作用，又要充分发挥广大学生自我管理的积极作用，使管理主体与客体的作用紧密结合起来。

5. 平等与尊重原则

虽然学生管理者与学生是管理和被管理的关系，但管理者应以平等的态度对待每一个学生。这里的平等有两方面的含义：一方面，双方在人格上是平等的，不存在高低贵贱之分；另一方面，管理者应一视同仁地以平等态度对待每一个学生。平等就要尊重和信任学生，维护每一个学生的自尊心和自信心。实践证明，差生之所以成为差生，往往是由于失去了自尊和自信；成功的教育之所以成功，也往往是从激发学生自尊、树立学生自信开始的。

二、班主任工作

(一) 班干部队伍建设

班干部作为搭建在教师与学生之间的一座沟通桥梁，是协助班主任进行班级管理的得力助手，平日负责协助各位任课老师执行班级各类事务，是推动班集体前进与发展的重要角色和中坚力量，在纪律、卫生、学习、文明礼仪等方面通常能够起到一定的榜样和表率作用。

1. 班干部队伍建设的意义

班干部队伍建设，是班级管理及班主任工作的重要组成部分。建设一支优秀的班干部队伍并使其充分发挥自身作用，更有助于打造团结友善、积极向上、学风浓、班风正的班集体。其关键意义主要体现在以下几个方面：

班干部各有明确的分工，班干部承担了班级大小事务，在进行学习生活的同时还要兼顾班级管理工作，更要积极构建与教师、同学等不同主体之间的和谐关系，班干部队伍建设可以使学生的个人综合能力与责任意识得到充分提升，为国家、社会培养优秀的人才奠定良好的基础。

在班级管理中，部分管理目标的实现有赖于可靠的班干部队伍进行组织，在某种程度上，班干部队伍的管理水平对班级发展水平也会产生一定影响，班干部队伍建设有效提升了班级凝聚力，班干部团队中的成员不仅要个人能力突出，更要将卓越的个人能力汇集成团队的综合能力，从而为班级的良好运行助力。

班干部是班主任的左膀右臂，不同的学生个体以将班级打造成一个具有独立特色的先进集体作为共同目标而紧密联系在一起，能够适度分担班主任对班级日常的管理工作，使其有更多的余力去钻研课堂教学的相关内容，进而有利于班级的全面发展。建设班干部团队的目的，不只是为班主任和同学服务，也是为了培养未来的组织者、管理者。

因此，无论是从社会角度还是从学校、班级或学生个人角度来看，加强班干部队伍建设都将产生较为深远的意义及影响。

2. 班干部队伍建设的有效对策

为推动学校学生管理及班主任工作的顺利进行，直接有效地彰显班干部队伍在班级中的重要作用，逐步完善班干部队伍管理措施，加强班干部队伍建设势在必行。挖掘优秀班主任背后的班级管理技巧，进行班干部队伍建设时，我们可以从以下几个方面入手采取有效对策：

（1）明确建设标准，划分岗位职责。

能否使班干部在班级中发挥积极作用，关键在于班主任能否对班干部队伍建设进行科学合理的安排，充分发挥"人尽其才"的作用。班干部团队的组建标准，以班干部职位的特点和职责为基础。班干部要能够通过组织班级管理工作来实现学校和班级制定的管理目标，并且能够根据校规、班规组织管理班级事务，拥有一定的权利的同时承担相应的职责，同时在学生中起到模范带头作用，从而调动其他学生的积极性。思想道德、综合能力等方面的表现是班干部选拔的标准。清晰的班干部队伍建设标准可以为队伍内的成员提供生活、学习及工作方面的行动指南。学校在整体掌握各班级基本情况后，出台相关书面文件来规范班干部队伍建设标准，各班级可将学校整体标准作为首要参考，在此基础上结合本班的实际情况制定符合本班级班干部队伍的建设标准，并做好公示工作，以为后续班干部的选拔工作提供合理参考依据。以深圳市 N 小学为例，学校层面少先队小干部队伍建设基本框架大体包括以下方面，如图 5-1 所示：

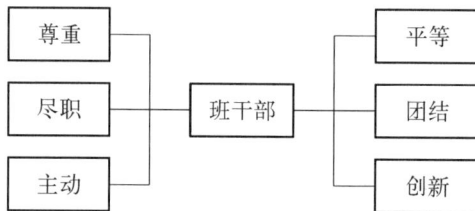

图 5-1　深圳市 N 小学少先队干部队伍建设基本框架

"人得其位、位得其人"的岗位布置是班干部队伍顺利开展班级工作的前提条件。教师可以通过填写调查问卷或开班会讨论的方式，充分发挥学生的主体作用，请全体同学参与班干部岗位的设定及其主要职责的划分工作。学生参与班级管理制度的制定有利于树立其主人翁意识，集思广益的"成果"也更容易被广大学生所接纳认可。这也有助于使班干部的岗位职责在班级今后的发展中更好地落实（表 5-1）。

表 5-1　中小学常见班干部岗位职责划分表

小　　学		中　　学	
岗　位	职　　责	岗　位	职　　责
班长	协助班主任管理全班日常事务，监督班干部工作	班长	协助班主任管理全班日常事务，监督班干部工作
副班长	辅助班长进行班级管理，记录违纪扣分加分情况	副班长	辅助班长进行班级管理，记录违纪扣分加分情况

小　学		中　学	
岗　位	职　责	岗　位	职　责
图书管理员	整理好图书，引导大家多看书	团支书	负责组织班级同学进行思想政治学习
学习委员	分学科，发放作业，协助落实检查作业情况	学习委员	分学科，发放作业，协助落实检查作业情况
生活委员	课间餐管理	生活委员	关注同学心理健康、生活需要
纪律委员	维持班级纪律，及时做好记录	纪律委员	维持班级纪律，及时做好记录
卫生委员	检查提醒一日清洁和教室各处卫生	卫生委员	检查提醒一日清洁和教室各处卫生
宣传委员	办好黑板报，关注教室布置	宣传委员	办好黑板报，关注教室布置
安全委员	课间监督，提醒文明休息，不玩危险游戏	安全委员	课间监督，提醒文明休息
文艺委员	负责班级文娱活动	文艺委员	负责班级文娱活动
体育委员	负责出操、放学路队管理	体育委员	负责出操、放学路队管理

表5-1分别列举了中学和小学班干部队伍中的常见岗位及其主要职责，班主任老师可根据本班的实际情况及相应需求合理引领学生参与班干部岗位设定，明确其职责划分。值得注意的是，对于小学低年段的班主任来说，班干部的工作仍需要老师的不断引导，班干部岗位的划分越细致，越有利于每一个人各司其职，进而推动班集体的正常运转。

（2）坚持三大原则，优化选拔方式。

① 坚持发展性原则。班主任要用发展的眼光看待问题，不以成绩作为衡量学生能否胜任班干部工作的必要标准，要关注学生在集体生活中对班级活动的参与度，以及其在日常生活、学习中的态度和表现。② 坚持激励性原则。班主任要鼓励学生充分发挥个人才能，积极为班级管理贡献自己的一份力量，做好前期动员工作，选拔工作完成后，可及时向上任的班干部颁发聘书，给予他们一定的仪式感。③ 坚持公平性原则。班干部的选拔工作须在班主任和全体同学的监督下公开、公平、公正地实施，遵循一定的选拔标准，不能靠班主任一人定夺，应做到实事求是，一视同仁，这样选拔出来的班干部才会收获教师和同学乃至集体所赋予的信任与认同感，更易形成班级向心力与凝聚力。

关于班干部的具体选拔方式，不同班级有不同的方法。其中，班主任指定法仍是广大经验丰富的班主任乐于选取的方式之一，这种方法省时又省力。依照现代的教育理念，我们应当突破"班主任直接任命"的惯例，采用"自我推荐"和"他人举荐"相结合的方式，让班内学生根据自身情况竞聘上岗，再由其余同学投票，经班干部监督委员会讨论协商，最终任命班干部，这样就较大程度地实现了全体学生参与班级管理，明确了学生在班级中的主人翁地位。如果是新成立的班级，同学之间彼此了解还不够深入，可以先临时轮流任命，在此期间，教师悉心观察，而后可凭借班主任丰富的班级管理经验使用班主任指定法快速组建一支得力的班干部队伍。待到一段时间过后，随着师生之间、生生之间的了解逐渐深入，大家在内心对现有的班干部队伍也有了评判，此时便可以运用民主选举法，鼓励学生竞聘上岗，积极争取内心渴望的岗位。以上几种方式各具特色，各有利弊，班主任可根据班级和学生的特点选择合适的选拔方式，必要时还可将多种选拔方式相结合，从转变思想入手，才能选出一支优秀的班干部队伍。

（3）开展班务会议，畅通交流渠道。

在班干部任职期间，班主任和班长还应定期组织班务会议，总结班干部队伍在近期工作中积累的经验和出现的问题，共同探讨商议解决问题的办法。班主任要帮助学生树立正确的班干部观，即班干部是受到了教师与同学的信任，经过选拔而确定的带动班级发展的核心力量；督促班干部应时刻把班级的整体利益放在首位，与班主任一起为班级的发展而出谋划策，团结合作，敢于担当，起到积极正面的带头作用，致力于促进良好班风的形成。

班主任要有与时俱进的意识，要完成从知识传授者向学生发展引导者的身份转变，接纳彼此平等、互相尊重的师生关系，多与班干部进行交流沟通，关于班级管理的交流可随时随地进行。班主任要敢于放权，才能够让班干部们在实践中收获经验。在班级工作中，班干部的个人价值可以在参与班级管理过程中得到充分的体现，而整个班干部队伍的力量凝聚在一起，也势必会促进班级的进一步发展。

（4）灵活调整任期，动态评价考核。

为充分体现公平原则，班主任可以采用班干部轮换制度，灵活调整班干部的任期，实现班干部队伍建设的动态管理；对首批上任的班干部进行班级管理的相关指导。可由这批班干与班主任共同商议选出助手来协助自己的工作，这样一方面可以让更多同学熟悉班级管理工作，提升个人综合能力，另一方面也有助于调动同学们参与班级管理的积极性。如若同一岗位有更合适的班干部胜任该岗位的相关工作，则可以在动态评价考核过程中实现岗位轮换。

对班干部进行动态的全面评价与考核是班干部队伍建设的必要环节，这不仅为班干部队伍建设的定期培训工作提供了有效素材，还有助于班干部在进行班级管理工作时重视对于自我的反思，从而进一步保证班干部队伍建设的顺利开展。参与班干部评价考核的对象包括班内同学、任课教师、班主任、班干部队伍，评价考核分别从班干部的行为品德、责任心与管理成果三个层面进行评价，具体内容和等级可依据班级情况进行具体设置。

对于有责任心、行为品德良好但无法胜任当前职位的班干部，应将其调换到更有利于发挥其自身能力的岗位上；对于责任心不足、工作能力有限又不善于及时改正的班干部进行暂时撤免，但要注意施以后续安抚，做好这类学生的思想沟通工作。这时空缺的岗位便由后备干部人选来填补，如此一来，既为班干部队伍注入了新鲜的血液，又调动了班干部队伍进行班级管理的积极性。这种灵活的动态调整有利于激发班干部们的竞争意识，这样一支优质的班干部队伍可以使班级管理工作达到事半功倍的效果，有利于带动班集体的和谐发展，在班级文化建设过程中也将发挥尤为重要的作用。

总之，班干部队伍建设是中国基础教育阶段教育教学工作中不容忽视的环节，要实现我国基础教育改革与发展的目标，有序推进中小学学校教育与管理的不断创新与可持续发展，就要充分贯彻"以学生为本"的基本理念，建立起规范的德育管理体系，明确班主任工作的相关内容，多方共同努力加强班干部队伍建设，以期为中小学素质教育的发展划出一道曙光，为全面提升当代中小学生综合素质提供充分可能。

（二）班级活动

班级活动是学校教育活动的重要组成部分，通常由教育者组织和领导，是为实现培养目标和完成教育计划而要求班集体成员全部参与的一项常规性教育活动，具有自主性、灵活性、实践性等特点。狭义上说，班级活动一般指在班级内部有序组织开展的各类教育活动，其形式多样，包括联欢会、运动会、主题班会、综合实践活动等。丰富多彩的班级活动对于促进学生的身心发展、增强班集体的凝聚力具有重要而深远的影响。

班主任是班级整体事务的领导者和组织者，在班级活动的组织、开展和指导中扮演着极其重要的角色，班级活动所呈现出来的教育效果与班主任的组织领导能力有着密不可分的关系。如果说一场班级活动是一部影片的话，班主任则扮演着影片导演的角色，全体学生就是演员。怎样让"导演"的才能发挥得淋漓尽致，让"演员们"各司其职呢？这是所有班主任应该思考的问题。

在多样的班级活动形式中，主题班会是采用次数较多的形式，是学校德育工作的重要途径之一，也是一项重要的集体活动。著名教育家马卡连柯曾说："活动教育了集体，团结了集体，加强了集体，以后，集体自身就能成为很大的教育力量。"一般说来，学校每周都会安排一节班会课，或规定主题，或让班主任自行安排主题，目的是希望学生们能在相对集中的时间和环境下被调动起高度热情，完成教育渗透的强化和自我教育。

如今，德育工作已然成为学校工作、班主任工作的重中之重，班级活动的教育价值也被提升至相对较高的水平。为确保各类班级活动的顺利开展，班主任们都煞费苦心，力求面面俱到，但在班级活动的管理细节方面，还存在着一些值得商榷的地方，这主要表现在以下四个方面：

第一，班主任经常自主决定班级活动的主题、形式和内容，将班级活动简化为一场简单的"信息传达会议"，更有甚者直接将班级活动变成学科提升的"第二现场"。

第二，尽管有些班主任会把决定权交给学生，但由于学生自身知识能力有限，仍需要班主任的指导，班主任稍不留神过度指导后，"间接指导"又变为"直接决定"。

第三，在班级活动中，班主任易过度依靠才艺突出的"活跃分子们"，而使其他学生成为活动的"背景墙"，一来二去，学生们对班级活动的参与度会呈现出明显的两极分化现象，班级活动所带来的教育效果也将会大打折扣。

第四，还有的班主任为了追求绝对的民主，将决定权完全交至学生手中，彻底成为活动的"旁观者"。其实这样的做法也是不可取的，若班主任对班级活动发展过程引导不及时或不足，教育效果也同样达不到预期目标。

如何才能使班级活动的教育效果达到最优化，这是班主任们亟须思考的问题。杜威曾说："教育并不是告知与被告知的事情，而是一个主动和建设性的过程。"在现阶段的班主任工作中，需要牢牢把握住班级活动的三个突出特点——灵活性、自主性和实践性，将这三点贯穿班级活动组织的始终，以确保教育效果的最优化。

第一，灵活性。班级活动组织的灵活性主要表现在活动内容、形式、场地等方面的确立上。班主任可结合学校文化、本班情况、学生的个性特点等选择活动的内容和形式，也可以直接由学生来提议。总之，班级活动的确立可依照各种情况的不同而改变，灵活化程度相对较高。

第二，自主性。就班级活动组织而言，自主性是其最突出的特征。在班级活动组织的整个过程中，学生能够充分发挥自己的主观能动性，在活动中尽情地展现自己，成为活动真正的主人，教师则由传统的主导者变为引导者，只在必要时候为学生提供"点拨指导"。

第三，实践性。班级活动在本质上是一种实践活动，其主要目的就是想要学生在班级活动的实践过程中学习、体验和成长，让学生在真实的情境中感受、体味自身和他人的情绪，体验个体的生命参与感。

案例 5 - 1

深圳市 L 小学二年级自然教育活动课——春天里，做一件美丽的事

深圳的春天总是那么短暂，为了留住春天的印记，二年级小朋友们在老师的引领下开启了"聆听春的声音"暨生命教育主题系列活动。老师们经过多次研讨，并结合孩子们的意见，精心策划了一场寻春之旅：聆听一棵树的心跳，共读图书《虫子旁》，尝试做自然笔记，举办自然笔记展。

在这场寻春之旅中，孩子们走出教室来到操场，带着疑惑与新奇，用听诊器聆听了一棵树的心跳，在热烈的讨论中完成了学习。

探索大自然的奥秘怎能少得了书籍伙伴的参与呢？老师们为孩子们订购了图书《虫子旁》，孩子们拿到书本后一个个如饥似渴，利用午读等课余时间或自己读，或同伴们一齐读，就这样，《虫子旁》的阅读在欢声笑语中结束了。

为了让孩子们进一步与大自然亲密互动，老师们带着孩子们一起学做自然笔记。小朋友们有的在家观察，有的在学校探寻，还有的甚至在公园里拿着放大镜找寻，他们用细腻的笔触和稚嫩的语言记录了春天里植物和动物们的点滴变化，一本本自然笔记就这样诞生了。老师们悄悄商议，给孩子们举办一场自然笔记展览，这满满的仪式感和成就感让孩子们比吃了蜜糖还开心。春天就这样被纳入班级活动中来，让孩子们与自然、生活融为一体，才是孩子们真正需要的，也是生命教育主题系列活动的意义所在。

四个关系紧密的系列活动共同组建了这一场以生命教育为主题的班级活动，活动的内容、形式及过程无不显示出独特的创新元素。更为可贵的是，这一系列活动的设计都是老师和学生共同完成的，并且完全从学生的角度出发，让学生在捕捉春天的同时，默默地感受着生命教育的熏陶，这才是学生们真正喜欢的班级活动。

思考：设计班级活动时应注意什么？

（三）班级文化

学校是教育活动的主要场所，是培育人的摇篮。随着课程改革的发展，学校文化建设也越来越受到关注。班级是学校培养人才的重要载体，班级文化是学校文化的具体化呈现，它在无形中制约着班集体内的每一个成员，促进了班集体的发展。

班级文化"作为社会群体的班级的所有成员或部分成员所共有的信念、价值

观、态度的复合体。班级成员的言行倾向、班级人际环境、班级风气等为其主体标识，班级的墙报、黑板报、活动角及教师内外环境布置等则为其物化反映"①。良好的班级文化有着春风化雨、润物无声的作用，如何建设良好的班级文化，我们可以从以下几方面思考。

1. 营造良好的班级环境

班级是学校教育活动展开的重要场域，关系着学生的日常学习与生活，良好的班级环境能愉悦学生的身心，让他们在轻松和谐的氛围中成长。

教室桌椅摆放整齐，地面干净卫生，图书丰富有趣……这些传统的班级环境，都在发挥着潜移默化的德育功能。颇具个性化的班级环境布置，既让班级特色更为鲜明，又增强了学生的凝聚力与对班集体的认同感。

案例 5－2

一年级新生的班级环境建设

L 小学为了让一年级新生更好地适应小学生活，开展了以"小幼协同、科学衔接"为主题的活动，在教室环境的布置上与幼儿园相衔接。如设置了"私密角"，让有心事的学生静静地坐在富有童真的小帐篷内慢慢消化自己的情绪；"植物角"，一盆盆精致可爱的植物呈现在教室门前，在这里，孩子们小心地浇灌着花花草草，见证着生命的奇妙；"益智区"，色彩缤纷的积木、新奇好玩的算珠、燃烧大脑的魔方，这些都成了孩子们课间最有趣的"伙伴"……除此之外，L 小学一年级每个班的教室布置都各具特色，主题鲜明。有的班级布置成有趣的植物王国，有的班级则注重对校园建筑的探索，还有的班级把校园里生动的人物形象搬到了墙面。

丰富多样的环境布置，充分发掘了孩子们的想象力与创新意识，也体现了 L 小学"以生为本"的教育理念。当你走进教室，你会惊奇地发现，这里的"每一朵小花都传情""每一片绿叶都绽放生命""每一面墙壁都在说话""每一处环境都育人"！

思考：如何看待班级环境建设的作用？

2. 制定规范的班级制度

规范的班级制度是一把量尺，衡量着班级成员的行为规范，它不仅仅是简单的文字或者强制性的措施，更是为班级成员提供了一种道德符号——大家在约定俗成的范围内约束着自己的行为。

---

① 顾明远. 教育大辞典：第 6 卷［M］. 上海：上海教育出版社，1992：437.

班级制度的建立，需要全员参与，让每个同学畅所欲言，积极出谋划策，班主任加以引导，适时补充。在低年级班级制度的建立上，还应充分考虑学生的年龄特点。低年级的学生对制度、公约的理解还不够深入，简单地宣布文字命令，往往达不到想要的教育效果。这个时候，不妨让学生画出来，上课适合做什么？课间休息应该怎么样？同学之间哪些行为是不文明的……通过有趣的绘画形式，那些生硬的规章制度一下变得轻松，大家也更乐于执行。

在班级管理中，还应遵循"人人都是管理者"的原则，让每个同学都有相应的职责。班级中增设不同种类的职位，细化到班级管理的每一项中，如"灯光管理员""安全员""图书管理员"……保证每一位学生都有参与班级管理的机会，确保每一位同学都能承担相应的责任，为班级发挥相应的作用，做到"人人有事做，事事有人做"。

3. 开展多彩的主题实践活动

主题实践活动是创建班级特色文化的主要载体，活动本身就是班级文化建设的重要内容。教师应该多组织有益有趣、内容丰富、形式多样的班级集体活动，丰富学生的课余时间，让学生从集体活动中体会班级行为文化，与教学相得益彰。

一个优秀的班集体，除了学生与学生之间相处和谐，家长与家长、家长与教师的和谐相处同样必不可少。因此，班级可开展一些户外亲子活动，每次活动都包含各种趣味小游戏和运动项目，在玩耍中，孩子们能够收获快乐和友谊。家长们在一起交流育儿经验，分享教育路上的烦恼与担忧。这样的亲子户外活动，让家长间的关系更融洽，对和谐班级的形成有着不可或缺的作用。

4. 塑造和谐的班级风貌

班级风貌是一个班级的精神文化，也是班级文化的核心。班级风貌主要是指班级成员在交往过程中形成的一致的价值观念、道德意识、行为方式等。班级风貌作为一种强大的隐性力量，如同春雨一般滋润着学生的心灵，引导着学生健康、积极地成长。一个和谐的班级风貌，往往包含着健康的成长目标、正确的价值观念、积极的舆论导向，在这样的氛围中，班级的凝聚力增强了，整个班能呈现出一种向上的信念。

良好的班级风貌的形成，需要一个漫长的过程，教师需要坚持不懈、持之以恒地引导。作为老师，首先要想清楚一个问题：你想要的班级是什么样子的？这是塑造班级风貌最必要的一步。

塑造和谐的班级风貌，要在坚持集体主义的原则下，兼顾"特殊个例"。有的学生，可能由于性格比较内向、学习暂时跟不上等原因，在班集体中处于"被忽视"的状态。教师要留心观察这一类学生，及时发现其闪光点，并在班级内正面评价与弘扬其闪光点，这样可以增强他们的自信心，也可以让其与同学间的相处更融洽。

班级文化作为一种特殊的教育力量，在中小学教育工作中起到了重要作用。优秀的班级文化，有利于学生树立正确的价值观念，从而规范自己的行为，有利于促进教师的教育教学，也能推动学校文化的建设。我们应该努力发挥班级文化的教育功能，让积极向上的班级文化陪伴学生成长，为学生的未来发展打下坚实基础。

（四）班会

班会是学校德育活动的重要组成部分，是班级活动的一种基本形式，也是中小学班主任履行班主任工作职责、加强学生管理的重要途径。在国家颁布的有关加强和改进中小学德育工作的政策和文件中，多次强调了班会课在中小学德育、班级管理、班集体建设中的重要作用。1998 年，《中小学德育工作规程》（教基〔1998〕4 号）第二十四条规定："各级教育行政部门和中小学校应切实保证校会、班会、团（队）会、社会实践的时间。"至此，中小学班主任以"班会课"为主要渠道和手段，对学生进行教育和管理有了政策上的依据。因此，在中小学校的日常教学中，班会就以"课"的形式正式出现。随着班主任专业化理念的提出，组织开展班会课成为班主任的一项基本功。

1. 班会的发展进程

（1）萌芽阶段（1949—1994 年）。

此阶段，班会课侧重组织和指导学生的生活和学习、劳动或课外活动，内容和形式都过于单一。

（2）起步阶段（1995—2000 年）。

此阶段，国家对中小学班会课的定位发生了变化。一是班会课被列为学校德育工作的有效途径；二是班会课的制度化建设在加强；三是班会课的教学时间有了政策性保障。如《国家教委关于正式颁发中学德育大纲的通知》（教基〔1995〕5 号）指出："各种科技、文娱、体育及班团队活动是促进学生身心健康发展，培养良好道德情操的重要途径……每周一次升旗仪式；晨会，校会，班、团、队会；重大节日、纪念日教育活动……均应形成制度。"这一阶段有关班会课的研究和讨论的问题涉及班会课的功能定位、组织形式、实施策略等方面。

（3）发展阶段（2001—2014 年）。

此阶段，伴随 2001 年国家关于基础教育改革的推进，中小学班会课被列入综合实践活动课程的非指定领域，其课程化研究引起各界普遍关注。《教育部关于进一步加强中小学班主任工作意见》（教基〔2006〕13 号）第一次明确指出班主任岗位是重要专业性岗位，确定了班主任的专业化地位，班主任设计、组织班会课，成为研究和促进班主任专业化发展的一项有效措施。2009 年颁布的《中小学班主任工作规定》，要求班主任组织、指导开展班会、团队会（日）、文体娱乐、社会实践、春（秋）游等形式多样的班级活动。班会课成为班级活动的重要组成部分。

（4）突破阶段（2014 年至今）。

班会课进入蓬勃发展阶段后，已经出现各种类型的班会组织形式。此时，班会课的开展，虽然仍以主题班会课为主，但是随着时代发展的需求，网络与信息技术的不断进步升级等，班会课的组织形式、内容等方面，也发生了巨大的变化。

2. 主题班会

一般而言，大部分人会认为班会和主题班会是同一概念。但从广义上来说，班会课包括四大类型：班级例会、班级活动、主题班会和班级会议。"主题班会"相对于"班会"是一个"子概念"，它的界定在本质上离不开"班会"的概念。《简明教育大辞典》中的定义非常简洁，认为"有一个明确的主题"的"班会"即为"主题班会"。主题班会是班会中最重要的一种教育形式，它的中心更加明确，策划更有目的性、针对性，其教育性更强。

《中国中学教学百科全书教育卷》认为"主题班会"是"在班主任指导下，由班委会组织领导开展的一种自我教育活动，是班主任对学生集体进行思想教育的一种重要途径"。李银德则进一步丰富了这一定义，强调班主任工作和主题班会之间的关系，认为主题班会是班主任根据教育任务和班级学生的实际情况，围绕一个专题或针对一个问题而组织的教育活动，它是班主任对学生进行思想品德教育的一种重要形式，是"班主任有意识、有组织、有计划地实施德育的重要载体"。

3. 主题班会的开展

怎样有效地开展主题班会课呢？

（1）选好主题，确定中心。

① 班会主题要有针对性。所谓有针对性，指针对班里学生存在的实际问题，选择那些具有启发性、对学生思想感情起潜移默化作用的主题来组织班会活动。例如，一年级的学生在日常学习中，并没有形成良好的学习习惯，回家后不会主动写作业。教师就可针对以上问题开展"作业我能主动写"的主题班会，让孩子们养成主动写作业、做事不拖延的好习惯。

② 主题要有时代性。例如，2022 年，我国成功举办了冬季奥林匹克运动会。教师就可以及时开展以"北京冬奥会"为主题的班会，让学生对奥运会和中国的奥运史有一定的了解，使学生体会到奥林匹克精神对人们的鼓舞作用，激发学生

的爱国主义情怀。

（2）提前准备，保障开展。

确立了班会主题，想要班会达到教师预期的教学目标和增强实际教育效果，就必须认真做好班会的准备工作，这样才能丰富班会的内容与形式，这也是上好班会课的有效保障。首先，教师要根据班会主题，搜集素材，如典型人物事迹、名人名言、诗词歌赋等都可以作为班会的素材。如要开展"团结就是力量"这一主题的班会课，教师可以搜集斑羚、大雁、蚂蚁、企鹅等动物团结合作的事例，搜集相关的名人故事；为了能深刻体会团结合作的真谛，还可搜集团结合作的小游戏——"海上救援""团圆坐"等。其次，甄选素材。每一个主题班会，教师可能都会搜集到很多的信息资料，教师应该考虑选用哪些内容最合适，这就需要仔细考虑，反复琢磨。

（3）精心布置，营造氛围。

会场布置情况，会直接影响班会活动的气氛和效果。因此要精心布置会场，营造良好的班会氛围。

4. 班会的作用

（1）学生自身层面。

一切教育活动的最终目的都是促进学生的发展。班会是教师在日常教学管理中一项极其重要的教育活动，是对学生进行思想政治教育的课程，具有明确的内容和教育意义。班会不仅仅能够帮助学生树立正确人生观、价值观和世界观，同时也能够通过班会的实施，不断地实现学生的自我教育。为了能够让学生在班会上学习更多的知识与技能，也为了能够让学生的学习环境更加和谐，学习氛围更加轻松，教师需要不断地引导学生积极主动地参加到活动当中，让学生在轻松的情境氛围中获得更多的体会与感悟，实现班会的教育目的和意义。例如一年级学生刚入学时的班会，教师可以从入学准备、行为习惯等方面着手准备，缓解新生入学的焦虑与不适应。在中学的班会中，教师则可以从青春期、升学等话题入手，帮助学生解决与其息息相关的学习或者交往问题。

（2）师生层面。

为了能够更好加深教师与学生之间的关系，开展班会活动可以有效地拉近师生之间的距离。在班会开展的过程中，学生需要围绕教师所设定的主题，在教师的循循善诱下，不断地参与到班会的活动当中，共同营造一种和谐生动、平等自主的氛围。班会可以实现师生之间的信息互换与共享，思想的碰撞和情感交流。这一过程拉近了师生之间的距离，增加了学生与教师互动的频率，增进了彼此之间的感情，让师生之间的关系变得更好。特别是在每一次教师接手新班级，或者是转校生进入新班级时，有趣、活泼生动的班会活动会打消彼此之间的陌生感与拘束感，让师生之间的交往更加自然。

（3）班级建设层面。

一般而言，班会都是以班级为单位开展的，因此，班会最重要的作用就是增强班级的凝聚力。班会实际上反映的是这个班级的文化建设，而这种文化建设是影响班级每一位学生的重要的影响源。班会可以培养学生的集体价值观，增强班级学生的集体荣誉感和责任感，使同学之间学会相互学习、相互帮助，有一个班级归属感，从而促进良好班风的形成。班会不像常规的学科学习，可以直接告诉学生要怎么做，它是一种隐性的、潜移默化的渗透。从班会的组织形式而言，它往往运用体验或讨论的形式。在这个过程当中，它能够调动学生情感，激发学生道德情感的运用。最终它通过情感感染的功能，形成班级的凝聚力，最终达到凝聚班集体的目的。

5. 班会的评价

（1）教师要及时评价学生在班会课上的表现。

让学生有所收获的同时也能体验到班会的乐趣。班主任作为班会的组织者和实施者，不能让班会从头到尾只是按程序进行，一定要在班会上适时评价学生的表现。

（2）展示学生在班会上的收获。

班主任要在教室的公告栏里、黑板报上或班级微信群里展示学生在班会上的收获。学生的收获可以是一篇心得体会，可以是一幅励志的画作，也可以是一段温馨的语音……这些成果的展示让学生在班会后看到自己的改变和突破，也是对他们适时的鼓励和监督。

丰富且有效的班会不仅有助于学生形成良好的道德品质，还能够让学校的管理工作变得有条不紊，让学校的发展步入一个良性循环的轨道。

（五）心理健康工作

近年来，随着社会的快速发展，青少年在学业、生活方面承受的心理压力日渐增大，中小学生自伤自杀事件频发，抑郁症、焦虑症等越来越低龄化。中小学生正处于身心急剧变化的关键时期，而这个时期也是他们改进思想认识、转变价值观念、培养道德情操、养成行为习惯、塑造人格品质的最佳时期。提升中小学生心理健康水平，是进一步加强和改进中小学德育工作的重要组成部分，也是全面推进素质教育的必要环节。

班主任是学生人生发展的重要导师，对学生的心理健康和人格健全会产生非常重要的影响。因此，在班主任工作中，对学生心理健康的教育十分重要，教师对学生心理的了解和各方面情况的掌握，直接决定师生之间的关系，从而影响学生的生活、学习等各个方面。

1. 中小学心理健康教育的工作目标

班主任要做好学生的心理健康教育工作，首先必须了解心理健康教育的工作目标是什么。总体而言，中小学心理健康教育的目标是提高学生的心理素质，培养学生积极乐观、健康向上的心理品质，充分开发学生的心理潜能，促进学生身心和谐可持续发展，为学生的健康成长和幸福生活奠定基础。

为实现这一目标，心理健康教育包括两方面的具体任务。一方面，面向全体学生，开展预防性和发展性的心理健康教育，使学生不断正确认识自我，增强自我调控、承受挫折、适应环境的能力；培养学生健全的人格和良好的个性心理品质，努力提高全体学生的心理素质和心理健康水平。这个部分需要班主任在班级管理和班级活动中进行渗透。另一方面，面对个别学生，开展补救性和矫治性的心理辅导，使学生尽快摆脱障碍，调节自我，恢复和提高心理健康水平，增强自我发展的能力。班主任要寻求学校心理老师的帮助。

2. 在班主任工作中融入心理健康教育

在了解了工作目标和具体任务之后，班主任如何才能将心理健康教育融入自己的日常工作中呢？可以从以下几个方面入手。

（1）掌握基础的心理健康教育知识，提升自身的心理素质。

班主任要对学生进行心理健康教育，自身必须不断学习掌握基础的心理健康教育知识。如果掌握并具备了相关的心理健康教育知识，班主任工作的针对性就更强，教育的效果也会更好。基础的心理健康教育知识包括各年龄段学生的心理特点、常见心理疾病的识别、师生沟通方式、危机干预知识、心理咨询谈话技术、情绪调节技巧等。班主任要随时关注班级学生的心理动态，如师生关系、同学关系等，在学生教育和辅导中运用这些心理学知识。

教师在学习相关知识的同时，还要提高自身的心理素质。班主任工作繁杂而辛苦，面对激烈的升学竞争及来自社会各方面的压力，不免产生心理冲突和压抑感。班主任不健康的心理状态，必然导致不适当的教育行为，会对学生产生不良影响。因此，班主任要高度重视自身的心理健康，要有极强的自我调节情绪的能力，以旺盛的精力、丰富的情感、健康的情绪投入班务工作中去，带动整个班级形成和谐、向上、健康的班风、学风。

（2）通过班会课开展心理健康教育。

班主任要能够主持心理健康教育活动班会，依据青少年学生年龄阶段特征设计活动内容、形式和方法。教师可通过形式多样的融知识性、趣味性、操作性和参与性为一体的班会活动，定期对学生开展心理健康教育，真正提高学生抗挫折能力和自我心理调节能力，减少心理障碍和其他心理问题，使每个学生都达到智力正常、情绪健康、意志健全、行为协调、人际关系适应的心理健康标准。

心理健康教育班会的形式有很多，包括团体辅导、心理训练、问题辨析、情境设计、角色扮演、游戏辅导、心理情景剧、专题讲座等。

值得注意的是，想要上好一堂心理健康教育班会，必须遵循以下几个原则：第一是以活动为基础，要创设富有启发意义的活动，引导学生通过参与喜闻乐见的活动，获得心理体验和切身感悟；第二是以体验为关键，不能为了活动而活动，必须引发学生的心理体验，使活动中蕴含的东西内化到学生的心理结构中；第三是以学生为主体，最大限度地鼓励和支持学生在课堂上"唱主角"；第四是以问题为中心，每次课设计一个学生最关注、最渴望解决、最适合心理发展需要的问题，引导学生围绕问题展开活动和进行讨论，通过问题的解决，使学生有实实在在的收获；第五是以分享为境界，每个学生获得的心理体验可能会有所差异，要引导学生把自己的体验说出来，与大家分享，相互交流、相互理解、相互接纳、相互借鉴，这是一种深度人际交往过程，是一种团体活动促进心理成长的过程；第六是以开放为特征，承认学生有不同的心理世界，不要求学生对问题的理解有统一的答案。

一堂心理健康教育班会课通常包含四个阶段，各阶段的活动重点及操作要点，可见下表（表 5 - 2）。

表 5 - 2　心理健康班会过程简表

活动阶段	活动重点	操　作　要　点
热身阶段	营造开放、轻松的氛围，建立和谐、信任的关系（5 分钟）	▲ 通过热身游戏或其他方式来营造氛围； ▲ 充分展现教师"尊重、接纳、关爱"的态度，以笑容、点头等恰到好处的体态语言，传递对学生的关怀、倾听、真诚、鼓励； ▲ 明确告知学生本次课堂的活动规范和注意事项，比如，如何听他人发言，为他人保守秘密，等等
转换阶段	创设情境，提出问题（10 分钟）	▲ 问题情境应该是学生比较熟悉又共同关心的，贴近学生生活实际，有代表性，有矛盾冲突； ▲ 采取形象、具体的形式，比如通过案例、游戏、歌曲、影视片段、小品表演等引导提出问题
工作阶段	生生互动，探索问题（20 分钟）	▲ 常用的探索形式是团体讨论，团体讨论的具体方式有分题讨论法、六六讨论法、配对讨论法、鱼缸讨论法和综合法等； ▲ 教师要做一个很好的听者，并及时而积极地做出回应，比如微笑、点头、目光赞许、手势肯定等；对有些学生消极的体验和感受，要先行接纳，提供对话机会，然后再澄清和引导

续　表

活动阶段	活动重点	操　作　要　点
结束阶段	问题解决（5分钟）	▲ 引导学生总结本节课的收获，归纳团体经验，达成共识，从中得到新的感悟，并鼓励学生将其落实到日常生活中； ▲ 结束活动要有新意，常用的结束活动的形式有：谈我的收获、礼物大派送、放与主题相关的歌曲等

（3）利用日常的管理渗透心理健康教育。

班主任作为日常管理工作的实施者，要充分利用这一条件，积极对学生进行心理健康教育。例如，利用期中、期末考试对学生进行学习心理类问题的引导和教育，绝大部分的学生因为学习压力大、难度大，在考试前都会出现不同程度的考试焦虑，班主任要适时对学生进行心理疏导，缓解和消除学生的心理焦虑，教会学生用科学的方法缓解焦虑，以平和的心态应对考试。有的学生会因为自卑，对自己产生消极的学习预期，没有明确的学习目标，班主任就要利用大大小小的考试帮助学生设定合理的、切合自身实际的目标，帮助学生正确地认识自己，尤其是要肯定自己的优点，悦纳自己。班队干部选举或"优秀少先队干部""三好学生"评选时，试着通过"演讲""自荐""自评"等方式，让广大学生在公平竞争的良好氛围中，积极自觉参与，认识自我价值，使学生建立起自信、自尊、自强的人格。

班主任还要配合学校心理辅导老师开展心理健康教育工作，比如，在班级设置"心理健康委员"，引导学生认识到心理健康的重要性。心理健康委员要随时观测班级学生的心理健康动态，每周填写班级心理"晴雨表"（表5-3）；鼓励学生遇到心理问题的时候要积极求助班主任，尤其是心理辅导老师，以便及时接受专业的心理辅导。

表5-3　班级心理"晴雨表"参考样式

班级心理"晴雨表"			总评	
班级		心理委员	周次	
整体状况	学习			
	人际交往			

个别特殊情况 描述（概述）				
班级同学 心理变化 晴转阴 阴转晴 雨/晴	1	2	3	4
	5	6	7	8
	9	10	11	12
	13	14	15	16
	17			

班主任在对学生进行心理辅导时，应懂得保密原则，除征得学生本人同意或遇到保密例外的情况（该生存在危害自身或危及他人安全的倾向），一般情况下不能向他人谈及学生的隐私信息和心理困扰。班主任本人在心理工作中必须遵守保密原则，并培训班级的心理健康委员也遵循此原则。

（4）营造良好的班级氛围，创设宽松和谐的环境。

良好的班级氛围是做好心理健康教育的重要基础。班主任要将班级建立成一个团结互助、和谐友爱的班集体，在班上开展互帮互学、互相关爱的活动，让学生相互深入全面地了解，相互信任，建立平等友爱的同学关系。对有困难有缺点的学生，班主任要用平等真诚的态度给予帮助，使他们在学校里心情愉快，精神放松，以增强其信心，激发其求知欲，鼓舞其勇气，能勇敢面对困难挫折，对他人理解、尊重、宽容，在集体中做一个受欢迎的角色。班主任要创设丰富多彩、积极健康的生活环境，开展多种文体活动，寓教于乐，组织学生观看有教育意义的影视片，讲故事，谈理想，选取一些社会角色做模拟表演等，使学生进一步认识社会，了解自己的角色心理，把远大的理想与脚踏实地的学习结合起来，达到克服缺点、完善个性的目的。班主任要组织学生创设良好的心理健康教育的文化环境，办好"心理健康角"，板报要开设好心理健康教育专栏，等等。

（5）加强与学生家长的沟通联系，给予家庭教育指导。

家长是学生的第一任教师，家长的品德修养、文化水平、教育方法及家庭环境等方面对学生品德和心理成长有直接而重大的影响。不当的家庭教育是孩子出现心理问题的重要原因之一。班主任要通过家长会，利用现代化教育手段，与家长保持密切的联系，向家长宣传学生心理健康教育的意义，学生心理健康的标准，以及家长如何维护学生的心理健康等知识。例如，创办家校联系小报，通过教育视点、家教知识、家长园地、心理健康教育专题等栏目，宣传家教方法；用好家校联系卡，使教师、家长互相反馈学生的表现，"跟踪激励"教育学生。同时，班主任要帮助和引导家长树立正确的教育观，以良好的行为、正确的方式去影响和教育子女，从而保证他们身心都得到健康的发展。此外，班主任对"问题家庭"的学生更要特别留意，帮助他们克服因家庭的不良影响而产生的心理问题。

第二节　学　生　评　价

学生评价是指对学生个性形成、智能发展、身体发育等方面进行的全面评价。

一、学生评价概述

（一）学生评价的沿革

学生评价在教育评价领域中有非常重要的地位。中国是考试之乡，西周的选士制度是我国古代最早的较完备的选举形式。历时最长、影响范围最广的选士制度是科举制度，起始于隋朝，直到清末 1905 年才废除。

古代西方盛行以口试方式评价学生学业。1702 年，英国剑桥大学首先以笔试代替口试，开西方学校考试先河。1845 年美国于波士顿第一次在全市范围内进行笔试。从而拉开了现代标准化测验运动的序幕。

大致在 19 世纪末至 20 世纪 30 年代，为了使考试客观化，在一系列前期研究的推动下，一场教育测量运动蓬勃地开展起来。美国心理学家桑代克是教育测量运动的中心人物，他出版了《精神与社会测量导论》（1904）一书，标志着教育测量运动的开始。

鉴于教育测量测得的学力领域较窄，不能测得诸如社会态度、实际技术、创造力、兴趣、鉴赏力等重要学力内容。为了突破其局限性，开始由"测量"转向"评价"。教育评价诞生于"八年研究"。所谓的"八年研究"指的美国进步主义协会从 1932 年到 1940 年历时八年完成的课程内容改革试验研究。1942 年美国教育家泰勒在"八年报告"里首次提出教育评价概念，随后形成著名的泰勒模式（行为目标评价模式），泰勒也因此被誉为"教育评价之父"。

1956 年，布鲁姆提出了认知领域教育目标分类学。1964 年，克拉斯沃尔对目标分类学的情感领域进行完善。随着目标分类学的出现，人们开始根据各级目标制定出不同的测验，更有效、更准确地对教学效果做出评价。

1963 年，克龙巴赫提出"评价是为了进行决策提供信息的过程"的观点，他认为教育评价应放在教学过程或课程改革过程中，而不是在教学过程或课程改革过程结束之后。斯塔夫宾在此基础上，对泰勒模式做出改进，于 1966 年提出 CIPP 评价模式。

20 世纪 70 年代开始，教育评价出现了百家争鸣的局面。斯克里芬将评价分成形成性和总结性两类，并于 1974 年提出目标游离模式。此外，具有代表性的还有应答评价模式、自然主义评价模式等。近几十年来，以多元化为主要特征的政治、社会和哲学思考对教育评价的影响，代表了教育评价模式的未来发展。

（二）学生评价的理论

教育评价模式是学生评价的一种重要的理论依据。经典的教育评价模式有泰勒模式、CIPP 评价模式、目标游离评价模式、应答评价模式、对手评价模式、自然主义评价模式等。了解教育评价模式，能更好地为学生评价的实施提供思路和策略。

1. 泰勒模式（行为目标评价模式）

这个模式是由泰勒等人在"八年研究"中提出，是历史上第一个较完整并产生巨大影响的教育评价模式。它包括四个步骤：① 确定行为目标；② 设计评价情境；③ 选择评价手段；④ 分析评价结果。泰勒模式结构紧凑，逻辑严密，层次分明，容易理解，也容易实施，故为大多数人接受，运用范围较为广泛。

2. CIPP 评价模式

CIPP 评价模式是 1966 年由斯塔弗尔比姆提出的一种决策类型的评价模式。它分为四个阶段：背景（context）、输入（input）、过程（process）、结果（product）。每个阶段都要提供有关信息，反映一组决策。CIPP 评价模式是在泰勒模式的基础上衍生出来的，它将评价目标本身纳入评价活动中，比较重视形成性评价。正因为它把评价看成教育活动的一部分，评价成为改进工作、提高质量的一种工具。

3. 目标游离评价模式

1967 年，斯克里芬在提出了目标游离评价模式。他发现进行教育活动后除了会产生预期效果，还会产生"非预期效果"，或称"副效应"或"相反效应"，而且有时甚至影响很大。为更有利于评价者收集有关方案的全部结果信息，该模式主张不把方案、计划的目的告诉评价者。目标游离评价模式突破了目标的限制，但当评价对象较多时，操作起来较为烦琐。

4. 应答评价模式

这是由美国课程评价研究专家斯塔克于 1973 年提出的。这种评价模式采用非正式观察、访谈和描述性分析的方法，和各种人员接触，然后对方案和计划进行修改，对大多数人的愿望进行应答。由于应答评价从开始到结束都是以与方案的当事人充分交流和磋商为基础的，因此，它又称为"当事人中心评价模式"。

5. 对手评价模式

这是由欧文斯和沃尔夫于 20 世纪 70 年代中叶提出来的。它是为了揭示教育方案和教育活动正反两方的长短得失，而采用准法律过程评委会审议形式进行的一种评价模式。这种评价模式主张让持有不同意见的评价者参与对方案和活动的批判，对争议的双方观点，尤其是对反对意见给予高度的重视，这使各方面的情况能得到充分保障。

6. 自然主义评价模式（第四代教育评价）

这个理论的代表人物是美国学者顾巴和林肯，他们在 1981—1989 年出版了三本书：《有效的评价》《自然主义研究》和《第四代教育评价》。书中阐述了他们的观点。自然主义评价模式主张让所有与评价有利益关系的人都积极参与评价，在评价过程中充分表达自己的观点，最后形成公认的、一致看法。这种评价模式与过去的评价模式中的"测量""描述""判断"等特点不同，它的突出特点是"共同构建"。

（三）学生评价的功能

教育的评价功能指的是教育活动能引起评价对象变化的效能和功效。典型的教育评价包括诊断功能、甄别功能、导向功能、调节功能、促进功能。

1. 诊断功能

评价具有对实际状态、各类影响因素等信息进行诊断或评判的功能。如对学生学习困难的诊断，对学生心理问题的诊断，对儿童智力发展的诊断，等等。在相关信息的基础上，我们可以做出全面、准确的诊断，进而肯定成绩，指出问题及其成因，并设计出有针对性的"疗法"或"处方"。

2. 甄别功能

评价具有评定、判断评价对象优劣程度、水平高低、合格与否等实际价值的功能。其一般分为水平甄别、评优甄别、资格甄别三种类型。早期的教育评价偏重于甄别、筛选功能，现代教育评价尽管强调反馈、矫正功能，希望"创造适合儿童的教育"，但甄别功能仍然是不可或缺的。

3. 导向功能

评价具有引导评价对象朝着理想目标努力的功能。它就像一根指挥棒，评什么、怎么评，将直接引导评价对象在教育教学工作中做什么、怎么做。例如，在评价教师课堂教学时，如果学生的课堂参与方式、参与程度是评价标准的话，这一标准将引导教师在教学中调整自身教学，更加注重调动学生动脑、动口、动笔、动手能力并使其积极参与教学活动。

4. 调节功能

评价具有对评价对象的教育教学或学习等活动进行调节和控制的功能；依据预期的目标制定评价系统和评价标准，监控评价对象的变化情况，对偏离目标的行为及时进行调整。可以说，每一次具体的评价活动，都是对教育活动和评价对象的一次调节。

5. 促进功能

促进功能指的是教育评价促进评价对象为实现理想目标不断改进和完善行动的功能。教育评价的促进功能与形成性评价紧密相连。通过合理、适时的评价，其可以明辨是非、区分优劣，还可以为评价对象提供反馈信息，使评价对象看到自己的进步和成绩，明确自己的缺点和不足，激发其争先欲望和动力，从而不断实现自我修正与完善。

二、学生评价工作

（一）评价目的

评价目的是教师评价行为的方向和归宿，因此做好学生评价工作首先要明确评价的目的。评价要解决什么问题、实现什么结果就是评价的目的。常见的学生评价目的有如下几个方面：

（1）学习前诊断，这多发生在教育活动开展之前，是为了查明学生的学习准备状况及影响因素。

（2）学习中激励，通过向学生提供及时、恰当的反馈信息帮助其认识自身学习情况，激发其争先的动力。

（3）学习后改进，向学生呈现学习结果，分析学习问题，帮助学生找出原因，提出改进建议等。

（4）客观的效果评估，对教育活动做出客观的评估，为以后的进一步研究或者规划决策提供资料和证据。

（二）评价内容

学生评价的内容是教育目标和育人原则导向的体现。2021年，教育部等六部门联合印发了《义务教育质量评价指南》，为积极推进义务教育评价改革，扭转唯分数、唯升学不良倾向，提出了"五育并举"的新时代义务教育学生评价内容。其具体包括学生品德发展、学业发展、身心发展、审美素养、劳动与社会实践等五个方面，旨在促进学生德智体美劳全面发展，培养适应学生终身发展和社会发展需要的正确价值观、必备品格和关键能力。

学生品德发展包括理想信念、社会责任、行为习惯三个方面的评价。它是关注学生个体发展，促进学校德育管理的重要方面。实施思想品德评价应当注重制定科学、客观、可操作性强的指标，注重外显行为评价与内部思想意识评价相结合。

学业发展包括具体学业知识掌握情况、创新精神能力发展、学习习惯三个方面。我们在实施学生学业发展评价时应当避免只注重学习结构鉴定作用功能，要在不同的评价情境中充分体现诊断、引导、反馈、激励和调节功能，并根据具体情况有所侧重。

身心发展维度的测评目的是测评学生是否形成良好的心理适应能力和健康的体魄。其具体测评要点包括健康生活方式、体育锻炼习惯、身体机能、运动技能和心理素质等几个方面。前四个方面可以通过学生体育测试、问卷调查获得，而后一项心理素质评价则需通过专业量表测量，如通过智力测验来进行智力与学业成就评价，通过人格问卷和投射测验来进行人格评价，通过观察、他人评价及自我报告评价量表等进行社会行为评价和心理发展环境评价。

审美素养包括美育实践和审美表达两个方面。前者考查学生的审美情趣，后者考查学生关于美的感受。对于中小学生而言，我们要鼓励孩子积极参加学校、社区组织的文化艺术等各种美育活动，经常欣赏文学艺术作品，观看文艺演出，参观艺术展览，等等；同时，鼓励孩子掌握一至两项艺术技能，使其形成健康向上的审美趣味、审美格调，能够在学习和生活中发现美、感受美、欣赏美、表达美。

劳动社会实践包括劳动实践和社会体验两方面的指标。它要求学生具有尊重劳动、热爱劳动的观念，能够吃苦耐劳，尊重劳动者，珍惜劳动成果；能够积极参加家务劳动、校内劳动、校外劳动，具有一定的生活能力和劳动技能；要积极参与社会调查、研学实践、志愿服务和公益活动，在农业生产、工业体验、服务业实践中，主动体验职业角色。

基于"五育并举"的学生评价内容是国家提出的基础教育领域学生升学的重要参考。我们进行评价时要注意以下几方面的问题：一是避免将学生考试评价和非考试评价割裂，要综合考查才契合综合素质评价的价值诉求；二是要在全面评价基础上更加注重学生个性化发展状况的评价；三是要根据不同情境和对象特点综合选用定性评价和定量评价方法；四是要避免仅在初高中升学时集中突击，要注重形成性评价和总结性评价的结合，既关注结果，也要关注学生学习和成长的过程。

综上可知，学生评价内容具有综合性与难以量化的特点。在实际中，部分学校为了便于实施，大多采用自制评分量表，通过罗列具体行为积分的方式收集评价数据，如"写字姿势端正"和"饭菜吃干净"等。这种关注学生外在表现特征的方法容易忽视学生内在心灵成长等本质特征，造成评价内容和评价对象的实质性特征脱离，因此在具体实施时要注意内容和特征的紧密贴合。

（三）评价方法

学生评价方法是教师根据教育评价目标和理论，在收集学生的各种质量表现之后，做出各种评价结论时所运用的操作方式和工具。学生评价方法是评价理论和实践相联系的纽带。

根据评价中是否采用数量化方法，学生评价方法可以分为量化评价和质性评价两种类型。根据评价主要环节，学生评价可划分为不同的评价方法，收集评价对象信息的方法主要有观察法、访谈法、问卷法和测验法等；对信息资料进行分析和解释的方法有绝对解释法、相对解释法和内差异解释法等；得出评价结论的方法有评分法、评等法和评语法三种方法。当下评价方式多元化是当前新课程背景下学生评价改革的重要特点，因此在实践操作中，我们应注意量化评价与质性评价二者的结合使用，综合运用多种评价方式，才能全面地评价学生在各种目标领域中的学习与发展。下面介绍几种常见的学生评价方法。

1. 纸笔考试评价法

教师将要考察的教学内容以题目的形式进行组织，要求学生在规定时间内作出回答，之后，教师按照预定的标准对试卷进行批阅评分，根据其答题情况做出学业评价的方式就是纸笔考试评价法。进行纸笔考试评价能够检查学生的学习基础，发现学生学习的困难，以及评价学生的学习成果。教师在进行纸笔考试前要了解纸笔考试题目的类型，掌握考试编制原则。考试题目一般可分为客观题和主观题两类。在实施考试时，教师要注意一定的实施策略，如创造良好的考试环境，帮助学生排除考试心理压力，提供充足的时间，等等。教师在进行纸笔考试评价之后一定要积极反思，评价和改进自己的教学。

2. 表现性评价法

表现性评价法一般通过布置情境性任务，或者在真实的学习任务中，收集学生在学习过程中所表现的行为、情感与认知过程信息，以及经过学习过程后所呈现的学习产品，进行学习表现和成果评价。它具有重视情境、评价标准多元、过程公开和反馈信息全面等特征。因此，实施表现性评价时，要确定适当的表现性任务，让学生有机会充分展现自己；制定开放和合理的标准，标准不要过于细化和单一，避免烦琐和片面；注重评价结果的解释，引导学生理解自己的问题与不足，以激发其改进欲望。表现性任务的布置是表现性评价的重点。制定表现性任务时要求其具有操作性、公平性，能支持学生独立完成和具有多重的评价关注点。根据完成任务的时间跨度，表现性任务可以分为简短型任务和延伸型任务；按照完成任务的自由度，其可以分为限制性任务和开放性任务；按照完成任务的人数，其可以分为独立性任务和合作性任务；按照任务涉及的技能领域，其可以分为表达性任务、操作性任务、思考性任务和动作性任务等。

3. 档案袋评价法

档案袋（又称为成长记录袋）是用于显示学生学习进步信息的作品、评价结果及其他相关记录和资料的集合。档案袋评价法则是通过对档案袋积累过程和最终结果的分析，对学生的发展状况做出客观评价。实施档案袋评价法时，首要任务是确定档案袋评价的目的，明确采用这种评价方法是要实现哪些教学目标，检查学生哪些方面的进步和发展，以及获得哪些方面的重要信息，等等。确定目的后，就要确定档案袋的内容，要避免内容过多形成"材料堆积"，也要避免过少以致不能反映学生的发展与进步，因此可以鼓励多元主体的参与，根据学生、管理者、家长及其他专业人士的讨论意见综合确定内容。此外还要提前制定好有针对性且清晰具体的档案袋的评价标准，以方便学生根据要求完成相关学习作品等。

档案袋评价法能够给学生提供充分的自主空间，他们可以根据一定的评价要求，自由设计、选择和交流作品。它能够很好地激发主体参与意识，学生通过对作品的不断雕琢，可以实现自我反思，同时还能够增强动手实践能力及问题解决和创新思维能力，对学生成长和发展具有重要作用。

当下学生评价的功能在不断扩展，我们要倡导应用多元评价方法，多角度、全过程收集评价信息，以实现学生全面个性化评估。我们在设定以学生发展与改进为目的的评价方案时，要尤其注意不能偏好采取单一定量的方法，以避免偏离发展与改进的目的。

（四）评价结果使用

美国著名教育评价专家斯塔弗尔比姆强调："评价最重要的意图不是为了证明，而是为了改进。"因此如何正确使用评价结果，是教育评价的核心问题和最终归宿。一份调查研究结果显示，当下中小学评价重心多放在评价内容的设定和数据的收集方面，在评价结果的分析与运用部分相对较为薄弱。作为评价活动的最后一个阶段，评价结果的分析与处理工作关系到评价的作用能否充分发挥，分析与处理工作不到位不仅影响了教师、学生、家长等多方主体间的调适互动关系，而且让评价对象较难理解"诊断"与"改进"之间的有机联系，制约了评价活动中创生关系的形成。以学生学业评价为例，其评价结果主要作为鉴定学生学习效果或考评教师绩效的直接依据，结果报告中对促进学生学习的措施和建议过少，学生就难以明确学习存在的主要问题与改进方向。

教育家韦伯认为教师应当具备"解释评价结果和应用评价结果去改进学生的学习和课程的有效性"的能力。掌握有效处理评价结果的技能，借助反馈信息，指引学生改进行为，促进学生学习，才能最大化地实现评价的价值。教师可通过做到以下几点，增加自己的评价结果分析与运用能力。第一，教师要掌握主流的学习理论，如行为主义、认知主义、建构主义、人本主义等，增强自身对教育评价现象的理解和理论阐释能力。第二，教师要掌握基本的评价方法和数据分析方法，通过科学的程序，对评价数据做出准确可靠的分析诊断。第三，教师要自我评估，评估评价活动的质量，以发现评价方案存在的问题并进行修改。第四，教师要呈现评价结果，提出相关建议，反馈给有关方面，作为各层决策的依据。

对评价结果的使用是评价活动的最后一个环节，也是新一轮的评价活动的起点。做好评价结果的使用，可以有效提高教师教学能力，提高对学习理论和评价理论的认识水平，有效促进学生学习状态的改善，有助于教师自身工作迈上新台阶。

思考题

1. 学生管理的原则是什么？
2. 班主任工作包括哪些方面？
3. 学生评价的功能是什么？

主要参考文献

[1] 黄可国. 班主任管理班干部的学问：修订版［M］. 长春：吉林大学出版社，2010.

[2] 李银德. 小学主题班会理论与实践［M］. 广州：广东教育出版社，1997.

[3] 刘志军. 教育评价［M］. 北京：北京师范大学出版社，2018.

[4] 吴钢. 现代教育评价教程［M］. 2版. 北京：北京大学出版社，2015.

[5] 任雨晴. 班干部选拔问题的研究：以郑州市某初中为例［D］. 新乡：河南师范大学，2015.

[6] 程亚华. 论主题班会在班级管理中的作用［J］. 贵州教育，1997（Z1）.

[7] 戴小梅. 主题班会的作用及其设计初探［J］. 班主任，2005（8）.

[8] 何俊国. 论学生干部的素质［J］. 中山大学学报论丛，2000（4）.

[9] 胡金木，王云. 校规的制度德性审视［J］. 中国教育学刊，2007（10）.

［10］姜荣萍．谈如何通过班级活动，促进班级凝聚力建设：班级课外活动反思［J］．教育现代化，2018（32）．

［11］李慧．班级活动：小学生情感能力发展的重要平台［J］．南京晓庄学院学报，2013（4）．

［12］梁华村．班主任如何组织主题班会［J］．班主任，2004（2）．

［13］罗红霞，陈佳．改善小学生伙伴关系的班级活动方案设计［J］．教学与管理，2016（11）．

［14］李敏．主题班会创新构想［J］．苏州教育学院学报，2000（4）．

［15］李伟胜．逐步改进班级活动　提升班级管理境界［J］．教育科学研究，2009（11）．

［16］李学明．如何开好主题班会［J］．教学与管理，2004（14）．

［17］沈景娟．主题班会与素质教育［J］．中国冶金教育，2000（1）．

［18］王莉．加强班级文化建设是优化班集体的有效途径［J］．课程教育研究，2012（18）．

［19］吴林．西方现代教育评价的沿革及阶段特点［J］．黑龙江教育（高教研究与评估），2006（11）．

［20］谢晓东．在学生真正的需求处设计班级活动［J］．人民教育，2016（Z1）．

［21］张书娟．在班级活动中助力学生健康成长［J］．中国教育学刊，2018（S2）．

［22］张亚男．中小学主题班会研究综述［J］．教学与管理，2009（25）．

第六章　学校、社区与家庭协同育人

第一节　学校、社区与家庭协同育人内涵与特点

学校、社区与家庭协同育人是基础教育改革的新趋势，也是重要的趋势。学校、社区、家庭三位一体协同育人的教育生态场，是构建绿色教育生态体系的重要探索。通过"政府统筹、学校主导，社会出力、家庭参与"的工作思路，我们要坚持以协同发展的方法论为指导，系统整合知识与生活，以及课堂与课外、校内与校外资源，转变教与学方式，注重建立教师跨学科协作教学机制，科学设计学生跨学科学习流程，实现教师专业与学生综合素质的协同发展。

一、学校、社区与家庭协同育人概况

我国著名教育家陶行知主张"生活即教育，社会即学校"，学校教育的范围不在书本，而应扩大至大自然、大社会和群众生活中去，向大自然、大社会和群众学习，使学校教育和改造自然、改造社会紧密相连，形成真正的教育①。学校、社区与家庭协同育人是我国当今教育改革的一个重要的主题，也是"双减"背景下的必然要求和必然产物。

（一）学校、社区与家庭协同育人的政策背景

学校、社区与家庭协同育人是现代学校制度创新的重要内容，是深化教育改革的一个切入口。这既是一次办学理念上的突破，也是办学改革的一次行动。

2016年12月12日，习近平总书记在会见第一届全国文明家庭代表时指出："家庭的前途命运同国家和民族的前途命运紧密相连。我们要认识到，千家万户都好，国家才能好，民族才能好。"2018年9月举行的全国教育大会上，习近平总书记指出："办好教育事业，家庭、学校、政府、社会都有责任。"为进一步增强家庭教育工作的针对性和有效性，中国教育学会成立专门工作组，组织众多家

---

① 赵春芳. 以陶行知教育理论指导地理教学［J］. 教育教学论坛，2015（41）.

庭教育专家编写《家庭教育指导手册》（学校卷）。《中华人民共和国国民经济和社会发展第十四个五年规划和 2035 年远景目标纲要》规划明确指出要"构建覆盖城乡的家庭教育指导服务体系，健全学校家庭社会协同育人机制"。2021 年 10 月 23 日，第十三届全国人大常委会第三十一次会议通过了《中华人民共和国家庭教育促进法》（以下简称《家庭教育促进法》），其于 2022 年 1 月 1 日起实施。政策的支持为推进家校社协同育人提供了方向性和理论性的指导，以家庭教育立法推进家校社协同育人、全员育人，使学校、社区、家庭共同担负起学生成长成才的责任。家庭帮助孩子扣好人生第一粒扣子，而专业社会组织、公共服务机构等应深挖育人元素，应对学生在发展过程中出现的新挑战。

（二）学校、社区与家庭协同育人的现状

1. 家长教育缺位

《家庭教育促进法》的出台，有着很强的现实针对性。习近平总书记强调："家庭是人生的第一所学校，家长是孩子的第一任老师。"父母或者其他监护人承担对未成年人实施家庭教育的主体责任。儿童健康良好教育生态环境的创设需要家庭、学校、社区有效协调，形成教育合力。家庭教育中的祖辈参与成为普遍现象，以祖辈为主的教养的儿童容易出现教育问题。隔代教养的家庭，老人的溺爱和监管不足导致儿童缺乏良好的习惯。适龄儿童入学时，家长又把家庭教育责任交给学校。另外，家长不能正确看待孩子的成长。在现实生活中，许多家长重成绩轻能力，因孩子的成绩引发严重的亲子关系冲突。父母参与儿童的成长，对儿童的身心健康有着重要的作用。父母的职责是任何人都不能替代的，父母的用心、高质量的陪伴与儿童建立良好的亲子依恋的关系是儿童拥有健全人格、良好的社会性的基础。

2. 学校教育越界

在儿童成长的过程中，家校社等不同的社会单元，所承担的功能难免重复，要厘清各自的权利与义务。"家长群"变成"作业群"，家长被要求辅导、批改学生作业，学校、教师的责任被转嫁到家长身上。在网络上，我们会看到这样的新闻：家长在辅导孩子做作业时，因孩子作业做得不理想而动怒，但又舍不得打孩子，家长无从发泄，就用力捶墙，没想到把自己的手捶骨折了。或者，家长辅导孩子的作业后，情绪失控崩溃，愤而退出家长群，甚至是被气出脑梗。辅导孩子做作业导致家长自我损伤的案例层出不穷，这些都说明了当前学校教育与家庭教育的界限很模糊、职责不清。2021 年，教育部发布了《关于加强义务教育学校作业管理的通知》中提出，教师要对布置的学生作业全批全改，不得要求学生自批自改，强化作业批改与反馈的育人功能。学校要引导家长树立正确的教育观念，切实履行家庭教育主体责任，与学校形成协同育人合力。

3. 社会资源缺乏

社区是儿童校外的学习与活动的主要场所，社区教育是使儿童适应社会、接受社会教育的重要方式。部分社区或学校周边的一些企业、机关等社会机构，认为教育儿童是学校和家庭的责任，低估自身对儿童的教育的作用。当学校求助社会机构时，有些社会机构会以"干扰正常工作"为由拒绝学校，或敷衍打发。殊不知，社会机构教育对促进儿童全面发展发挥着重要的意义。儿童的教育是全社会的责任。在新时代背景下，劳动教育、综合实践活动课程、项目化学习等都需要在不同的学习场域来完成，缺乏社会资源对学校教育的支持，单靠学校一己之力，必将举步维艰，甚至难以为继。这些都在一定程度上影响家校社协同育人的深度和效能。

（三）学校、社区与家庭协同育人的理论依据

《家庭教育促进法》第十九条规定："未成年人的父母或者其他监护人应当与中小学校、幼儿园、婴幼儿照护服务机构、社区密切配合。"对未成年的教育和保护是一个系统工程，需要家庭、学校、社会各方共同的努力、相互配合。在这样的背景下，重温陶行知的生活教育理论为推进学校、社区与家庭协同育人提供了一些理论方向的思考。

陶行知的生活教育理论主要包括"生活即教育""社会即学校""教学做合一"。儿童是教育的对象，更是教育的主体；既是教育的出发点，又是教育的旨归。儿童是我们熟悉的陌生者，关于儿童的学问是大学问、真学问、深学问、难做的学问，想做好这门学问，应回归到儿童完整的生活世界中去。[1] 这里的"生活"是一个宽泛的概念，"有生命的东西，在一个环境里生生不已的就是生活"[2]。社会即学校，在空间上扩大了教育的范围，使教育成为一个开放的状态，要打破学校与社会之间的围墙，引导学生关注社会，关注校园之外的空间环境，融入社会生活。这样一来，学生在校园之外，教育依然在进行，我们要引导学生关注社会环境，引发学生的思考，"社会"就成为学校和学生个体都要终身利用的教育资源。

1979 年，布朗芬布伦纳提出了著名的生态系统理论。从生态理论的视角分析学校、社区与家庭的教育问题，已是学校、社区与家庭协同育人研究领域的一种理论依据。根据生态系统发展理论，布朗芬布伦纳指出有机体与其所处的即时环境相互适应的过程受各种环境之间相互关系，以及这些赖以存在的更大环境的

---

① 成尚荣. 儿童研究是教师"第一专业"[J]. 幼儿教育，2016（28）.
② 陶行知. 陶行知全集：第二卷 [M]. 长沙：湖南教育出版社，1985.

影响。[①] 他强调环境对人的影响是重要的，脱离环境，就不能谈论人的发展。他将儿童发展的环境分为五个相互联系的系统，包括：微系统、中系统、外系统、大系统和长期系统[②]。微系统是成长中的儿童最直接接触着的和阐述着体验的环境，其包括家庭、学校、社区。中系统指两个或多个微系统环境之间的相互联系和彼此作用所组成的系统。如，家校合作，学校教育走进社区等都属于中系统内容。外系统是指儿童没有直接参与其中，但对儿童的发展有着互相影响的环境，如，社区的健康服务、社会福利制度等。大系统是指个体所处的整个社会组织、机构和文化背景下的社会要素构成的系统。长期系统是指个体的生活环境及其相应的种种心理特征随时间推移而具有变化性及其相应的恒定性的系统。[③] 如父母离异，单亲家庭长大。生态系统理论为我们提供了新颖、独特的思考方向，在教育领域中得到了广泛的应用。生态系统理论告诉我们，教育从来不是一个孤立的系统，各个系统互相合作、开放、影响。家庭、学校、社区要共同为儿童的成长创设良好的环境，这里的环境不仅是客观环境，也包括儿童的心理环境。学校教育如果离开了家庭和社区的支持与配合，就无法形成良好的教育氛围和更强大的教育合力，从而会削弱对儿童的健康发展保驾护航的作用。

（四）学校、社区与家庭协同育人的内涵

20世纪90年代，美国学者艾普斯坦把传统的家校合作范围扩展到社区，在其《从理论到实践：家校合作促使学校的改进和学生的成功》中指出家校合作是"学校、家庭、社区的合作"。[④] 刘纯姣提出"协同教育"的概念，即学校、家庭、社会三个子教育系统各自发挥教育能力，形成最大的组织效应。[⑤] 李运林提出，家庭、学校和社会在教育系统中互相独立、亦互相渗透。当一个子系统的要素渗透入另一系统后，必然与另一系统的要素发生作用，从而产生协同效应。[⑥]

国内外学者对协同育人定义都是在倡导多方力量参与合作，以实现协同育人目的。"协同育人"是在一定背景下，教师与专家、学生、家长、社会人士等在儿童成长过程中，尽其所责、尽其所能形成教育合力，促进儿童健康成长，这也是一种创新的合作型教育模式。多方共同的努力下，一起共同开发教育资源，整合学校与校外这两个教育场所中有益帮助学生成长的资源。

---

① Urie Bronfenbrenner. The Ecology of Human Development [M]. Cambridge：Harvard University Press，1979：21.
② 莫里森. 学前教育：从蒙台梭利到瑞吉欧 [M]. 11版. 祝莉丽，周佳，高波，译. 北京：中国人民大学出版社，2014：132，196.
③ 李胜男，岑国桢. 生态环境说、人生历程说：儿童心理发展的两种新理论 [J]. 宁波大学学报（教育科学版），2001（6）.
④ 胡晓雪，王玉凤. 协同育人文献研究综述 [J]. 家长，2020（28）.
⑤ 刘纯姣. 学校家庭协同教育构想 [J]. 怀化师专学报，1996（3）.
⑥ 李运林. 协同教育是未来教育的主流 [J]. 电化教育研究，2007（9）.

二、学校、社区与家庭协同育人的特点

学校、社区与家庭协同育人是一项复杂的社会工程，在理念构建、框架搭建及操作实施等各个方面都有其自身的特点。新时期学校、社区与家庭协同育人，是教育主体之间深入、广泛、有组织性、有针对性的协作行为。从教育主体间的关系来看，学校、社区与家庭是伙伴关系，是相互促进、相互支撑、合作共赢的教育共同体，因此三方主体既要发挥自身特点，又要相互合作。作为制度的设计者，政府在学校、社区与家庭协同育人的过程中应发挥统筹作用；作为专业的教育组织，学校在学校、社区与家庭协同育人的过程中，应发挥主导作用。协同育人应有丰富的活动设计方案，引领各方参与。

（一）平等协商，共同育人

《家庭教育促进法》中提到家庭教育、学校教育、社会教育紧密结合、协同一致。家庭、学校和社会是参与青少年教育的主体，三者紧密结合，形成青少年协同共育的共同体。家庭、学校和社会都是协同共育的主体，其关系是主体间的平等的关系。只有在平等的基础上，三方才能发挥其独特的优势，形成平等的对话模式，激发主体育人的积极性。各方通过平等且深度的沟通，明确育人目标，开发育人资源，形成育人模式。

传统的家校合作观认为，在家校合作中，学校应该是领导者。苏联著名的教育家马卡连柯认为在学校教育与家庭教育的关系上，应当是学校领导家庭。这种观点认为，学校在教育上具有专业性和权威性，而家长在教育资源和自身素质上存在不足。如今，这种看法已经不合时宜。在家校合作过程中，必须摒弃学校是领导者的观念，家庭与学校在教育过程中具有完全平等的关系。

现代学校一个显著的特征就是开放性、平等性，社会（社区）教育是教育的延伸，深刻影响家庭教育、学校教育的方向、内容及效果。在社会教育的背景下，"教育社会化"与"社会教育化"已经成为现代教育发展的趋势，其核心问题是如何打破学校教育封闭、保守的局面，使教育与生活的联系更加密切，让教育更加符合社会发展的实际。例如，不少专家学者提出打造"三位一体"的青少年社区教育体系，通过社区为家庭教育和学校教育搭建平台，整合教育资源，构建基础教育创新平台。某师大附属幼儿园提出的"社区＋"协同共育的发展模式，从课程开发、师资队伍、园所管理各个方面联动社区资源，深入合作，协同育人。

要保证家校社协同育人实践中三方都表达各自的诉求，就要保证教育主体间的平等性，让三方平等协商成为教育过程中的常态。要实现主体平等，首先是建

立合作机制，通过政府、社会组织和专业机构统筹，家校社共同参与，从机制上保证平等地位。其次，要建立良好的主体协商制度和议事制度，从制度上疏通平等协商的渠道。最后，要树立平等协商的意识，各级政府和教育部门要加大宣传力度，定期开展家校社代表会议，举办专题培训活动，让平等协商、协同育人的理念深入人心。

（二）异质主体，相互合作

家庭、学校和社会三者相互关联、相互影响，但是三者各自为教育主体，也各有侧重。家庭教育培育过程具有个性化的特点，各个家庭的组成模式、文化背景、文化氛围不尽相同，青少年的性格、行为习惯及天赋潜能也各有差异，家庭教育可以根据青少年的个体独特性进行个性化培育。学校教育包括国家实行的各个阶段的教育，具有共性化的特点，主要目标是将学生培养成为德智体美劳全面发展的人。社会教育培育过程具有综合化的特点，主要目标是调动社会资源，培养与时俱进、积极向上的合格有用的人才。

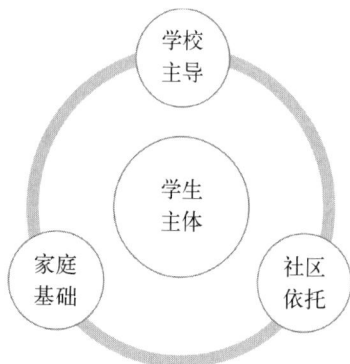

图 6-1 家校社协同育人主体合作关系图

《家庭教育指导手册》指出了家校社协同育人过程中，三方教育主体的地位和作用，即坚持以学校教育系统为主导，以家庭为基础，以社区为依托，以学生为主体，从而形成教育氛围与教育合力。学校、家庭和社区具有不同的特点与功能，也有各自特色的资源，都有着不可替代性。因此，在开展协同教育时，既要保证三方平等协商，避免出现"脱节""调档"的情况，也要发挥教育主体各自的功能与特点，发挥各自的优势，避免出现互相模仿，甚至相互移植的情况（图 6-1）。

（三）政府统筹，学校主导

1. 政府统筹

家校社协同育人是一项复杂的社会系统工程，从整体上来看，要突破原有的学校教育为主的教育框架，建立家校社协同育人的新机制，政府的统筹协调十分重要。政府的统筹可以为家校社协同育人搭建平台与桥梁，明确主体的权利与义务，从体制层面上对协同教育提出要求，进行指导与监督。《家庭教育促进法》也要求各级人民政府指导家庭教育工作，建立家庭学校社会协同育人机制。政府统筹主要体现在以下几个方面：

（1）建立相关的法规政策，明确教育主体的权责。《家庭教育促进法》的出台与实施，明确了家庭教育的主体、目的、内容、形式、任务和要求，指出国家和社会要为家庭教育提供指导、支持和服务。除此之外，政府也将协同育人列入了国家长期发展的规划。

（2）协调政府各级部门，加强部门协作，统筹资金，做好分工合作，各自承担职责范围内的管理与保障工作。例如，各级政府部门根据地区情况，构建协同育人体系，组建家校协同育人中心，使其成为固定的机制，并为其提供政策与资金支持。政府是社会管理的主体，涉及社会生活的方方面面，除了保障社会各方面的正常运转，还蕴藏丰富的教育资源。教育行政部门可以协同街道、社区，联合学校的教育资源，开办社区家长学校，开展线上与线下的家长课程。除了教育行政部门，公安、消防、民政、交通、司法等职能部门也可以积极寻找与学校合作的途径，参与学校课程，为学生带来丰富的教育资源，让警察、法官、消防员、医生进入教室，为孩子们带来一堂堂精彩的职业教育课。

（3）将家校社协同育人质量评估纳入政府督导范围，定期开展督导评估。教育行政部门要定期对学校的协同育人工作进行检查与督导，对协同教育的过程进行评估与指导，社区主管教育的部门也要将其纳入政府协同育人评价体系，并且推广优秀案例，举办协同育人经验分享会。

2. 学校主导

学校作为专门的教育机构，在专业水平，教育资源和文化氛围方面都存在优势，协同育人通过学校链接家庭与社区，整合资源，形成教育合力。《家庭教育指导手册》中也提到在家校社协同育人的实践中，必须坚持学校主导地位。但是，学校为主导不是学校单打独斗，需要国家层面的政策保障，社会各方面的密切配合，尤其是家庭和社区的配合与支持。具体而言，学校的主导地位需要通过以下几个方面得以体现。

（1）学校要组建协同育人的管理体系，组建育人中心，为家长社区提供服务，激发家长参与的热情，让家庭与社区得到实惠。例如，深圳市某实验小学实行了层级网络协同管理体系，学校、家庭与社区共同组建了"家校社协同教育委员会"，委员包括学校校长、班主任及相关项目负责人，街道文化中心主任及相关工作人员，学校家委会会长及家长代表，等等。委员会委员共同商议、决策学生发展事宜，积极主动为学生的学习提供相关资源。学校还组建一批专职结合的人才队伍，成立了家庭教育指导师工作室，为青年教师提供指导，同时也为家长提供家庭教育指导，学校名师还为家庭录制教育指导视频，帮助家长更好地开展家庭教育。除此之外，学校还通过课程活动链接家庭与社区，让体系在活动与课程中运转，形成教育合力（图 6-2）。

（2）学校要协同家庭和社区，系统设计课程体系。在协同教育的体系下，学校的课程设计要将家庭与社区包含进来，课程设计中心要与家庭、社区合作，寻

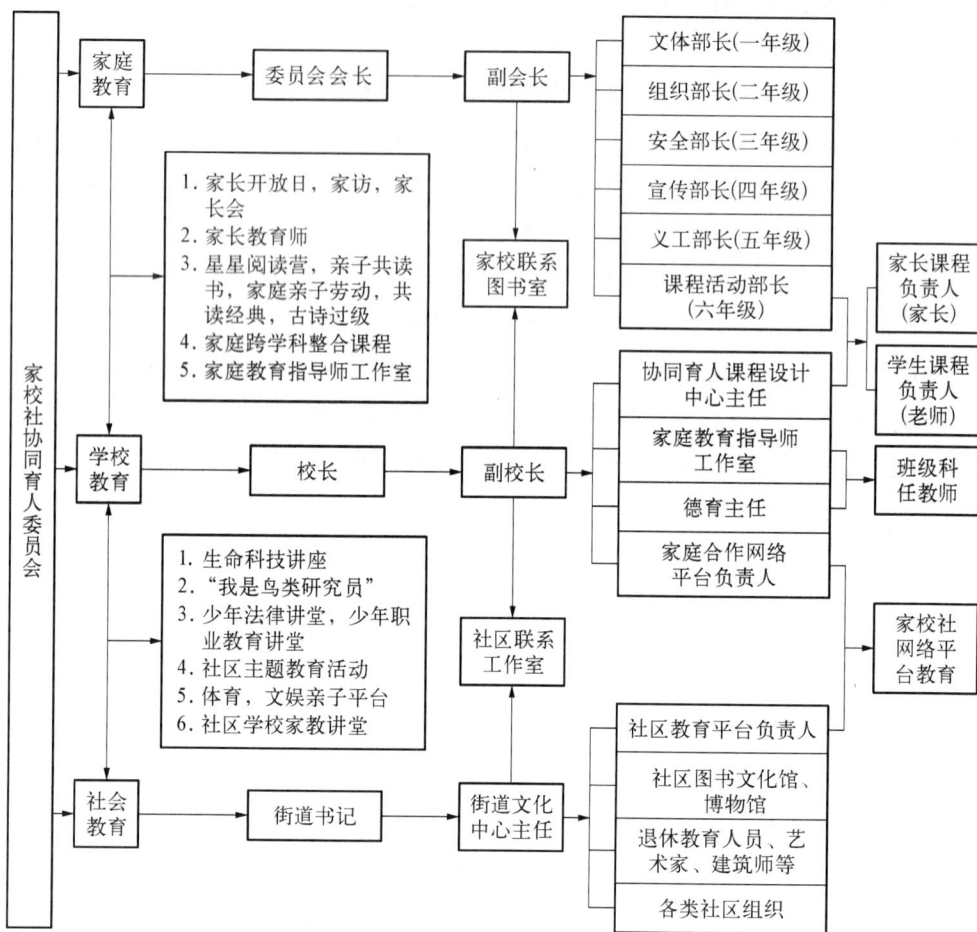

图 6-2 深圳市某实验小学协同育人层级网络式管理体系

找教育点，共同开发教育资源，让家长参与到课程设计中，让社区提供场域，为课程提供支持。深圳市某实验小学根据社区、家长的实际情况，开设了家庭项目式跨学科课程，以跨学科课程的形式，以任务为主导，分年级、分层次，形成固定的课程序列，采用活动式、情景式、探究式、体验式的途径开展，挖掘社区资源，带动家长参与。该学校先后开发出"科学与自然""探·创春天""探·研生态""探·研中国非物质文化遗产""万物启蒙""粤研粤有趣"等六大主题课程，涵盖人与自我、人与他人、人与自然、人与社会四大板块。每个主体板块都与家庭和社区联结，家庭与社区从课程活动设计到实施、评价等各个环节都全程参与。该学校还建立了"主题研究智库和共同体"，联合建筑专家、金融专家、生命科技专家、候鸟专家、古树专家、人工智能专家、海洋专家等各行各业的精英为课程活动提供指导。

（3）学校要了解家长需求，有针对性地提供家庭教育指导。家校社协同教育中，学校一个重要的任务就是教育家长。家长在学历、职业、教育观念上存在着千差万别，有些家长缺乏正确的教育观念与教育方法，学校作为专门的教育场所，学校的领导层与教师都有丰富的育人经验，因此学校要根据不同的家长分专题、分层次地开展家长教育，可以与教育主管部门共同开办家长学校，也可以联合网络媒体平台，开展线上家长培训；在提供家庭教育指导服务时，也要确保以家长能够理解的方式进行，避免灌输艰深晦涩的理论，多讲实际案例，对于教育观念不能与时俱进的家长，学校、班主任和科任教师要提供针对性的指导。同时，家长群体中也有丰富的教育资源，一些家长也是各个领域的佼佼者，学校在开展协同育人的过程中也要利用家长资源，例如，深圳市某实验小学开展"故事妈妈""故事爸爸"进校园活动。除了这种"引进来"模式，该学校还利用家长资源，让孩子们"走出去"，开展家长专家讲座活动，让孩子们走出校园，学习知识。

（四）活动引领，各方参与

家校社协同育人的活动设计可以整合各方资源、调动各方参与，充当教育主体间之间的黏合剂；通过协同教育活动的创建与创新，扩展学校的教育教学资源和条件，影响和改善家庭家教和家风，调动社区资源参与教育工作。例如，在家庭家风建设的教育活动中，学校可以组织家长教育大讲坛，给家庭家风建设提供指导，也可以利用家长资源，培养家长教育师，让家长教育家长。在指导家长的同时，学校也可以利用班会或者特色课程，开展优秀传统文化的教育。社区也可以在家庭家风建设活动中，因地制宜，协同学校，组织活动。除此之外，家校社还可以设计丰富多样的主题活动，如传统美德教育活动、公民教育、职业教育与指导、生态教育等。

家校社协同育人的活动设计要注意以下几点：一是活动形式的丰富多样，无论大型活动，如校庆、艺术节、科技节等，还是区域主题活动，如主题教育活动、班级课程活动等，都要调动家庭与社区的力量。例如，深圳市某实验小学"百年校庆"活动，调动家长资源为学生编舞，教学生唱歌；社区舞蹈社团为学生提供指导。社区工作人员与教师共同设计社区公益服务活动。二是活动内容要创新灵动。在活动设计过程中，依然要坚持学校主导的地位，学校在设计活动过程中要跳出课本教材的局限，挖掘家庭与社区中的资源，围绕主题设计活动，例如，在社区教育资源中挖掘职业教育内容，与社区组织合作挖掘社会治理教育、劳动教育、生态教育、城市规划与管理等涉及社会生活方方面面的教育内容。三是活动设计要采取联结的方式，在活动设计的过程中，各方要把握活动之间的联系，最好用活动群的形式展现出来，或者用课程引领活动，打破各个活动孤立存在的局面。例如，某小学用主题式跨学科课程来设计活动，有效地联结家庭与社区，使活动目标更加明确，活动任务更加具体。

（五）目标一致，价值统一

家校社协同育人作为新时代教育发展改革的重要主题，其目标最终要落到育人上来。家校社协同育人要与国家的教育目标与教育方针一致，通过建立教育主体之间新型伙伴关系，统一教育目标，明确价值导向，培养新时代社会主义接班人和建设者。只有明确了目标，才能让三方主体合作有指引方向，使协同育人符合当前阶段教育发展的实际情况，培养与时俱进、面向未来的人。

1. 以人为本，学生主体

教育是培养人的社会活动，家校社协同育人也要强调以人为本，尊重学生个体的差异性与发展性。学生是学习活动的主体，学校教育、家庭教育、社会教育都要尊重学生的主体地位，尊重学生发展的自然规律，关注学生生活。从课程设计到活动实施、活动评价等各个方面，家校社都要致力于将学生发展与社会经济文化的发展统一起来，提高学生综合素质，为学生发展提供舞台，为学生的精彩人生创造条件。无论是"学校主导""家庭基础"，还是"社区依托"，最终都要落到"学生主体"上来，协同育人的根本任务也是培养全面发展的社会主义的接班人和建设者。家庭、学校和社区都要营造平等的氛围，充分发挥学生的主体性，让学生参与家庭的决策当中，培养学生独立自主的品质。学生也是社区的一分子，未来也是社区各行各业的参与者，因此，社区教育也要考虑让学生适当参与社区事务，培养学生的责任意识与管理意识。

2. 五育并举，终身教育

当前，国家"双减"政策的落地与实施，意在解决过分重视智育，而忽略学生全面发展的问题，主张减轻学生的课业负担，实现"五育并举"的教育方针。家校社协同育人在实施过程中，也要避免过分重视智育，不然就成了家校社共同向孩子要考试成绩的情况，这与国家的初衷就背道而驰了。家校社协同育人的实践中要赋予德育、体育、美育、劳动教育与智育同等重要的地位。深圳市某实验小学在协同育人实践过程中，通过跨学科的形式，设计育人活动，培养学生德智体美劳多方面的素质与能力。从劳动教育角度来说，该学校通过春节家庭项目式学习形式，与家长合作，让学生在家里动手体验春节的各种习俗，进行劳动教育，如包饺子、做窗花、挂春联等。家校社协同教育同时要坚持"终身教育"坚持整体建构，突出整体思维，追求人的全面发展，促进教育的不断完善。

3. 德育为先，立德树人

立德树人是教育的根本任务，家校社协同育人必须把德育放在首位。学校的德育工作必须与社会主义核心价值观结合，与家庭家风教育结合，与社区的文明道德教育结合，通过三方主体的联结，开展教育活动，把德育贯彻到青少年学习生活的各个方面，避免学生在学校养成的良好的道德素质后却因为家庭、社会中的某一件事，甚至某一句话，摧毁殆尽。

第二节　学校、社区与家庭协同育人实施模式与机制

协同理论认为，当外来能量或物质的聚集态达到某种临界值时，子系统之间会产生协同作用，并发挥出 $1+1>2$ 的协同效应。

一、学校、社区与家庭协同育人实施模式

教育是人类特有的现象，包括家庭教育、社会教育、学校教育三种基本形态，三者关系能够反映出教育发展的基本脉络。

（一）家校社三者之间的协同关系

教育始于家庭，家庭教育是原始社会基本教育形态，教育与社会生产生活是一体的。奴隶社会时期，学校的诞生推动了教育发展，社会出现学校、家庭、社会教育并存局面，教育得到了长足的发展；但早期的学校只为特权阶层独享，对于劳动阶层来说，所受到的主要教育依然是家庭和社会教育。工业革命之后，随着学校的普及，学校成为教育的主渠道，但学校教育的"野蛮生长"也存在诸多弊端。探索未来教育关系和形态成为一个重要话题，注重家庭教育，消除学校教育"野蛮生长"的弊端，探索新的家校社的协同方式，成为未来教育发展的必然。

家校社关系是当前教育中的一个热门话题。厘清家校社关系首先要有历史的眼光，应该将其纳入教育历史长河之中来分析三者的内在联系；同时需要回到现实，从育人功能的角度思考三者发展的方向。从教育发展史上看，家校社之间一开始是一种"合"的状态，教育以广义的家庭教育的方式呈现；现代学校崛起后，家校社出现了明显的分化，学校逐步成为教育的主渠道，家庭教育和社会教育退居其次。随着社会经济文化的发展，家长的教育意识再度增强，家校社关系再度呈现"合"的趋向。走向协同是家校社关系历史发展脉络的呈现，暗含着否定之否定的辩证规律。

家庭教育、学校教育、社会教育都是为了全面培养学生的综合素质。良好的教育由家庭、学校、社会共同承担，它们之间相互制约、紧密联系。

（二）家校社协同育人的实施

我们必须着力建立、健全家校社协同育人实施模式，从机制执行、保障、管理、评估等方面精准发力，构建科学合理、执行有力的协同育人模式，打造同生共长的教育生态系统（图 6-3）。

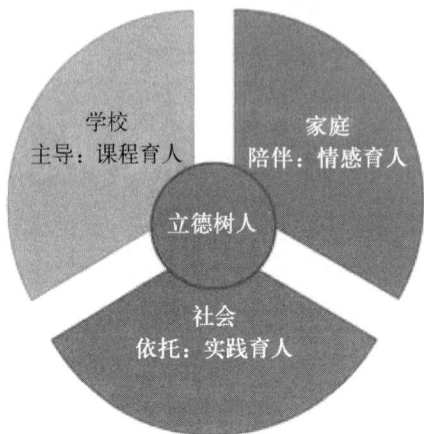

图 6-3　立德树人与家校社协同育人

1. 学校——课程育人

在家校社的教育中，中小学教育作为主导力量，应该担负起重要的教育职责。中小学应当贯彻落实学生在校的专业课程体系，从而积极拓展创新教育模式，深化研究教学内容。

近年来，学校在开齐开足国家课程的前提下，本着"有教育发生的地方，就有家长的参与"的课程开发理念，充分挖掘家长、社区的教育资源，构建家校社协同育人课程体系，形成了全面育人的新格局。

一是"家·校"课程。"家·校"课程分班级、年级和校级三个层次，通过对家长职业、学生成长需求、教师发展意愿的问卷调查，明确课程以活动实践为主要形式，以行动体验为中心，促进学生形成探究学习的综合能力。这类课程与学科资源结合，开发生活通识课程；与生活资源结合，开展综合实践体验课程；与传统节日结合，创设特定时间文化共育课程。如疫情期间，班主任可与家长通过线上班会、微信等方式保持密切联系，在担心学生出现不安、恐慌等消极情绪时，学校应迅速制订疫情防控心理服务工作方案，实行家长"每日报告、异常情况一事一报"制，实时掌握学生心理动态。同时，学校通过微信公众号发布心理科普文章，班主任也向家长提供在线心理辅导服务、在线心理课程等，共同引导学生正确看待疫情，预防异常心理和行为的发生。

二是"家·社"课程。"家·社"课程主要依托周边医院、银行、超市、企业等，通过设置职业岗位为学生提供职业体验和角色服务。我们要根据学生成长需要开发综合性、实践性、拓展性课程，开设"百科大讲堂"，完善家校社三位一体教育体系。家长志愿者可联系社区、福利院、企业、科技馆等机构，带孩子到社会的大环境中去体验感受，增进亲子关系。

三是"校·社"课程。"校·社"课程是为了增进学校与社会的联系，引导学生走上社会，有计划有组织地开展集体性实践体验、调查研究课程。这类课程与综合实践活动课程结合，突出集体实践探究，如研学旅行、小记者实践活动、春游等；与研学活动结合，突出体验反思；与社会热点结合，突出调查研究，如调查交通安全、手机和网络使用；等等。课程通过"做""实验""探究""反思""体验"等一系列活动，让学生发展综合应用知识的能力，养成合作、分享、积极进取等良好的个性品质，塑造健康人格，培养学生的社会责任感。教育并不是由学校单一承担的任务，高质量教育体系也并非只有学校教育来支撑。真正的高质量教育是以人的全面发展为目标，需要学校、家庭和社会共同参与。全社会更有责任、有义务构建起家校社协同育人机制，为孩子终身发展、幸福人生奠基。

2. 家庭——情感育人

家庭教育是对孩子进行启蒙教育的地方，在中小学学生教育体系中，家庭教育是不可缺少的教育。纵观一个人一生的成长，在不同的人生阶段，家庭教育对人的影响不相同，中小学生正处于学习独立自主生活学习的阶段，家长应该大胆放开双手，让孩子学会独立。绝大多数独生子女家庭里，由父母操办子女所有的衣食住行，这会剥夺孩子在家庭的成长机会。那么，家庭教育应该如何发挥其重要的教育职责呢？

一是家长要正确认识家庭教育的任务。家长首先要认可并坚信学校在知识教育中的作用，信任学校在作业辅导和课后服务方面的专业性，将指导孩子课程学习的权利、时间、责任还给学校。其次要更加关注孩子的全面发展和健康成长，关注孩子的身心健康、道德情感、艺术审美、创新和实践能力等综合素质。最后，家长要重新认识孩子，尊重孩子作为一个独立的社会个体存在；家长要主动规避盲目且不切实际的攀比心理，进而产生不必要的教育焦虑。家长要善于发现孩子的天赋，并积极引导，培养孩子独特的优势和信心。家长要正视和接纳孩子的不足，鼓励孩子在挑战自我的过程中磨砺意志、完善心智。

二是家长要转变观念，树立正确的人才观和价值观。陶行知先生倡导"在立足点要平等，于出头处争自由"，鼓励发展各尽其能、积极合作、合理竞争的社会机制，让每个受教育者的潜力得到充分发展。学校、社区和家庭应形成合力，共同助力孩子成为"最好的自己"，从根本上消除家长的教育焦虑。

3. 社会——实践育人

社会教育是实现学生快速长大成人的推进机与润滑剂。社会教育资源信息丰富，但是其中鱼龙混杂，需要中小学学生独立自主筛选有用的信息。因此只有社会各界积极主动地参与学校、家庭的教育，充分履行社会教育平台的重要职能，才能有效地提升未来社会主义接班人和建设者的核心素养，才能让他们顺利地融入整个社会当中。

（1）健全社区教育服务体系。

从条块分割的管理角度看，社区教育涉及诸多管理主体，是功能复合的发展新样态；因此，指导教育服务体系建设尤其重要。首先，健全组织管理运行体系，把家庭教育指导服务纳入社区公共服务的总体工作，建立选派各级家庭教育学会会员、家庭教育讲师团成员、家庭教育志愿者担任社区家庭教育指导员制度；鼓励组建"社区家庭教育互助组""社区家庭教育帮帮团"等互助组织。其次，健全指导服务工作体系，争取地方政府的重视和相关管理部门的支持，推动市、县家庭教育指导中心向实体化和专岗专编方向发展。再次，拓展指导服务网络阵地，巩固规范社区家长学校办学条件，场地共享共用，保障社区至少有一处能容纳 30～50 名家长参与家庭教育指导活动的场地。

（2）促进社区家庭教育精准供给。

首先，统筹社区资源，注重社区教育指导服务机构与社区学院、文化中心等公共服务机构的资源共享，促进基层公共服务资源效益最大化。其次，利用社会资源，鼓励各级各类学校共享场地设施、课程资源、师资力量、教学实训设备等，提高图书馆、科技馆、文化馆、博物馆和体育场馆等各类公共设施面向社区的开放水平。鼓励学生参与社区教育指导服务，探索开放、可持续发展的资源共享模式，扩大社区家庭教育资源供给。最后，丰富服务内容，社区要在网格化管理和日常工作中注重了解学生的家庭结构、子女教养模式等情况，精准掌握学生的教育需求。

4. 以"立德树人"为根本任务

立德树人是家庭、学校、社会共同的根本任务，也是共同的教育追求、教育使命。培养品行好、学习优、素质高的孩子，对于学校而言是教育任务，对于家长而言是殷切希望，对于社会而言是人才需求。基于此，我们要坚持"以生为本"的理念，并通过广泛宣传统一家校社三方面的行动，从思想上、舆论上为构建家校社协同育人机制奠定坚实基础。教育者应从时代要求角度出发，围绕"五育融合"搭建育人机制。"五育融合"是当前我国关于"如何培养人"的顶层设计。围绕"五育融合"搭建育人体系，是落实"立德树人"的重要举措。基于"五育融合"的工作系统之一是教育内外的联合系统（包括家庭、学校、社会）。"五育融合"是"全面育人"的时代表达，构建家校社协同育人机制是推进"五育融合"的方法策略。

教育者应把打造一流的协同育人师资作为重中之重，发挥人力的协同共育作用。那么，该如何打造呢？

一是发挥优秀教师的带头作用。班主任等教师在家校共育中扮演着最重要的角色，发挥着家校社联系的纽带功能。基于此，深圳市某小学充分发挥先进典型教师特别是优秀班主任的引领示范作用，制订班主任团队建设实施方案，打造"骨干教师—优秀班主任—教学能手—学科带头人—名教师"的成长发展梯队；成立了"优秀班主任"工作室，实行青年教师导师制，通过"青蓝工程"，依托"青年班主任培训""育人班主任讲堂""班主任论坛""名师课堂"等阵地，传授先进的家校共育方法，引领青年班主任和家长学习进步，调动其主动育人、科学育人的积极性。

二是发挥家长志愿者的共育作用。家长资源是学校教育资源的有益补充。教育者应充分吸纳优秀家长组建家长志愿者队伍，成立校级家委会、班级家委会。学校可招募家长自愿选择参与教育项目；每学年制订辅导计划、活动计划，紧扣家庭教育的热点、难点和焦点问题。

不仅如此，学校还应将家长请进校园。例如，某小学一年内举行了十余次"故事妈妈""故事爸爸"进校园活动；爸爸妈妈们走进课堂，开展"我和生命有个约定""感恩"等多个小学生生命教育项目，通过系列活动的开展促进学生正确认识自我存在的价值，学会如何与他人相处，懂得分享，学会合作，明白生命的奇妙、宇宙的伟大，最终能够悦纳自己、他人，敬畏生命、珍惜生命。

三是发挥社会公益人的协同作用。社会公益人是学校教育和家庭教育的有益补充。积极参与学校事务的社会公益人士大都热爱教育，在教育子女方面有独到的方法和策略，在个人专业领域也有建树和成就。因此，学校可以充分发掘、整合周边社区和企业中的公益人士，组建学校公益团队。如为学生讲解专业领域常识，参与学校校本课程建设，监督学校食堂卫生，为师生健康保驾护航等等。社会公益人的参与，促进了学校发展，进一步促进了社区、学校、家庭的融合教育。

二、学校、社区与家庭协同育人机制

学校、社区与家庭要确立在教育上合作的框架和体系，即构建学校、社区与家庭协同育人的机制。

（一）建立部门，明确职责

1. 家校社协同育人管理委员会

家校社协同育人管理委员会可由地方教育局领导代表、学校校长代表、家长代表、街道办事处主任代表、非营利社会组织代表、企业代表等组成。

家校社协同育人管理委员是家校社协同教育体系中的决策部门，其主要职责包括制定每一年度、每一学期、每一假期的家校社协同育人工作计划；对家校社协同育人的各项具体工作进行决策和布置；对家校社协同育人执行委员会及其下属各部门的工作情况进行管理；对家校社协同育人执行委员会所上报的工作调研情况进行研究，并以此作为决策的重要根据。

在管理委员会的人员组成上，教育局领导代表体现着政府对于家校社协同育人事业的支持，应起到领导和统筹的作用；学校校长代表、家长代表分别体现了学校教育和家庭教育的声音；街道办事处主任代表、非营利社会组织代表、企业代表则是社区教育的声音。其中，作为街道办事处的重要领导——街道办主任加入管理委员会，体现了政府对于教育事业的重视和投入。非营利社会组织代表和企业代表的加入，有助于家校社协同育人事业为学生、家长、教师提供足够多的社会实践机会。

2. 家校社协同育人执行委员会

家校社协同育人执行委员会由学校校长代表、各校的校级家委代表、街道办事处主任代表、非营利社会组织代表、企业代表等组成。需要注意的是，执行委员会里的代表和管理委员会、监督委员会的代表不能是同一人。

执行委员会之下，有家庭教育行动处、学校教育行动处和社区教育行动处。

执行委员会是家校社协同教育体系中的行动部门，其主要职责包括执行管理委员会制定的各项工作计划；统筹管理家庭教育行动处、学校教育行动处和社区教育行动处的工作；对家庭教育行动处、学校教育行动处和社区教育行动处所上报的工作调研情况进行汇总、整理，之后上交给管理委员会；并以调研情况为重要根据，向管理委员会提出决策上的建议。

执行委员会之下的三个部门——家庭教育行动处、学校教育行动处和社区教育行动处，它们之间的协调工作也是非常重要的。这三个部门都在执行委员会的指导下开展工作，并且彼此保持密切的沟通，在工作上紧密合作。

（1）家庭教育行动处。每个学校的1名校级家委代表，加入家庭教育行动处。

家庭教育行动处的主要职责包括：第一，开展高质量的家庭教育，提升家长承担家长责任的能力；第二，拓宽家长与老师沟通的渠道，加强家校合作；第三，收集数据，听取家长的意见和建议，并整理和汇总，报告给执行委员会；第四，与学校教育行动处、社区教育行动处保持沟通与合作。

（2）学校教育行动处。每个学校的1名德育主任代表，加入学校教育行动处。

学校教育行动处的主要职责包括：第一，结合学生发展的需求，以及家庭教育和社区教育的情况，指导各校开展高质量的学校教育，担负培养学生的重要任务；第二，参与家校沟通渠道的管理；第三，根据学校教育所需资源和举办活动的情况，为各校分别联络相应的街道办或社会组织，加强学校和社区的合作；第四，收集和听取各校的意见和建议，并整理、汇总，报告给执行委员会；第五，与家庭教育行动处、社区教育行动处保持沟通与合作。

（3）社区教育行动处。入选了家校社协同育人体系的街道办事处的主任、入选了家校社协同育人体系的非营利组织的1名工作人员代表、入选了家校社协同育人体系的企业组织的1名工作人员代表，加入社区教育行动处。

社区教育行动处的主要职责包括：第一，建立优秀合作组织库和人才库，根据具体活动需要，联络相关组织或人才；第二，对开展的活动进行计划、管理、实施和评价；第三，收集活动数据，听取意见和建议，并汇报给执行委员会；第四，与学校教育行动处、家庭教育行动处保持沟通与合作。

3．家校社协同教育监督委员会

（1）监督处。监督处的成员由教育局领导代表、学校校长代表、家长代表、街道办事处主任代表、非营利社会组织代表、企业代表等组成。

其主要负责管理委员会、执行委员会及其下属部门的监督工作。如果发现有不称职的行为或者不合理的行为，监督小组有责任和权力指出其中的问题，并勒令整改。

（2）评价与建议处。评价与建议处的成员由教育局领导代表、学校教育专家、家庭教育专家、社区工作专家组成。

其主要职责是对管理委员会、执行委员会及其下属部门的工作进行评价打分，指出他们工作中存在的问题和需要改善的地方，并提出相应的建议；为了提升他们改善工作、接纳建议的积极性，每一条建议提出后的第二年，评价与建议处有权对工作改善的情况进行打分。

（3）特别行动处。特别行动处由上述人员之外的人组成。

其主要职责是对监督委员会里的监督处和评价与建议处的工作进行监督，辨明是否存在不称职的行为。

这一特别行动小组，由于其成员与教育局、学校、家庭、社会组织均没有关系，因此在对监督处和评价与建议处的监督上，会有比较高的公信力。

（二）搭建平台，因需合作

家校社协同育人体系的平稳运行，少不了学校、家庭和社会的紧密合作。不过，这种合作不是只流于形式、为合作而合作的。搭建合适的平台，找到有效的需求后再考虑合作，这是家校社协同育人体系所强调的理念。

1. 智能"微"交流

随着信息技术的发展、社会生活节奏的加快，微传播时代正在兴起，以微信、QQ、微博等为主的信息传播方式已成为主流。

不过，在通信渠道日益发达的今天，家长和教师的沟通并非一直通顺。原因主要有二：第一，家长缺乏及时了解学生在校情况、学校情况的机会；第二，家长工作忙碌，与教师沟通的机会少。

学校可以尝试创建一个家校沟通的 APP。教师可以将学校、班级里的即时消息在 APP 里发布，便于家长加深对孩子的了解。APP 上还可以增加一个双向留言功能，家长和教师都可以在上面留言。这样，双方通过留言的方式能做到深度沟通。

只有学校、家庭和社会相互合作，相互配合，共同构建一个教育网络，才能保证青少年真正受益。

2. 家长培训会

家庭教育当前面临的问题之一，是许多家长不懂得如何做一个家长。家长虽然不是一个职业，却是一个很重要的身份。在这样的现实情况下，定期开展家长培训会等多种形式的家长成长活动，就显得非常必要。

家长培训会的举办，有两个需要注意的地方：一方面，在人才库里挑选能力合适、时间合适的家庭教育类专家和家庭教育指导师；另一方面，各学校的家委会可以提供感兴趣的主题，请专家进行讲解。这样的话，培训的内容更合适，效果更明显。

3. 社区与企业的劳动教育

劳动教育，在校园里相对缺少实践的机会。在家校社协同教育体系下，学校可以主动和社区、企业合作，为学生创造更多体验劳动的教育机会。

比如说，学校可以在优秀社会组织库里，挑选合适的能提供劳动教育的社会组织；接着，再根据学校的工作计划，协商合作的方案。如果所需资金超出了学校的负担能力，学校还可以去申请政府关于家校社协同教育的专项资金。

除了集体行动的劳动实践活动，学校还可以跟社区合作，给学生创造定期参加社区劳动的机会，如小区环境清洁工作、垃圾分类宣传工作等。

4. 企业的技能教育

对于不少学生来说，他们已经能够较好地掌握学校教育的知识，他们也渴望学习更多的知识和技能。因此，为他们创造学习新技能的平台，提供足够的学习机会，是非常重要的。

政府和学校可以通过购买企业的知识类和技能类的教育服务来实现这一点。

5. 社区和非营利组织的关怀活动

学生的健康成长，不仅仅是知识和技能的收获，还需要塑造健康的内心。一颗健康快乐的心，少不了父母的关怀和陪伴。不过，许多父母的工作很忙，陪伴孩子的时间自然比较少。为了弥补这一不足，社区和非营利组织可组织一些关怀活动。

比如，社区可以根据学生们的兴趣爱好，在小区范围内开设一些学生兴趣小组。

一些非营利组织可以开展一些探望敬老院老人的活动，甚至开展一老人一学生的交朋友活动。结对的老人和学生，可以经常保持通信，并且可以为对方做一些力所能及的事情。这样，学生们既能感受到长辈的关怀，也懂得了应该多关心、帮助长辈。

（三）完善保障，持续发展

家校社协同育人体系的构建和运转，是一个涉及多部门、多方面的庞大工程。为了体系的可持续发展，为了使其充分发挥促进学生全面、健康成长的作用，对于体系的保障需要进一步完善。

1. 资金保障

为了能充分保证管理委员会、执行委员会和监督委员会及其下属的部门的正常运转，以及家庭教育、学校教育、社区教育的协调发展有好的效果，家校社协同育人体系需要一定的运营经费。另外，为了鼓励工作人员的积极性，适当的物质奖励是需要的。

2. 人才保障

在家校社协同育人体系的具体事务方面，有许多工作和活动都是需要专业人才去落实和开展的。比如说，家庭教育的培训需要有经验和能力的家庭教育专家去开展；精彩丰富的课余活动，也需要邀请专业人士进行指导。

因此，人才保障是非常重要的。除了给予足够优厚的待遇去吸引人才，我们还有一个很重要的工作——建立人才库。执行委员会及其下属部门，需要根据开展的活动需要，建立、完善人才库。

3. 平台保障

在家校社协同育人体系的运转里，各种各样的平台和其中所蕴含的丰富教育资源，对于学生的成长大有裨益。因此，做好平台保障，是做好家校社协同育人这一件事所需要重视的。

第三节　学校、社区与家庭协同育人实施路径

对儿童的教育和保护是一项系统工程，学校、家庭与社区在教育目标、教育方式、教育方法和教育评价上协调一致，相互支持与配合，才能确保三种教育形成合力，发展高质量教育。学校、社区与家庭协同育人实施路径，关注整合课程资源、扩宽学习场域、育人多维评价三大方面的实践细节，以实现高效全面的协同育人。

一、多元融合，整合课程资源

课程作为学校教育的核心内容，囊括学生在校期间各种学习和生活经历，校园课程令学校的教育目标和教育价值得以充分体现和实施，既是学校的产品也是学校的名片，更是家长始终关注的热点。学校、家庭和社区是儿童生活经验的三大基本来源。挖掘与整合学校、家庭和社区的课程资源，是学校课程建设和儿童生活经验有效对接的重要方式。诚然，资源本身只是一种原材料，学校要将原材料转化为课程，除了充分考虑儿童发展的年龄特点和学习能力，更需要将学校、家庭和社区的优质课程资源有机组合，学校要与家庭、社区开展对话、交流，相互支持与协作，在课程资源的挖掘和整合领域寻找最佳的合作方案。

（一）学校课程资源

学校通过课程实现教育功能。学校在课程资源建设过程中需要回应、关注来自家庭和社区的声音。

1. 校园课程体系

《基础教育课程改革纲要（试行）》文件提出，实行国家、地方和学校三级课程管理。以校为本的学校课程建设，以学校为基地，整合家长、社区、教育行政部门和高校科研院所的力量来进行学校课程建设。学校为不同年级、不同需求的学生开设各种各样的课程，分学科、分类别、分层次设计丰富完善的校园课程体系，激发学生不同的发展潜能。从课程层次来看，第一类是开设基础性课程，学校以德智体美劳"五育并举"原则积极完善国家课程的校本实施。比如，在学生的品德培育课程中，除了有"道德与法治"国家学科课程，还可以加入"文明礼仪"等学校课程。在学生智育方面，同步落实语言类学科和数学科学教育的课程目标要求，除了开设语文、英语、数学、科学国家学科课程，还可开设国学经典诵读、英语绘本表演、财商课程、机器人课程等校本课程，与国家课程互相呼

应，促进学生深层次理解学科知识。第二类是完善发展性课程，包括为激发学生爱好特长的个性课程、社团课程，以及为提升学生综合素质开设的跨学科整合课程。个性课程和社团课程选取固定时间展开，特点在于学生自主选课、走班上课，形式灵活多样，以学生的兴趣和特长为导向，有些学校也将其命名为"个性超市课程"，常见的有：软笔书法、管乐、舞蹈、武术等课程，较为成熟的则发展成合唱队、舞蹈队、管乐队、武术团等校级社团，保证有爱好、有特长、有潜质的学生有持续发展的空间。

2. 跨学科课程整合

随着课程改革全面深化，教育部鼓励学校逐步完善对课程资源的识别、开发和运用，鼓励学校进行多样化的课程整合，加强教学与儿童社会生活的联系，给学生留下了解社会、深入思考、动手实践的时间。因此，跨学科课程整合既是学校课程教育与儿童素养提升对接的重要抓手，更是推进学校、家庭与社区协同育人机制的有效实践。

跨学科课程建设立足儿童立场进行设计、开发与实施；立足国家课程主题，链接社会生活，综合运用多个学科知识解决现实问题，推进整体育人工作，夯实素质教育，落实学校"立德树人"根本任务。跨学科课程建设家校社协同共同体，为跨学科课程整合打下坚实基础。以学校为主导的跨学科育人共同体，形成责任明确的分工制度，可以提升跨学科课程实践活动的系统性、整体性和协同性，实现更规范、更专业的实践场景（图6-4）。

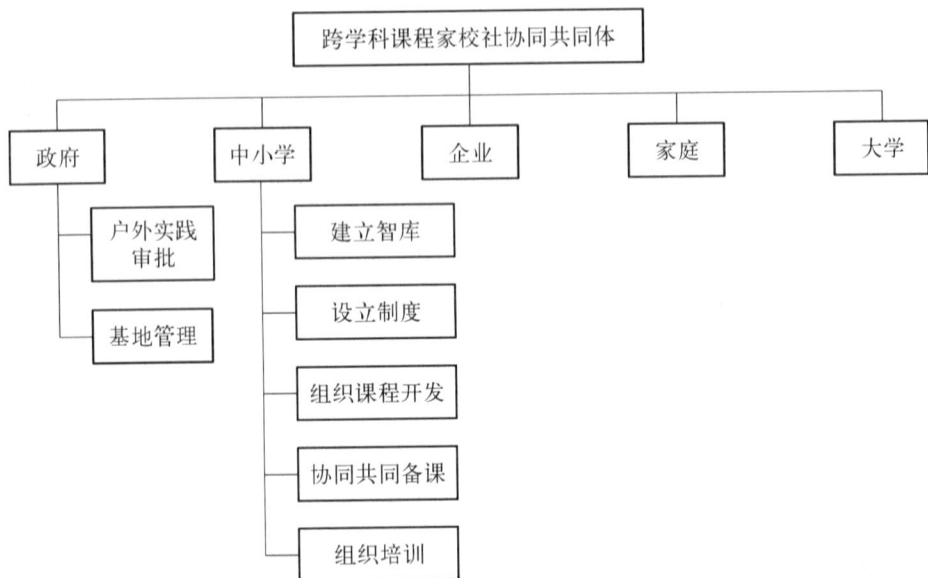

图6-4 跨学科课程家校社协同共同体图

问题驱动是跨学科课程整合的教学起源，古人言："学贵有疑，小疑则小进，大疑则大进。"在学习中，最宝贵的是疑问精神，有疑问的学生才能真正生发探究的兴趣；让学生成为自主学习者，在学校、家庭和社区中不断探索，像发明家一样思考接触真实世界，敢于质疑发问。教师要启发学生解放思想，帮助创设具有指导性的问题体系，使研究更加聚焦。合理的问题设计既有助于学生探究，更有利于促进家校良性互动。

跨学科课程整合，坚持以学生素养为导向，不局限于教学时空、课时的限制，活动场所从校内延伸到家庭、社区、企业等。学生在真实的教学环境当中带着真实的任务学习，通过合作、探究、体验等学习方式开展室内协作和室外探究，重构知识网络，开展有效学习和深度学习，教师在学习过程中仅提供必要的学习指导。

例如，深圳市某实验小学的学生，因暴风雨天气多，因此常在草丛中发现受伤的鸟儿，"要给鸟儿建造一个温暖的家"成为学生自发群创的驱动性问题，便产生了"喂鸟器"这一项目。学生运用观察记录、实地调研等多种方法认识鸟类，以科学为主导学科，综合运用美术、语文、数学等学科知识，开展任务，经历了确定主题——寻找驱动性问题——成立学习团队——调查研究——设计图纸——初步制作——美化测试原型——评估和重新设计等环节，在喂鸟器产品研发过程中，提升了创新和创造能力。学校联合候鸟专家、古树专家、人工智能专家、海洋专家、基因工程专家、专业建筑师等专家力量建立主题研究智库和共同体。为探索更多鸟类的特性，学生在教师带领下走进红树林湿地公园、梧桐山森林公园进行户外研学。教师为研学提前设计好任务卡，以几个简单的问题引领学生的探索思路，为观察过程搭建支架。学生带着任务卡近距离观察鸟类，查阅资料，了解各种鸟儿的生活习性。回到学校以后，在建筑专家和科学教师的指导下，学生设计图纸，运用多种材料制作喂鸟器，并将其挂在校园内检验产品是否成功。

跨学科课程整合，从问题驱动到合作探究，随处可见学校与家庭、社区三者互助协作，因此成果展示必然面向学校、家庭和整个社区。

3. 家长学校

"双减"政策和《家庭教育促进法》强烈呼唤家庭教育的回归，家长在教育子女时也希望能得到来自学校的更多指导。《家庭教育促进法》第四十一条明确提出："中小学校、幼儿园应当根据家长的需求，邀请有关人员传授家庭教育理念、知识和方法，组织开展家庭教育指导服务和实践活动，促进家庭与学校共同教育。"学校除统筹学生教育课程，也必须聚焦高效的家庭教育指导课程，从理论、内容、方法等方面强化家长育儿能力，提高家庭教育指导的科学性、针对性。

　　学校为家长教育开设的课程，主要通过家长学校展开。2004年《关于全国家长学校工作的指导意见》中强调，家长学校的服务对象针对未成年人的家长及其扶养人，开设目的是提高家长素质和家庭教育水平。家长学校邀请家庭教育指导方面的专业人员进行授课；开设家庭教育指导课程、家长培育师课程，以及举办家教指导实践活动，从专业角度解答家长在不同阶段的家庭教育困惑，帮助家长树立正确的家庭教育观。

　　家庭教育指导课程，包括满足家长基本需求的通识性课程，针对不同家庭情况开设的个性化课程，以及在"互联网＋"背景下的线上家教指导课程。通识性课程，对家庭教育的基本理念、儿童发展身心规律、家长责任和义务、儿童心理健康等进行讲解与说明。家长学校为不同年级的学生家长设置每个学期的家教指导重点，开设家教指导讲座，同步设置家教指导课程个性化课程，则是针对家长的个性化需求，采用主题沙龙、专家报告等形式，为家长提供育儿难点、特殊问题的解决策略，丰富家教个性化课程资源。比如，针对"双减"政策和《家庭教育促进法》开展专题课程学习和课程讲解，针对儿童注意力缺陷多动障碍方面邀请专家来校授课，等等。随着互联网技术的完善，线上家庭教育指导课程也成为重要课程资源，"家庭教育讲坛"系列线上讲座成为家长学校开设的课程资源。

　　开设"家长陪育师"课程，发挥优秀家长的力量。家庭教育的很多问题根源于家长，解铃还须系铃人，通过设置"家长陪育师"课程，让家长认识到自己的问题，改变、提升自己，在亲子沟通、学习辅导、人际交往等方面实现家长之间的共育。

　　家长学校举办家教指导实践活动，较为典型的活动有教育咨询日。学校选择特定日期开设"教育咨询日"，以"家长顾问进校园""教师化身解答员"的形式，接受全区学校教师、家长的热线和面谈咨询，针对家长关心的学校教育、儿童心理等问题提供有效的方法指导，进一步丰富区域家庭教育指导服务的形式和内容，推动协同育人。

　　（二）家庭课程资源

　　学校应组建校级—年级—班级三级家长委员会，促进家长以平等一方参与到学校建设中。根据家长的意愿，校级家委会对家长参与学校活动的意愿、能提供的帮助、擅长的专业、参与活动的时间进行调查和整理，从而优化好家长课程资源库。学校从家长课程资源库中挖掘家长讲师，家长经培训后变身成专业讲师，家长根据自身专长进行授课，让师生在教室里体验到各个行业的工作内容和工作特点。学校要善用家长的专业知识，为儿童开辟一条通过身边人走进社会、感受社会的绿色通道，这既是对家长育儿力量的专业承认，又推进了家长对学校工作的积极参与和认可。

例如,某学校,由家委会召集、经学校培训成立的"故事妈妈""故事爸爸"团队,走进课堂,在每周的固定时间开展"感恩""生命教育"等教育项目,为学生带来一个个生动的童话、寓言故事。

(三)社区课程资源

我们要在课程中链接儿童生活经验,这就更需要与社区有高质量的互动,开发社区课程资源。根据课程地点和上课方式的不同,这项内容可以分为社区资源进校园和课程实践走进社区两部分。

1. 社区资源进校园

在家校社协同育人环境中,社区资源可以被引进校园,为学生开展集体教学,表演或者展示,使儿童进一步了解社区文化、理解深厚历史底蕴和人文特色。例如,靠近海洋的学校,可以与当地海洋保护协会合作,定期邀请协会志愿者开展普及海洋知识的讲座。学校也可以邀请京剧表演剧团、皮影戏表演团进校园,为师生带来剧目的演出,以及开设京剧、皮影戏知识相关课程。在每学期,学校还可以邀请禁毒教育基地、消防教育基地工作人员,走进校园,为学生开设禁毒教育和消防演练课程。

2. 课程实践走进社区

社区拥有特定的环境空间,如图书馆、博物馆、海洋馆、大学校园、生态基地、旅游景点等,学校应选取合适场所建立校外实践基地,丰富的课程实践活动场所,学生得以走进社区实践基地,开展公益服务课程、环保教育课程、国防教育课程等。

二、多方协同,拓宽"学习场域"

学习场域是指受心理因素或教育规律制约的虚拟或实体的学习空间,即可以对学习效果产生正向影响的具有磁场效应的学习环境。[1]《家庭教育促进法》已经颁布施行,家庭教育不再仅仅是"家事",而是上升为"国事",学校、家庭、社区和各相关部门,都应承担起家庭教育的相关职责。学习场域不应该仅仅是学校或者家庭,应延伸至社区,甚至是相关企事业单位。多方协同,才能让学生的学习效果产生更多的正向影响。

积极的学习场域,不仅是一个单纯的物理空间,还应是一个能激发学习原动力,更好获得学习持久力的场域。学生的生活,不应该只是在校园,还应该在真

---

[1] 娜仁高娃,柳海民.基础教育"学习场域"的构建设想与反思[J]东北师大学报(哲学社会科学版),2010(3).

实的社会生活中。校内外"学习场域"协同，可以更好地为学生提供优质的学习资源、强大的技术支撑和多元的学习环境，将优质资源进行整合和共享。除了为学生拓宽学习场域，为家长拓宽学习场域也尤其重要。学校应协同社会和相关部门为家长的学习场域构建提供有力支持。

家校社协同拓宽学习场域，可以让学生学习达到最佳效果，可以为家庭教育保驾护航。对于如何拓宽学习场域，有以下几点思考：

（一）共筑学校场域

学校场域是指在学校教育中，由教师、学生及其他相关人员围绕着知识的生产和传递，所形成的一种关系网络。学校场域具有整体性、自主性、中介性、开放性等特点，具有认识导向、行为规范、榜样示范、感染功能。[1] 学校场域具有开放性，更应对家长、社会开放。

案例 6-1

家 长 书 吧

许多家长苦于不知如何教育孩子，缺乏理论指导，想到学校与教师沟通，又没有合适的场所与教师深入交流。某学校的家长书吧，于是应运而生。家长书吧是由学校主导，协同家庭、社区及相关企事业单位参与建设的，以此达成最优效果。家长书吧设在了家长接送孩子的等候区，家长利用接送孩子的闲暇时间，可以在家长书吧翻阅家庭教育指导读物，与其他家长分享交流育儿心得。家长书吧中的书籍，包括家庭教育专业知识相关书籍和家庭教育方法技巧相关书籍，还有医疗卫生、法律、交通安全等方面的相关书籍。家长书吧不仅是家长阅读、交流的场所，还可以成为活动场所。学校可以在家长书吧开展不同主题的丰富多彩的活动，例如开展家庭教育知识讲座、家风建设指导、《家庭教育促进法》的普及教育、家庭关系知识讲座、家庭读书活动等来提升家长素质，提高家庭教育质量。

（资料来源：蒋亚辉. 家长书吧：协同育人的创新平台 [J]. 学校品牌管理，2022（2）.）

思考：如何共筑学校场域？

为加强学校与家长的沟通合作，提高家长的家庭教育水平，共同促进孩子健康成长，学校场域可以经常举行家长沙龙和家长学校专题培训活动。针对家庭教育问题，学校可以在家长学校培训活动中邀请专家帮助家长出谋划策。这样的方

---

[1]　张家军. 论学校场域的本质、特点与功能 [J]. 重庆工商大学学报（社会科学版），2013（2）.

法让家长入情入境，更能细心聆听专家意见，反思自身问题，寻找到更适合自己与孩子的解决办法。家长沙龙可以班级为单位开展，这与大家印象中的家长会不同，家长会更具严肃性，家长沙龙是给予家长与教师或者家长与家长之间沟通的平台。活动空间的布置可以更加温馨，设计签到板和温馨提示，甚至有茶水、点心供应，这能让家长少一些拘束，更自由地畅谈自己的想法。家长沙龙不仅可以让家长了解孩子在校的学习情况，更重要的是给予家长交流、学习的机会。多方协同共筑学校场域，拉近学校与家长之间的距离，增进教师与家长的沟通与交流，方能影响家庭教育。

（二）共育家庭场域

家庭场域是家庭成员通过争夺文化资本达到有效适应社会生活、促进个体社会化而形成的客观关系网络。"终身教育"和"终身学习"的概念深入人心，人们已进入学习化社会。终身学习的理念、学习化社会和《家庭教育促进法》的出台，都给传统的家庭教育模式带来了巨大影响。家庭教育是教育中非常重要的组成部分，让家庭场域发挥出作用就尤其重要。我们应该顺应时代发展，拓宽家庭场域，让家庭教育实现可持续发展。

家庭不仅是休闲之处，也应该是学习之地。

（三）共享社会场域

社会场域是由生物与环境所形成的关系总和。社会活动包括人类的生产、消费娱乐、教育、政治等。社会场域包含的范围如此之广，它给家校社协同育人带来重要影响。学生会由学校场域、家庭场域走向社会场域，社会场域可以给学生提供更广阔的学习空间，更加广泛的学习资源。社会场域为家校社协同带来有力的物质保障。

例如，某实验小学充分利用社会场域，将课堂学习场景，延伸到社区、公园、博物馆、植物园……从校内到校外，让学习资源实现最大化。在这所小学的"桥"主题的研究中，学生产生驱动性问题——"怎样设计一座具有创新外观和实用价值的桥来连通山与海？"为了帮助学生解决建桥的技术难题，学校教师带领学生到建筑公司，邀请建筑工程师给学生上课。在专业工程师的带领下，学生实地考察了不同的桥。学生从课内走到课外，从学校走到社会，拓宽学习场域，实地参观了不同功能的桥。学生还得到了社区的帮助和支持，到社区公园参观，与社区联结；通过社工介绍，了解社区公园景观桥的建设。学生还考察了有特色的桥主题公园，了解桥面材料、桥梁的构造和工建工程承受力等科学知识。

社区驻地消防部队和养老院都是学生重要的社会学习场域。教师可带领学生到社区驻地消防部队开展职业体验活动。消防员向学生讲解各类消防器材和车辆装备的性能用途，消防服装的用途和使用场所，给学生演示如何处理内务和消防器材的使用方法。在消防员的指导下，学生可真实体验现场模拟救援。通过拓宽学习场域，学生能走出学校的微观人为环境，真实了解社会日常生活，这对学生以后的职业规划和职业选择有一定的启示作用。某校为了让学生感受生命教育和美德教育，每年重阳节、学雷锋日，都会组织学生准备才艺节目，到养老院给老人们带去欢声笑语，做到爱老、敬老，在社区营造温馨和谐、健康文明的氛围。

（四）共建云场域

云场域是面向全国的资源共享的平台，是一种新教育学习平台。学生在家就可以用电脑、手机等电子产品在云场域实现线上学习，家长可以在云场域学习有关家庭教育的理论知识与实操技巧。企事业单位可以通过云场域与学校、家庭联结，实现资源共享。

对于学生来说，云场域是由原来的"教师+教室+学生"的模式，转变为"教师+网络+学生"的模式。在云场域中，教师可以通过直播授课，教师可以点名邀请学生回答问题，学生还可以在线上讨论，组成讨论组。学生在这样的云场域中学习更具参与感，更积极主动地投入学习。

对于家庭来说，云场域搭建起了更方便家长与学校沟通的桥梁。家长可以通过社交平台及时与教师沟通，让教师了解孩子在家学习的情况，同时让家长了解孩子在校的学习情况。家长能更便捷地掌握孩子的情况，并及时配合教育。学校在云场域通过公众号发布学校各项活动的开展情况，家长在公众号中能及时了解学校发展与动态，也能看到自己孩子的风采展示，对家校共育起到良好推动作用。

对于社会来说，云场域可以实现社会资源共享。许多博物馆开设了线上展览馆，让学生、家长足不出户就能感受到不同朝代、不同地域、不同城市鲜明的文化特色。许多科技馆会在云场域中通过公众号发布一些科学小实验和小发明，学生和家长可以一起参与到活动中，去探究，去创造，在科学中发现乐趣、寻找乐趣。许多图书馆开展了线上图书漂流活动，学生、家长和教师都可以通过网站找到自己需要的书籍去预定，等图书漂流车将书籍送到附近站点，就可以尽情阅读。企业也可积极联结学校，开放工厂、公司，学生只需在线上预约，就可以在教师的带领下进行实地研学。

共建云场域，在教育发展史上是一场革命性的尝试。它能为学生带来积极影响，但同时也需要家校社协同对学生进行约束。构建具备针对性、互动性、约束性的云场域，激发学生在线上学习的内驱力，实现线上学习与线下学习互补，这是一个长久的工作。

学习场域不应该是一成不变的，学习场域应服务于学生，能灵活变换与拓展，为学生学习与探索提供物质基础。积极拓宽学习场域，需要集合多方力量，学校、家庭、社区要协同合作，为学生带来更有趣的课程，带来更优质的学习资源，创造出更广阔的学习空间。

三、多维评价，优化项目实施

评价改革是教育改革的核心，是教育改革中关键和敏感的部分，也是教育改革的突破口。构建科学合理的多维评价体系，对学校、社区与家庭协同育人的实施具有诊断、反馈、指导和导向作用。为提升学校、社区与家庭协同育人效果，促进学生、教师和课程不断发展，学校要在大力开发课程资源、不断拓宽学习场域的基础上，探索行之有效的、具有本校特色的家校社协同育人评价体系。

（一）学校、社区与家庭协同育人课程建设的评价

课程是育人的核心，学生通过课程来获取知识、提高能力、培养健全人格。根据新课程改革倡导的"积极开发与利用校内外各种课程资源"的精神，学校、社区与家庭协同育人要借助课程建设形成合力，让课程建设助力学校、学生、家长的共同发展。课程评价是课程建设的重要组成部分，可以有效改善教学体系，促进课程建设，推动教学改革。学校、社区与家庭协同育人的课程建设评价可以从提供场地、提供课程资源、参与课程设计、协同情况四个维度分别对家庭、学校与社区三方在课程建设中发挥的作用进行评价（具体评价内容如表 6-1、表 6-2、表 6-3 所示），以便通过评价为改进教学实施、提高育人能力、优化育人效果等方面提供决策依据，赋予课程生命活力。

表 6-1　学校、社区与家庭协同育人课程建设评价表 1：家庭方

一级指标	二 级 指 标	评 价			
		家长自评	学生评	学校评	社区评
提供场地	1. 为孩子提供独立的学习场地				
	2. 帮孩子排除学习的干扰因素，营造安静的学习环境				
	3. 有专门的实践活动场所，如手工室、植物角、读书角等				
提供课程资源	1. 为孩子提供学习所需的纸质书籍				
	2. 为孩子提供学习所需的实践活动器材、工具				
	3. 为孩子提供学习所需的电子设备、网络资源				

续　表

一级指标	二　级　指　标	评　价			
		家长自评	学生评	学校评	社区评
参与课程设计	1. 了解孩子的年龄特点、兴趣、爱好、学习需求				
	2. 具有课程开发的意识，善于挖掘身边的课程资源				
	3. 有较强的文字表达、课件设计、口语表达能力，设计出较为完整的课程，能对孩子进行讲解、示范，并与其他家庭共享资源				
协同情况	有大局意识，服从社区及学校工作人员的安排，在学校教师的指导下完成课程的开发与设计				

表 6 - 2　学校、社区与家庭协同育人课程建设评价表 2：学校方

一级指标	二　级　指　标	评　价			
		学校自评	学生评	家长评	社区评
提供场地	1. 为学生各门课程学习提供专门的教室				
	2. 图书室、阅览室、实验室、美术室、音乐室、运动场等功能场室达标				
	3. 建有体现学校特色课程的功能场室				
提供课程资源	1. 按照国家规定开足开齐课程，结合地方特色及学校实际开发了丰富的社团课程、个性课程				
	2. 为学生各门课程的学习提供相应的设施、设备等学习资源				
	3. 有科学合理的课程体系				
参与课程设计	1. 有专门的课程开发团队，能合理开发促进学生个性发展的课程				
	2. 课程建设的顶层设计理念先进，紧跟时代步伐				

续　表

一级指标	二级指标	评价			
		学校自评	学生评	家长评	社区评
参与课程设计	3. 课堂建设与学校办学理念高度吻合，在区域内可以起示范引领作用				
协同情况	在课程建设中起主导作用，指导家长进行课程的开发与设计				

表 6 - 3　学校、社区与家庭协同育人课程建设评价表 3：社区方

一级指标	二级指标	评价			
		社区自评	学生评	家长评	学校评
提供场地	1. 为学生文化、娱乐、锻炼等活动提供场地，有专门的场馆。如阅读书吧、文体活动中心等				
	2. 建立劳动实践基地，为学生提供校外实践的机会				
	3. 结合区域特色，建立社区特色教育实践基地				
提供课程资源	1. 不断改善社区环境，为学生提供丰富的自然资源				
	2. 完善设施、设备，为学生文化、娱乐、劳动、锻炼等活动提供必备的物质资源				
	3. 打造社区精神文化，为学生提供良好的社会交际资源				
参与课程设计	1. 各行业中具有课程开发能力的社区成员组成课程开发团队				
	2. 课程开发成员理念先进，开发的课程科学合理				
	3. 开发的课程能形成较为完善的课程体系				

一级指标	二　级　指　标	评　价			
		社区自评	学生评	家长评	学校评
协同情况	在课程建设中起协调作用，调动各方人员参与课程的开发与设计				

学校、社区与家庭协同育人课程建设的评价主要采用量表评价法，一般一学期进行一次。评价主体由学校、学生、家长、社区四部分组成，评价主体对照评价指标进行自评、互评，学校汇总评价结果后，形成文字性的课程建设自查报告，并反馈给社区及家委会，为课程建设工作的改进、调整提供依据。学校、社区与家庭协同育人课程建设评价在操作中要注意以下几点：

1. 关注学生及家长的需求

课程是为学生服务的，学生及家长合理的课程需求是课程建设的现实基础。学校、社区与家庭协同育人的课程建设要符合学校的实际情况，要正视并听取来自学生和家长的声音，为他们参与学校课程建设创造机会。在课程设置阶段，学校要广泛征求各方意见，包括了解家长学历水平、工作性质等基本情况，调研学生及家长对课程需求；在每学期即将结束时，向学生和家长发放调查问卷，了解学生和家长对课程的意见与建议，从而提高学校课程开发的针对性和实效性。

2. 要把握激励性原则

"评价最重要的意图不是为了证明，而是为了改进。"学校、社区和家庭要建立评估激励机制，定期开展评比活动，如评选优秀家长、优秀智库专家、优秀课程开发先进个人、优秀家庭教育工作指导者、家庭教育优秀案例等，要把每一项评选都视为提升课程开发与建设水平的过程，总结经验，宣传推广，以吸引更多的教师、家长参与到学校、社区与家庭协同育人课程建设的研究中，促进学校、社区与家庭协同进行课程建设。

（二）学校、社区与家庭协同育人实施过程的评价

学校、社区与家庭协同育人机制注重活动实施过程的评价，通过及时、有效的评价及结果反馈，学校、社区、家庭三方均能全面了解学生的学习过程，合理分析得失，适当调整活动设计，优化项目成果，促进反思与迭代。学校、社区与家庭协同育人的实施过程评价可以从项目策划、活动组织、保障措施、协同情况四个维度进行（具体评价内容如表6-4、表6-5、表6-6所示），能让学校、社区、家庭站在客观的角度对自己、对他方在协同育人实施过程中发挥的作用有较为清楚的认识。

表 6-4　学校、社区与家庭协同育人实施过程评价表 1：家庭方

一级指标	二级指标	评价			
		家长自评	学生评	学校评	社区评
项目策划	1. 支持学校、社区开展各项活动的决议				
	2. 从不同视角挖掘活动项目，供学校参考				
	3. 参与学校项目策划，提出合理建议				
活动组织	1. 陪同孩子参与学校、社区开展的各项活动				
	2. 积极参与学校、社区开展的各项活动，承担组织者、家长义工的任务等				
	3. 对孩子参与各项活动的情况进行跟踪、记录、评价等				
保障措施	1. 为孩子的学习提供必要的经费支持、物质支持				
	2. 为孩子的学习提供方法及技术上的指导与帮助				
	3. 为孩子的学习提供必要的安全保障				
协同情况	有大局意识，服从社区及学校工作人员的安排，协助学校、社区共同完成项目的实施				

表 6-5　学校、社区与家庭协同育人实施过程评价表 2：学校方

一级指标	二级指标	评价			
		学校自评	学生评	家长评	社区评
项目策划	1. 结合学校办学理念对学生各项活动进行总体规划，形成体系				
	2. 根据学校实际及学生年段特点，合理组织、策划学生的各项学习活动				
	3. 实施方案具体可行，操作性强				

一级指标	二级指标	评价			
		学校自评	学生评	家长评	社区评
活动组织	1. 协同多方力量共同组织各项学生活动				
	2. 活动过程中鼓励学生开展深度研究				
	3. 对整个项目实施进行组织、指导、监督、动态评价并及时调整				
保障措施	1. 建有专门的组织机构，分工明确，责任到人				
	2. 成立专家智库，为学生提供方法及技术上的专业指导				
	3. 建立健全经费投入机制、安全管理机制				
协同情况	在项目实施过程中起主导作用，协同多方力量共同组织开展各项活动				

表6-6　学校、社区与家庭协同育人实施过程评价表3：社区方

一级指标	二级指标	评价			
		社区自评	学生评	家长评	学校评
项目策划	1. 支持学校组织开展各项活动的决议				
	2. 参与学校开展社会实践活动的策划，能为项目开展提出合理建议				
	3. 策划设计具有区域特色的社会实践活动				
活动组织	1. 协同学校组织社会实践活动有序开展				
	2. 搭建活动平台，组织开展培训讲座、咨询服务及社会实践活动				
	3. 社区活动形成较为完善的体系				
保障措施	1. 科学评估实践活动的安全风险，制定实践活动风险防控预案，完善应急与事故处理机制				

一级指标	二级指标	评价			
		社区自评	学生评	家长评	学校评
保障措施	2. 健全经费投入机制，为学生实践活动的开展提供经费上的支持与保障				
	3. 成立社区家长智库，为学生提供方法及技术上的专业指导				
协同情况	在项目实施过程中起协调作用，调动各方人员参与项目的实施				

学校、社区与家庭协同育人实施过程的评价一般针对各项学生活动进行，因此主要采用量表评价法，辅以即时性评价法。量表评价法由学校、学生、家长、社区四部分组成评价主体，即时性评价法主体为活动实施过程中涉及的相关人员，如教师、家长、小组成员、智库专家、社区工作人员等。学校、社区与家庭协同育人实施过程的评价在操作中要注意以下几点：

1. 评价要贯穿始终

新课程改革强调过程性评价，因此要在学生学习过程中不断地反馈学生各方面的信息，要对学生学习过程中的表现、所取得的成绩及反映出的情感、态度、策略等做出及时、全面评价。例如，深圳某小学在跨学科课程"喂鸟器"的项目实施过程中，教师先后在实地观察、设计图纸、喂鸟器制作、研学旅行、产品发布会等环节进行了评价，各环节的评价侧重点不一样，评价主体也有区别，既科学地评价学生的学习成果，同时又从基础知识的掌握程度、基本技能的运用程度、发展水平、学生的探究能力及合作精神等方面进行评价，促进学生及时改进提高。

2. 体现增值性评价

增值性评价是一种基于学生学习成果并以其进步幅度为导向的评价方式，将关注的视角从学习结果前移至起点及发展过程，强调被评价对象在其发展过程中的真实获得。学校要开展基于大数据支持下的增值性评价改革，需要两方面的基础条件和技术支持：一是建立学生信息数据库，如建立学生成长档案袋，收集学生的学习证据及成长证据，诸如学习作品、作业、阶段性成绩等；二是建立统一的学生发展测评体系，包括学生德智体美劳等在知识、能力、情感态度方面的测评方案、工具及实施模式等。

（三）学校、社区与家庭协同育人实施效果的评价

学校、社区与家庭协同育人的落脚点在"人"，要为党和国家培育面向未来的人才。因此，对学校、社区与家庭协同育人实施效果的评价应放在对人的评价上。未来社会是一个科学技术迅猛发展、国际政治经济竞争激烈、国际合作交往频繁的社会，科技化、全球化、多元化、开放性、竞争性、合作性必将成为未来社会的显著特征。未来社会所需的人才应该是德智体美劳全面发展的，有开拓性、创造性、竞争性的适应国际产业结构和发展需要的全面型人才。学校、社区与家庭协同育人实施效果的评价可以从道德品质、学习能力、健康生活、合作实践、艺术修养等五个维度来进行，具体如表6-7所示。

表6-7　学校、社区与家庭协同育人实施效果评价表

一级指标	二　级　指　标	评　价			
		学生自评	家长评	同学评	教师评
道德品质	举止文明：言行举止彬彬有礼，处事大方得体，待人接物礼貌周全，与人交往开朗自信				
	责任担当：具有强烈的集体荣誉感和服务意识；具有爱国情怀和国际视野，树立报效国家、改良世界、造福人类的远大志向和责任担当				
学习能力	乐学善思：学习目标明确，学习态度端正，讲究学习方法和策略；善于总结，勤于反思				
	敢于创新：养成善于观察的习惯，具有发现问题、分析问题、解决问题的能力，富有创新精神				
健康生活	热爱劳动：掌握一定的生活技能，具有独立生活的能力；乐于承担班级、校园、家庭、社区义务劳动任务，具有自主劳动的意识和能力				
	热爱锻炼：全面提高自己的身体素质和心理素质，让自己拥有健康的体魄，使之成为快乐生活的源泉				
合作实践	善于合作：善于与同伴交流沟通，能协调好与家人、教师、同学的人际关系；能提出自己的观点，鼓励同伴表达观点，并采用批判性的思维进行评价，提出合理的建议				
	大胆实践：积极参与研究性学习活动、社团活动、社会实践、社区服务，能够运用所学知识解决实际问题				

续　表

一级指标	二级指标	评　价			
		学生自评	家长评	同学评	教师评
艺术修养	审美能力：能感受并欣赏生活、自然、艺术和科学中的美，具有健康的审美情趣				
	创作能力：积极参加艺术活动，用多种方式进行艺术表现创作，有自己独特的见解				

　　学校、社区与家庭协同育人实施效果的评价主体由学生自己、学习伙伴、家长、教师组成，学校可利用测评系统，一学期进行一次评价，利用大数据汇总评价结果，学生、家长通过测评系统能清楚地看到测评结果，认识自身的优缺点，从而扬长避短。学校、社区与家庭协同育人实施效果的评价要注意以下几个方面：

　　1. 评价结果要可视化

　　学生的发展是学校、社区与家庭协同育人实施效果的最直接的反馈，如何"让成长看得见"，学校可以采用综合素养雷达图（图6-5）评价、实作评价、学科综合展示评价等方式进行。例如，深圳某小学六年级学生的毕业答辩采用 TCI 课程的学习方法，整合学科知识，以小组为单位，从真实的生活和发展需求出发，选取自己感兴趣的课题，阐述学习过程，进行综合答辩。学生自由组队、自主选题、问卷调查、实地考察、动手实验、分析探究、形成研究报告、现场答辩，在这样的过程中，学生各项能力得到锻炼并加以展示，真正让成长可见。

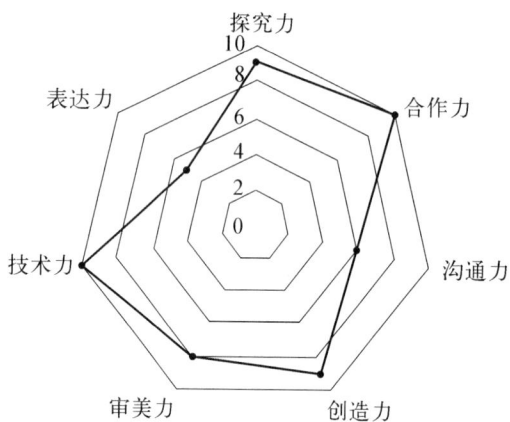

图6-5　综合素养雷达图

　　2. 注重多方参与

　　为了让学校、社区与家庭协同育人实施效果的评价更为客观，政府相关职能部门、教学行政主管部门、教育科学研究院要发挥专业指导和评价功能，因地制宜，研制开发测评工具和指标，或通过第三方专业评价，设立区域家校合作育人示范校、优秀校、合格校等建设评价标准，对各校进行定期评估，达到"以评促建、以评促改"的目的。

思考题

1. 学校、社区与家庭协同育人的特点是什么？
2. 如何构建学校、社区与家庭协同育人实施模式？
3. 学校、社区与家庭协同育人实施路径是什么？

主要参考文献

[1] 陶行知. 陶行知全集：第二卷 [M]. 长沙：湖南教育出版社，1985.

[2] 莫里森. 学前教育：从蒙台梭利到瑞吉欧 [M]. 11 版. 祝莉丽，周佳，高波，译. 北京：中国人民大学出版社，2014.

[3] 张勇，蔡淑敏. 中华人民共和国家庭教育促进法释义 [M]. 北京：中国法制出版社，2021.

[4] 赵春芳. 以陶行知教育理论指导地理教学 [J]. 教育教学论坛，2015 (41).

[5] 成尚荣. 儿童研究是教师"第一专业"[J]. 幼儿教育，2016 (28).

[6] 李胜男，岑国桢. 生态环境说、人生历程说：儿童心理发展的两种新理论 [J]. 宁波大学学报（教育科学版），2001 (6).

[7] 胡晓雪，王玉凤. 协同育人文献研究综述 [J]. 家长，2020 (28).

[8] 李运林. 协同教育是未来教育的主流 [J]. 电化教育研究，2007 (9).

[9] 陈昭. 高校附属幼儿园与家庭、社区协同教育问题研究 [D]. 哈尔滨：黑龙江大学，2018.

[10] 王树宏. 指向儿童完整生活的跨学科课程整合研究：我校主题式跨学科整合课程的探索与实践 [J]. 小学教学研究，2021 (15).

[11] 张家军. 论学校场域的本质、特点与功能 [J]. 重庆工商大学学报（社会科学版），2013 (2).

教学资源服务指南

扫描下方二维码，关注微信公众号"高教社极简通识"，学生可学习名校通识课，教师可学习教师培训课程、免费申请课件和样书、观看直播回放等。

名校通识课

点击导航栏中的"名校通识"，点击子菜单中的"课程专栏"，即可选择相应课程进行学习。

教师培训

点击导航栏中的"教师培训"，点击子菜单中的"培训课程"，即可选择相应课程进行学习。

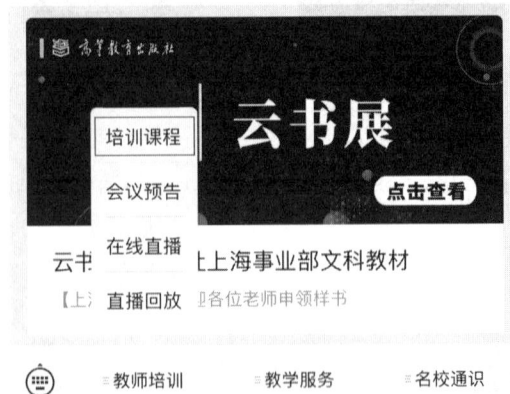

教学资源服务指南

课件申请

点击导航栏中的"教学服务"，点击子菜单中的"课件申请"，填写相关信息即可申请课件。

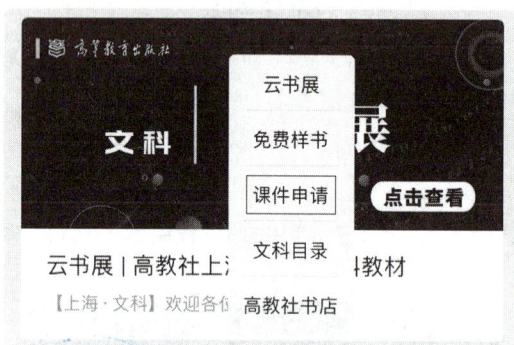

样书申请

点击导航栏中的"教学服务"，点击子菜单中的"免费样书"，填写相关信息即可免费申请样书。

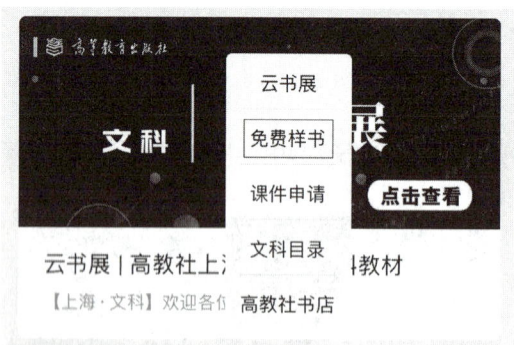